CALVIN MILLER (HRSG.)

DAS BUCH VON JESUS

Große Persönlichkeiten über den Mann aus Nazareth

Deutsch von Wolfgang Schrödter

R. BROCKHAUS VERLAG WUPPERTAL

Die deutsche Ausgabe entstand unter redaktioneller Mitarbeit von Wolfgang Günter und Wolfgang Schrödter

Die amerikanische Originalausgabe erschien unter dem Titel: THE BOOK OF JESUS als Touchstone Book bei Simon & Schuster Inc., New York

Veröffentlicht in Zusammenarbeit mit der Literarischen Agentur William Neill-Hall, Cornwall, England, und Alive Communications Inc., Colorado Springs, CO, USA.

Umschlag: Dietmar Reichert, Dormagen
Satz: Graphische Werkstätten Lehne GmbH, Grevenbroich
Druck und Bindung: Wiener Verlag, Himberg/Österreich
ISBN 3-417-24684-9
Bestell-Nr. 224 684

INHALT

EINLEITUNG

Jesus. Wer war das? Wer ist das? Wann wurde er geboren? Kann jemand, der vor so langer Zeit geboren wurde, irgendetwas anderes sein als Vergangenheit? Können wir mit Sicherheit sagen, dass es Jesus überhaupt je gegeben hat?

Absicht dieses Buches ist nicht, jede nur denkbare Frage zu Jesus zu beantworten. Vielmehr versucht es, sein Wesen mit kräftigen Strichen zu zeichnen. Der Großteil der Weltbevölkerung *ist* der Ansicht, dass Jesus von Nazareth wirklich gelebt hat. Man frage einmal auf der Straße einer beliebigen Großstadt die Leute, ob sie der Ansicht sind, dass Jesus gelebt habe. Das hat noch nichts mit Glauben zu tun, sondern damit, dass diese Menschen schlicht und einfach meinen, Jesus habe tatsächlich gelebt, genau wie sie das von Dschingis Khan oder Marco Polo annehmen. In geschichtlicher Hinsicht hat der große Teil der Welt seine Stimme abgegeben: Jesus hat gelebt. Das lässt sich auch aus nicht-christlichen Quellen der Antike belegen.

Wer an Jesus Christus glaubt, geht einen Schritt weiter. Es interessiert ihn nicht nur, über den Jesus zu sprechen, der *war*. Er ist genauso an dem Jesus interessiert, der *ist*. Für Christen ist nicht allein der Jesus, mit dem sich einst die Pharisäer und Pilatus anlegten, wesentlich, sondern vor allem der Jesus, der heute in unser Leben treten will. Dieser Jesus mischt sich in unsere Alltagsangelegenheiten ein und hilft uns, unserem unübersichtlichen Leben einen Sinn zu geben.

Der Name *Jesus* oder *Josua* bedeutet wörtlich *der Herr rettet. Christus* bedeutet *der Gesalbte.* Das hebräische Wort dafür ist *Messias* und bezeichnet den verheißenen König, Retter und Erlöser.

Jesus war ein Lehrer von großer Autorität (Johannes 7,46).

Seine Geschichten oder Gleichnisse erstaunten und ergriffen in ihrer Treffsicherheit, Originalität und Tiefe seine Zuhörer. Von seinen ungewöhnlichen Predigten ist die »Bergpredigt« heute die wohl bekannteste. Sie lässt sich in etwa achtzehn Minuten halten und birgt doch den Kern für so viele Fragen des Menschseins.

Unter seinen Taten sind besonders die Wunder immer wieder erzählt worden. Sie ließen etwas von der Macht Gottes ahnen, die mit ihm war. Doch Johannes schreibt in seinem Evangelium: »Es sind noch viele andere Dinge, die Jesus getan hat. Wenn aber eins nach dem andern aufgeschrieben werden sollte, so würde, meine ich, die Welt die Bücher nicht fassen, die zu schreiben wären« (Johannes 21,25).

Viele unterschiedliche Worte beschreiben ihn, wie er ist. Allein im ersten Kapitel des Johannesevangeliums wird er das *schaffende Wort* genannt (Vers 1-3), *das Leben* (4), *das Licht* (5), *die Herrlichkeit* (14), *voller Gnade* (17) und der, *der Gott verkündet* (18). An anderer Stelle nennt ihn Johannes den *einzigen Sohn* (3,16) und das *Brot des Lebens* (6,35), *die Tür* und *die Tür zum Schafstall* (10,1.7.9). Schließlich wird er *die Auferstehung und das Leben* genannt (11,25) und *der Weg, die Wahrheit und das Leben* (14,6).

Die lange Ahnentafel, mit der das Matthäusevangelium beginnt, verfolgt seine Herkunft bis zu den Erzvätern zurück. Diese Ahnentafeln mögen für den Uneingeweihten langweilig wirken. Sie zeigen seine Abstammung von König David und auch, dass zwei Ausländerinnen zu seinen Ahnen gehörten, nämlich Rahab und Rut, von denen eine – Rahab – eine Prostituierte war.

Sein öffentliches Wirken umfasste nur drei Jahre. Per offiziellem Erlass wurde das Schild an seinem Kreuz in drei Sprachen beschriftet. Es führte die lateinischen Buchstaben *I.N.R.I.* an für *Iesus Nazarenus Rex Iudaeorum* – Jesus von Nazareth, König der Juden.

Das Entscheidendste an seinem Leben waren jedoch sein Tod und seine Auferstehung, er trug für die Welt ihre Schuld und Last und überwand den Tod.

Auch glauben Christen, dass Jesus als Richter wiederkommen und Gottes neuen Himmel und neue Erde bringen wird.

Was sagte Jesus selbst über sich? Bei seiner ersten Predigt, die laut Lukas, dem Verfasser des gleichnamigen Evangeliums, in seiner Heimatstadt Nazareth stattfand, stand Jesus in der Synagoge auf, um aus der uralten Schriftrolle des Jesaja zu lesen. Er las folgende Worte:

> Der Geist des Herrn ist auf mir, weil er mich gesalbt hat, zu verkündigen das Evangelium den Armen; er hat mich gesandt, zu predigen den Gefangenen, dass sie frei sein sollen, und den Blinden, dass sie sehen sollen, und den Zerschlagenen, dass sie frei und ledig sein sollen, zu verkündigen das Gnadenjahr des Herrn. (Lukas 4,18-19)

Mit diesen Versen wurde der Messias angekündigt. Nachdem Jesus diese Stelle vorgelesen hatte, sagte er: »Heute ist dieses Wort der Schrift erfüllt vor euren Ohren« (Lukas 4,21).

Was verstand Jesus unter »Evangelium«? Das Wort kommt aus dem Griechischen und bedeutet so viel wie »gute Nachricht«. Die gute Nachricht Jesu ist, dass den Menschen ihre Sünden vergeben worden sind. Die lang währende Entfremdung zwischen dem fernen Gott und den Menschen ist überwunden. Er befindet sich nicht mehr isoliert im Himmel, sondern kommt in Jesus selbst als Mensch auf die Erde. Er ist einer von uns. Wir brauchen uns nicht vor Gott zu fürchten. Gott hat Frieden mit uns gemacht. Wir sind mit Gott versöhnt (2. Korinther 5,19). Der strenge Gott, der zu den Männern und Frauen des Alten Testaments in Blitz und Donner sprach, ist jetzt so berührbar, so menschlich, wie Fleisch und Blut nur sein können.

Die Entfremdung ist vorüber. Durch Jesus können wir erkennen, wer und wie Gott ist. Wenn wir wissen wollen, wie Gott ist, brauchen wir nur Jesus anzusehen, denn er ist das Ebenbild Gottes (Kolosser 1,15). Jesus ist der Sohn des liebenden Vaters. Von ihm sagte Gott bei seiner Taufe im Jordan mit lauter Stimme: »Du bist mein geliebter Sohn, an dir habe ich Gefallen gefunden« (Markus 1,11).

Jesus begegnet den Menschen auch heute und kommt in ihr Leben. So können wir ihn als den erfahren, der in den Evangelien beschrieben wird. Und doch tragen viele Menschen ihre eigenen, oft ganz anderen Vorstellungen von ihm in sich.

Irgendwann werden wir dann von Worten Jesu beunruhigt, die nicht zu unseren bequemen privaten Vorstellungen passen. Zum Beispiel von Worten aus seiner Bergpredigt: »Ich sage euch: Liebet eure Feinde und bittet für die, die euch verfolgen« (Matthäus 5,44). Oder wenn Jesus zu seinen Jüngern sagt: »Will mir jemand nachfolgen, der verleugne sich selbst und nehme sein Kreuz auf sich und folge mir. Denn wer sein Leben erhalten will, der wird's verlieren; wer aber sein Leben verliert um meinetwillen, der wird's finden« (Matthäus 16,24-25).

Schockierend wirkt auch auf viele sein Gleichnis von den Arbeitern im Weinberg: Der Weinbergbesitzer gibt denen, die noch am Schluss des Tages kurze Zeit für ihn gearbeitet haben, genauso viel Lohn wie denen, die vom Morgen an im Weinberg waren (Matthäus 20). Immer wieder müssen wir begreifen, dass Jesus anders ist als die Vorstellungen, die ich mir unwillkürlich von ihm mache.

So haben Menschen häufig versucht, Jesus an ihre Vorstellungen anzupassen. Er sollte schon zur Rechtfertigung der verschiedensten Machtstrukturen herhalten. Um den wahren Jesus aus dem Neuen Testament in Übereinstimmung zu bringen mit einem, der besser zum Antisemitismus und »germanischen Heldentum« des Dritten Reiches passte, lehrten gewisse

Ideologen in der Nazizeit, dass Jesus in Wahrheit Arier gewesen sei. Glücklicherweise überlebte diese Konstruktion den Zweiten Weltkrieg nicht. Dieser Nazi-Nazarener ist jedoch ein Beweis dafür, wie weitgehend Jesus immer wieder vereinnahmt wird, damit er in eine bestimmte Weltsicht passt.

Die meisten Beispiele sind nicht so extrem, doch ich vermute, dass jede Zeit und jede geistige Strömung, ja, jeder einzelne Mensch versucht ist, sich Jesus so »zurechtzulegen«, dass er in die eigenen Gedanken hineinpasst.

Letztlich kommt es heute darauf an, mit welchen Augen ich die Bibel lese.

»Man kann in der Bibel lesen, bis einem die Augen ausfallen, aber ohne die Gabe des Glaubens wird man nicht glauben, dass Christus der Sohn Gottes war.« (Kardinal John O'Connor)

Schon früh haben die Christen versucht, neben den persönlichen Bekenntnissen allgemeinere Glaubensbekenntnisse zu formulieren. Beim Konzil von Nicäa im Jahre 325 n.Chr. wurde eines der frühsten Glaubensbekenntnisse angenommen. Darin heißt es:

> Wir glauben an den einen Herrn Jesus Christus,
> Gottes eingeborenen Sohn,
> aus dem Vater geboren vor aller Zeit. (...)
> Für uns Menschen und zu unserm Heil
> ist er vom Himmel gekommen,
> hat Fleisch angenommen
> durch den Heiligen Geist
> von der Jungfrau Maria
> und ist Mensch geworden.
> Er wurde für uns gekreuzigt unter Pontius Pilatus,
> hat gelitten und ist begraben worden,
> ist am dritten Tage auferstanden nach der Schrift
> und aufgefahren in den Himmel.

Er sitzt zur Rechten des Vaters
und wird wiederkommen in Herrlichkeit,
zu richten die Lebenden und die Toten;
seiner Herrschaft wird kein Ende sein.

Der Heidelberger Katechismus von 1563 hat auf einer persönlichen Ebene den Glauben zusammengefasst. Er beginnt so:

Was ist dein einziger Trost
im Leben und im Sterben?
Dass ich mit Leib und Seele
im Leben und im Sterben nicht mir,
sondern meinem getreuen Heiland
Jesus Christus gehöre.

Er hat mit seinem teuren Blut
für alle meine Sünden vollkommen bezahlt
und mich aus aller Gewalt des Teufels erlöst;
und er bewahrt mich so,
dass ohne den Willen meines Vaters im Himmel
kein Haar von meinem Haupt kann fallen,
ja, dass mir alles zu meiner Seligkeit dienen muss.

Darum macht er mich auch
durch seinen Heiligen Geist
des ewigen Lebens gewiss
und von Herzen willig und bereit,
ihm forthin zu leben.

»Wer ist Jesus für mich?« Wahrscheinlich interessiert Sie diese Frage am meisten und vielleicht haben Sie deshalb nach diesem Buch gegriffen. Es möchte Ihnen dabei helfen, zu Ihrem eigenen Verständnis von Jesus zu gelangen. Dieses Buch spiegelt die Sicht von Dutzenden von Menschen wider. Sie haben ihn nicht alle gleich gesehen, aber alle als einzigartig erkannt.

I

JESUS:

WER ER WAR

Die westliche Zivilisation ist direkt oder indirekt von Jesus geprägt. Viele Menschen verstehen ihn von ihren jeweiligen Bedürfnissen und Träumen her. Für revolutionär Gesinnte ist er ein Revolutionär. Für Feministinnen der erste neue Mann. Für Anthroposophen ein Wegbereiter der Vergeistigung der Menschheit. Für wieder andere ein Verkünder der Reinkarnation.

Manchmal erinnern die Sichtweisen an die Geschichte von den sechs Blinden. Als sie einen Elefanten betasten, werden sie gefragt, was das sei. Einer, der seine Flanke fühlt, sagt, es sei eine Mauer. Ein anderer schlingt seine Arme um das riesige Elefantenbein und erwidert, das Etwas erinnere eher an einen Baum.

Ein dritter, der ihn beim Schwanz zu packen bekommt, sagt, es sei ein Seil. Der, der das Ohr des Elefanten berührt, beschreibt es als Fächer, und so fort.

Jeder von uns sieht Jesus von seiner eigenen Warte. »Der Gott eines Schweines«, hat einst ein Philosoph gesagt, »besäße eine Schnauze und Borsten.«

Wenn uns Jesus nicht selbst begegnet und erkennen lässt, wer er ist, werden wir aus unseren Beobachtungen leicht die falschen Schlüsse ziehen. Diese Schlüsse sagen dann häufig mehr über uns als über Jesus.

Als Jesus in der Synagoge seiner Heimatstadt Nazareth seine erste Predigt hielt, glaubten wohl einige wenige, er sei tatsächlich der Sohn Gottes. Die meisten waren der Ansicht, dass er lediglich ein Zimmermann sei, Sohn eines Zimmermanns (Lukas 4,16-30). Allerdings: Menschen in Not erkannten ihn anscheinend leichter als den Christus als die, die sich stark und gesund fühlten. Die meisten theoretischen Debatten über die Existenz Gottes rühren von wohlgenährten »Philosophen« her, die an einem reich gedeckten Tisch warm und komfortabel sitzen. Frei von Schmerz und Not hegen sie häufig kein sonderlich großes Verlangen nach einer Glaubenserkenntnis von Jesus.

Jesu Frage: »Wer sagen die Leute, dass ich bin?«, zielt weniger auf *ihn*, als auf *uns* und unsere Beziehung zu ihm. Wer ist Jesus? Unser Bedürfnis nach einer Antwort auf diese Frage rührt sicher auch von unserem Bedürfnis her, uns selbst zu entdecken.

> Nachdem Gott vorzeiten vielfach und auf vielerlei Weise geredet hat zu den Vätern durch die Propheten, hat er in diesen letzten Tagen zu uns geredet durch den Sohn, den er eingesetzt hat zum Erben über alles, durch den er auch die Welt gemacht hat. Er ist der Abglanz seiner Herrlichkeit und das Ebenbild seines Wesens und trägt alle Dinge mit seinem kräftigen Wort und hat vollbracht die Reinigung

von den Sünden und hat sich gesetzt zur Rechten der Majestät in der Höhe und ist so viel höher geworden als die Engel, wie der Name, den er ererbt hat, höher ist als ihr Name. Denn zu welchem Engel hat Gott jemals gesagt: »Du bist mein Sohn, heute habe ich dich gezeugt«? und wiederum: »Ich werde sein Vater sein, und er wird mein Sohn sein«? Und wenn er den Erstgeborenen wieder einführt in die Welt, spricht er: »Und es sollen ihn alle Engel Gottes anbeten.« (Hebräer 1,1-6)

Er hätte den dicken Max markieren können

Max Lucado

Max Lucado, ein texanischer Pastor, hat viele wichtige Bücher über Jesus geschrieben. Mit seinen einfühlsamen Beschreibungen von Jesu Leben und Zeit hat er in Amerika eine große Leserschaft gewonnen. Lucado stellt Jesus nicht nur als den Sohn Gottes dar, sondern auch als einen wirklichen Menschen, dessen Menschsein voller Menschlichkeit war. Die Kraft, mit der Lucado die schlichten, geradlinigen Berichte der Evangelien nacherzählt, hat vielen Lesern zu einem neuen Verständnis von der Wirklichkeit Jesu nach dem Neuen Testament verholfen.

Ob das wichtig ist? Ich denke doch. Dass ganz normale Leute in einer kleinen Stadt gerne mit Jesus zusammen waren, dürfte schon bezeichnend sein. Dass der Allmächtige nicht anmaßend oder arrogant war, halte ich für sehr bemerkenswert. Der Herr war nicht selbstherrlich. Er, der alles kannte und wusste, war kein Besserwisser. Er, dem alles auf dieser Welt gehört, hat nie damit geprahlt.

Nie. Er hätte es tun können. Und wie!

Er hätte mit seinen Bekannten protzen können: *Hab ich euch eigentlich schon mal erzählt, wie ich mit Mose auf dem Berg war?*

Er hätte ein Angeber sein können: *He, soll ich euch mal kurz ins zwanzigste Jahrhundert beamen?*

Er hätte ein Klugschnacker sein können: *Ich weiß, was du gerade denkst. Beweis gefällig?*

Er hätte den dicken Max markieren können: *Ich hab ein Stück Land auf dem Jupiter –*

Doch Jesus war und tat nichts von alldem. Seine Sache war nicht das Aufschneiden, sondern das Aufkreuzen. Er gab sich alle Mühe, genauso menschlich zu sein wie der Typ von nebenan. Er hätte nicht lernen brauchen und trotzdem ging er in die Synagoge. Er hätte kein Geld verdienen müssen und ging dennoch in die Werkstatt. Er hatte Engel zu Bekannten gehabt und die Harfen des Himmels gehört, aber auch das hielt ihn nicht davon ab, auf die Partys von Zolleinnehmern zu gehen. Und auf seinen Schultern lastete die Aufgabe, die Welt zu erlösen, doch er nahm sich die Zeit, neunzig Meilen von Jericho nach Kana zu laufen, um dort auf eine Hochzeit zu gehen.

Folge davon war, dass die Leute ihn mochten. Gut, es gab auch jene, die sich über seine Behauptungen ärgerten. Sie nannten ihn Gotteslästerer, niemals aber bezeichneten sie ihn als Großkotz. Sie bezichtigten ihn der Ketzerei, nicht aber der Arroganz. Er wurde als Radikaler gebrandmarkt, nie aber unnahbar genannt.

Es gibt keinerlei Hinweis darauf, dass er je seine himmlische Stellung für seinen persönlichen Vorteil benutzt hätte. Niemals. Man hat einfach nie das Gefühl, seine Nachbarn wären irgendwann seinen Hochmut leid gewesen und hätten ihn gefragt: »Was glaubst du eigentlich, wer dich zu Gott gemacht hat?«

Sein Glaube machte ihn liebenswert, nicht verabscheuungswürdig. Schön wär's, wenn sich's bei uns auch so verhalten würde!

Was hat uns bloß auf die Idee gebracht, dass ein guter Christ ein ernster Christ ist? Wodurch ist nur das Gerücht aufgekommen, dass man einen Jünger an seinem langen Gesicht erkennt? Woher kommt die Vorstellung, dass Trauerklöße die wahrlich Begnadeten sind?

Darf ich vielleicht etwas sagen, das Stirnrunzeln verursachen wird? Darf ich Ihnen verraten, warum Jesus meiner Meinung nach auf die Hochzeit ging? Ich glaube, er ging auf die Hochzeit, weil – langsam, langsam, lassen Sie mich erst mal ausreden, bevor Sie den Teer aufkochen und die Federn rupfen –, ich glaube, Jesus ging auf die Hochzeit, um sich zu amüsieren.

Lassen Sie sich's nur mal durch den Kopf gehen. Es war eine anstrengende Saison. Vierzig Tage in der Wüste. Nichts zu trinken und zu essen. Ein Duell mit dem Teufel. Eine Woche Einarbeitung einer Gruppe galiläischer Grünschnäbel. Eine neue Stellung. Er ist von Zuhause ausgezogen. Das war alles nicht leicht. Gegen ein Päuschen wäre nichts einzuwenden. Ein gutes Essen mit gutem Wein und ein paar guten Freunden – klingt gut.

Also ziehen sie los.

Nicht Wasser in Wein zu verwandeln war sein Ziel. Das war nur ein Gefallen, den er seinen Freunden tat.

Es war auch nicht sein Ziel, seine Macht zu zeigen. Der Gastgeber bekam nicht mal was davon mit.

Sein Ziel war auch nicht zu predigen. Es gibt keinerlei Aufzeichnungen über eine Predigt.

Bleibt eigentlich nur ein Grund. Spass. Jesus ging auf die Hochzeit, weil er die Leute mochte und das Essen; und – großer Gott! – vielleicht wollte er sogar mal mit der Braut eine kesse Sohle aufs Parkett legen. (Schließlich plant er selbst auch eine große Hochzeit. Vielleicht wollte er schon mal üben?)

Verzeiht mir also bitte, Pastor Nieselprim und Schwester Drögeseel. Tut mir Leid, wenn ich euch die Petersilie verhagele, aber Jesus war ein sympathischer Bursche. Und das Gleiche dürfte auch auf seine Jünger zutreffen. Ich spreche hier nicht von Völlerei, Trunkenheit und Ehebruch. Ich rede nicht Derbheit und Vulgarität das Wort. Ich ziehe lediglich zu Felde für die Freiheit, sich über einen guten Witz zu amüsieren, Schwung in eine langweilige Party zu bringen, einen lustigen Abend zu schätzen zu wissen.

Vielleicht überraschen diese Gedanken Sie. Mich jedenfalls tun sie's. Es liegt länger zurück, dass ich Jesus als Freund von Partys bezeichnet habe. Es stimmt aber. Seine Widersacher beschuldigten ihn, zu viel zu essen, zu viel zu trinken und sich mit den falschen Leuten herumzutreiben! (Siehe Matthäus 11,19.) Ich muss gestehen: Es ist schon eine ganze Weile her, dass mich jemand beschuldigt hätte, ich würde mich zu gut amüsieren. Wie sieht's in der Beziehung bei Ihnen aus?

Wir waren mal ganz gut darin. Was ist aber aus uns geworden? Wo sind lautes Lachen und Spaß an der Freude hin? Werden wir von unseren Krawatten erwürgt? Liegt's an unseren Diplomen? Sind wir so steif vom vielen Sitzen in Kirchenbänken?

Könnten wir nicht lernen, wieder Kinder zu sein?

Um diese Zeit lebte Jesus

FLAVIUS JOSEPHUS

Josephus war ein jüdischer Geschichtsschreiber. Er äußerte sich mehrfach zum Urchristentum, war selbst aber kein Christ.

Um diese Zeit lebte Jesus, ein weiser Mensch, wenn man ihn überhaupt einen Menschen nennen darf. Er war nämlich der Vollbringer ganz unglaublicher Taten und der Lehrer aller Menschen, die mit Freuden die Wahrheit aufnahmen. So zog er viele Juden und auch viele Heiden an sich. Er war der Christus. Und obgleich ihn Pilatus auf Betreiben der Vornehmsten unseres Volkes zum Kreuzestod verurteilte, wurden doch seine früheren Anhänger ihm nicht untreu. Denn er erschien ihnen am dritten Tage wieder lebend, wie gottgesandte Propheten dies und tausend andere wunderbare Dinge von ihm vorher verkündigt hatten. Und noch bis auf den heutigen Tag besteht das Volk der Christen, die sich nach ihm nennen, fort.

Jesus und Sokrates

Jean-Jacques Rousseau

Jesus lebte zu einem bestimmten historischen Zeitpunkt, doch kann man über ihn nicht sprechen wie über jede andere Persönlichkeit der Geschichte. Die Geschichte ist die Geschichte des Menschen, die Evangelien aber sind die Geschichte Jesu, des Sohnes Gottes. Der französische Philosoph wies im 18. Jahrhundert darauf hin. Jesus ist genauso wirklich wie Pilatus; beide waren Teil der Geschichte. Doch während Pilatus nur Geschichte ist, steht Jesus zugleich inner- und außerhalb der Geschichte.

Welch rührende Anmut in seinen Belehrungen! Welche Erhabenheit in seinen Grundsätzen! Welch tiefe Weisheit in seinen Reden! Welche Geistesgegenwart, welcher Scharfsinn und welche Genauigkeit in seinen Antworten! Welche Herrschaft über seine Leidenschaften! Wo ist der Mensch, wo ist der Weise, der ohne Schwäche und ohne Übertreibung so handeln, leiden und sterben kann? Als Plato seinen Gerechten malte, wie er mit aller Schmach des Verbrechens beladen und doch jedes Lohnes der Tugend würdig ist, da malte er Zug um Zug Jesus Christus. Die Ähnlichkeit ist so auffallend, dass alle Kirchenväter sie herausgefühlt haben und dass man sich unmöglich darin täuschen kann. Wie voreingenommen, wie blind muss man sein, wollte man dagegen (Sokrates) den Sohn des Sophroniskus mit Marias Sohn vergleichen? Welcher Abstand zwischen beiden! (...)

Ehe Sokrates die Tugend definiert hat, war Griechenland reich an tugendhaften Menschen. Aber woher nahm Jesus bei den Seinen diese hohe und reine Moral, die er selber lehrte und bezeugte? Inmitten des wütendsten Fanatismus ertönte die Stimme der höchsten Weisheit. (...) Der Tod des ruhig mit seinen Freunden philosophierenden Sokrates ist der süßeste, den man sich wünschen kann. Der Tod Jesu, der unter Martern, Beleidigungen, Verhöhnungen und von einem ganzen Volk verflucht seinen Geist aufgab, ist der schrecklichste, den man fürchten kann. Während Sokrates den segnete, der ihm weinend den Giftbecher reichte, betete Jesus unter schrecklichen Foltern für seine blutgierigen Henker. Wenn das Leben und der Tod von Sokrates eines Weisen würdig sind, so sind Leben und Tod von Jesus die eines Gottes.

KURZE WORTE: WER IST JESUS?

Christus legte die Krone ab, um uns zu krönen, und seine Gewänder, um unsere Lumpen anzulegen, kam vom Himmel herab, um uns vor der Hölle zu bewahren. Er fastete vierzig Tage, damit er uns bis in alle Ewigkeit festlich bewirten kann; er kam vom Himmel auf die Erde, auf dass er uns von der Erde in den Himmel schicke. *W. Dyer*

Wenn je das Göttliche auf Erden erschien, dann in der Gestalt Christi. *Johann Wolfgang von Goethe*

In Jesus Christus berührt der Himmel die Erde und steigt die Erde zum Himmel auf. *Henry Law*

Ganz sicher sind Königtum in Lumpen und gefangene Engel kein Abstieg verglichen mit der Fleisch gewordenen Gottheit! *Henry Law*

Ein Mensch, der bloß Mensch wäre und so etwas sagen würde, was Jesus sagte, wäre kein großer Sittenlehrer. Er wäre entweder ein Irrer – auf einer Stufe mit einem Menschen, der von sich behauptet, er sei ein pochiertes Ei – oder andernfalls der Teufel der Hölle. Sie müssen entscheiden. Entweder war und ist dieser Mensch der Sohn Gottes oder im anderen Falle ein Verrückter oder noch Schlimmeres ... Nur sollten wir lieber nicht mit irgendeinem herablassenden Unfug daherkommen, dass er ein großer menschlicher Lehrer war. Diese Wahl steht uns nicht frei. Sie lag auch nicht in seiner Absicht. *C. S. Lewis*

Wenn Sokrates' Leben und Sterben das eines Philosophen waren, dann war Leben und Sterben Jesu Christi das eines Gottes. *Jean-Jacques Rousseau*

Wenn Sie wissen wollen, was Gott Ihnen zu sagen hat, dann schauen Sie, was Christus war und ist. – Denken Sie daran, Christus war kein vergöttlichter Mensch, noch war er ein vermenschlichter Gott. Er war vollkommen Gott und zugleich vollkommen Mensch. *Charles H. Spurgeon*

Jesus beschäftigt sich so gut wie gar nicht mit der Lösung weltlicher Probleme ... Sein Wort ist nicht Antwort auf menschliche Fragen und Probleme, sondern die göttliche Antwort auf die göttliche Frage an den Menschen. Sein Wort ist wesentlich nicht von unten, sondern von oben her bestimmt, nicht Lösung, sondern Erlösung ... Wer sagt uns eigentlich, dass alle weltlichen Probleme gelöst werden sollen und können? Vielleicht ist Gott die Ungelöstheit dieser Probleme wichtiger als ihre Lösung, nämlich als Hinweis auf den Sündenfall der Menschen und auf Gottes Erlösung.

Unbekannter Verfasser

Wer weiß? Seit wir hier keinen Gott mehr haben und auch seinen Sohn nicht und nicht den Heiligen Geist, wer verzeiht jetzt? Das weiß ich nicht. *Ernest Hemingway*

Das letzte Wort, das ich als Theologe und auch als Politiker zu sagen habe, ist nicht ein Begriff wie »Gnade«, sondern ist ein Name: Jesus Christus. *Karl Barth*

Wer nicht an Christus glauben will, der muss sehen, wie er ohne ihn raten kann. Ich und du können das nicht. Wir brauchen jemand, der uns hebe und halte, weil wir leben, und die Hand unter den Kopf lege, wenn wir sterben sollen.

Matthias Claudius

Wie war Jesus? Wie sah er aus?

R. J. CAMPBELL

R. J. Campbell, englischer Geistlicher in Chichester in Südengland, gestorben 1956, stellt im folgenden Text einige Fragen über Jesus, die bestimmt schon viele Menschen gehabt haben.

Es ist auffallend, dass wir in den Evangelien so wenig Hinweise auf die äußere Erscheinung Jesu haben. Darüber würden heutige Leser brennend gern mehr erfahren. War Jesus groß oder klein, stämmig oder schmächtig, von ebenmäßigem Aussehen oder nicht? Wie kleidete er sich? Und welche besonderen Kennzeichen besaß er, falls überhaupt? Welche Art von Stimme, Blick, Gestik würde denen, die ihn kannten, immer für ihn typisch im Gedächtnis sein?

Die Evangelisten schweigen sich über alle diese Fragen merkwürdigerweise aus. Alles, was wir von ihnen in Erfahrung bringen können, ist – und in dieser Hinsicht sind sie sich alle erstaunlich einig –, dass er eine starke Ausstrahlung besaß und sehr anziehend wirkte.

Es gibt ein Ereignis, das sich in allen drei synoptischen Evangelien findet: Wie er ein Kind mitten in den erstaunten Kreis der streitenden Männer stellt und ihnen gebietet, es ihm nachzutun, wenn sie ins Reich Gottes aufgenommen werden wollten. Das Kind muss gern zwischen Jesu Knien gestanden haben, Jesus hatte vielleicht seine Arme um es gelegt – es gibt jedenfalls keinerlei Hinweis auf das Gegenteil. Und wo hatte er das Kind her? Es ist anzunehmen, dass es bereits dabeistand und zum Gesicht des Herrn aufblickte, und dass Jesus es schlicht zu sich hingezogen hatte, um seine Ausführungen zu unterstreichen. Kinder können keinerlei Furcht vor Jesus verspürt haben. Daher muss ganz offensichtlich etwas Anziehendes und Freundliches schon allein in seinem Blick gelegen haben, wenn dieser auf einem Kind ruhte, etwas Zärtliches und Gewinnendes.

Die Sünder und die Erniedrigten nahmen diese Ausstrahlung ebenfalls wahr. Die Frau, die auf frischer Tat beim Ehebruch ergriffen worden ist, bleibt bei ihm, während ihre Ankläger geschlagen die Flucht ergreifen; die »Sünderin« wäscht seine Füße mit ihren Tränen, ohne sich um die Meinung der Menschen ringsum zu kümmern; der kleine Zachäus platzt mit seinem Versprechen sich zu bessern in Gegenwart einer Gesellschaft heraus, die ihn verachtet – alles, was an Gutem in ihm steckt, bricht unter dem warmen Blick dieser freundlichen Augen aus ihm heraus.

Und was für einen Blick musste Jesus gehabt haben! Die Evangelisten beschreiben wiederholt die Art und Weise, wie er die Menschen anschaute. Sie waren ganz offensichtlich davon beeindruckt. Seine Jünger, die jeden Tag zuhörten, müssen oft darüber gesprochen haben – über den Blick beispielsweise, den er den mürrischen Pharisäern vor der Heilung in der Synagoge zuwarf, über das lächelnde Wohlwollen, mit dem er den reichen, jungen Mann betrachtete. Was seine Stimme angeht, so wird uns berichtet, dass »alles Volk ihn gern hörte« – ich stelle mir vor, dass in der Sprechmelodie der Stimme, die die Worte des ewigen Lebens sprach, ein gewisser Zauber gelegen hat. »Noch nie hat ein Mensch so geredet wie dieser«, berichteten die Knechte des Hohen Rats, die dieser ausgesandt hatte, um ihn festzunehmen. Sie waren so gefesselt und beeindruckt von dem gewesen, was und wie er es gesagt hatte, dass sie ihren Auftrag unmöglich ausführen konnten.

Seine Kleidung, sein Gang, sein Auftreten dürften dem allen entsprochen haben. Sie werden von einer Einfachheit und Würde gewesen sein, die im Einklang mit dem stand, was uns von Jesus berichtet wird. Er war nicht reich, daher muss seine

Kleidung die eines Menschen aus dem Mittelstand zu jener Zeit gewesen sein.

Über dem Schurz trug er wohl ein langes Hemdkleid oder Untergewand aus Leinen oder Wolle mit langen oder halblangen Ärmeln. Beim Gehen oder Arbeiten wird er es wie die anderen Männer hochgeschürzt haben, damit es ihn nicht behinderte. Dieses Obergewand Jesu war ungewöhnlich kostbar und aus einem einzigen Stück Stoff genäht, so dass die Soldaten unter dem Kreuz es nicht zerschneiden und unter sich teilen, sondern darum würfeln wollten (Johannes 19,23-24).

Darüber trug Jesus einen Mantel aus einem großen Stück Stoff aus grobem Garn gewirkt, das über die Schulter geworfen wurde und seitliche Öffnungen für die Arme hatte. Der Mantel wurde beim Gehen und Arbeiten abgelegt. Er durfte wie bei allen Männern in Israel nicht gepfändet werden, da er nachts als Decke diente. Sandalen für die Füße dürften die Kleidung Jesu vervollständigt haben.

Seine Grösse

BLAISE PASCAL

Der berühmte französische Mathematiker, Physiker und Philosoph Blaise Pascal war ein mathematisches Genie und ein christlicher Denker. Er bezog »die Logik des Herzens« in seine Überlegungen mit ein. Sein Einfluss reicht bis in unsere Zeit.

Jesus Christus hat keinen Besitz und keine Leistungen hinterlassen, er bleibt außerhalb der Wissenschaft und in seiner eigenen Ordnung der Heiligkeit. Er hat keine Erfindungen gemacht. Er hat nicht regiert, sondern war demütig, geduldig, heilig, heilig, heilig vor Gott, den Dämonen ein Schrecken, ohne alle Sünde. Oh, in welch großer Pracht und welch wunderbarer Herrlichkeit für die Augen des Herzens, welche die Weisheit sehen, er gekommen ist! …

Es wäre für unseren Herrn Jesus Christus unnütz gewesen, wenn er, um in seinem Reich der Heiligkeit zu glänzen, als König gekommen wäre, doch er ist sehr wohl mit dem Glanz seiner eigenen Ordnung in dieses eingegangen.

Es ist vollkommen lächerlich, Anstoß an der Niedrigkeit Jesu Christi zu nehmen, als ob diese Niedrigkeit zu derselben Ordnung wie die Größe gehörte, die er mit seinem Kommen offenbarte.

Man betrachte doch diese Größe in seinem Leben, in seinem Leidensweg, in seiner Verborgenheit, in seinem Tod, in der Berufung der Seinen, in ihrer Verlassenheit, in seiner geheimen Auferstehung und in allem Übrigen. Man wird sie als so erhaben erkennen, dass man keinen Grund haben wird, Anstoß an einer Niedrigkeit zu nehmen, die es bei ihm nicht gibt.

Mit Macht und Gewalt

Bo Giertz

Der lutherische Bischof von Göteborg, Bo Giertz (1905-1998), war gleichzeitig Schriftsteller. Mehrere seiner Werke sind auch in deutscher Sprache populär geworden. Hier ein Auszug aus seinem Jesus-Buch Mit eigenen Augen.

Als Simon hereinkam, sah er zuerst fast nichts. Draußen leuchtete die Sonne blendend und scharf; es dauerte eine Weile, bis man sich an das Halbdunkel hier drinnen gewöhnte. Zuerst hatte er nur die Pfeilerreihen gesehen, die Frauenempore und das halbrunde Fenster ganz oben an der Giebelwand. Die Menschen waren nur eine dunkle Masse gewesen, in der man versuchen musste, einen Platz zu finden.

Je weiter der Gottesdienst voranschritt, desto klarer begann er zu sehen. Die Farben auf dem Holzwerk dort vorn traten hervor, wo die Gesetzesrollen in dem geschnitzten Schrank verwahrt wurden und wo der Vorleser sich hinter das Geländer stellte. Gesichter und Gewänder bekamen Farbe und Leben.

Die Psalmen brausten, wie immer Halbvers um Halbvers wechselweise gesungen. Man bekannte den Glauben Israels, jemand las die Gebete mit eintöniger Stimme und das Volk antwortete: Amen. Es duftete von Zweigen der Minze auf dem Fußboden, die Stäubchen tanzten in den Sonnenstrahlen, die durch das Giebelfenster hereinfielen, und die Frauen waren hinter den Vierecken des Gitterwerkes auf der Empore zu sehen. Alles war wie gewöhnlich. Aber dann kam die große Überraschung, die Simon geahnt hatte und die die ganze Zeit eine heimliche Spannung in ihm lebendig erhalten hatte.

Der alte Wollweber hatte wie so viele Male zuvor die Schrift vorgelesen, feierlich und singend wie immer, und der Vorsteher wandte sich nun der Gewohnheit nach an die Gemeinde mit der Frage, ob jemand ein Wort der Ermahnung zu sagen hätte. Da niemand von den wandernden Rabbinern dort vorn saß, hatte man erwartet, dass es heute keine Gesetzesauslegung geben würde, und nur um der guten Ordnung willen zögerte Jairus einen Augenblick, den Gottesdienst abzuschließen.

Eben da geschah es. Jemand bewegte sich zwischen den vordersten Pfeilern und wechselte ein paar Worte mit dem Synagogenvorsteher, und dann stand er auf dem Platz des Gesetzeslehrers dort vorn auf der Erhöhung.

Totenstille herrschte in der Synagoge. Simon selber lauschte atemlos. Wie ein mächtiger Strom flossen seine Worte dahin, ruhig aber unwiderstehlich. In jedem neuen Satz lag ein neues Gewicht, eine neue Vollmacht, etwas Selbstverständliches und Unwidersprechbares, das gleichzeitig so neu und kühn war, dass man schauderte. Dieses »Wort« nahm niemals seine Zuflucht zu der Autorität der Schriftgelehrten. Es verbarg sich niemals hinter dem, was andere gesagt hatten. Da war niemals ein »vielleicht« oder »möglicherweise«. Da war ein unbeschreiblich festes und vollmächtiges »Ich sage euch«. Es war die gleiche Spannung, dieselbe Empfindung der drohenden Nähe der zukünftigen Welt, die sie am Jordan verspürt hatten. Aber hier war noch mehr. Tut Buße, hatte der Täufer gesagt. Die Axt ist schon an die Wurzel des Baumes gelegt. Der Meister rief auch zur Buße, aber er sagte: »Gott hält sein Wort – vor euren Ohren. Glaubt nur!«

Was er damit meinte, konnte Simon nicht richtig verstehen. Aber niemand konnte daran zweifeln, dass das eine frohe Botschaft war. Aus diesem ganzen vollmächtigen Wort leuchtete eine große Freude. Wenn der Täufer redete, erwartete man, dass Feuer vom Himmel fallen würde, Feuerregen des Zorns und des Gerichts. Wenn der Meister sprach, dachte man eher an das Wort des Propheten, dass der Himmel Gerechtigkeit herabregnen lassen würde.

Durch die Synagoge ging ein Seufzer der Erleichterung, der

kommt, wenn eine große Spannung nachlässt. Gleichzeitig konnte man ein erstauntes Summen flüsternder Fragen hören: Was ist das? Dieser Mensch lehrt ja mit Macht und Gewalt.

Jairus trat wieder vor, um den Gottesdienst abzuschließen. Er hatte gerade den Mund geöffnet, als ein Geheul durch das Gedränge hallte, dass alle Männer sich umwenden und die Frauen ihre erschreckten Gesichter gegen das Emporengitter drücken ließ. Simon hob sich auf die Zehen, um sehen zu können. Es war einer von den Besessenen, einer dieser armen Tröpfe, die plötzlich mit einer anderen Sprache als ihrer eigenen zu reden begannen, in denen sich vier oder fünf verschiedene Geister um die Macht rissen. Bisweilen stürzten sie hilflos hin. Manchmal wurden sie steif wie ein Stück Holz oder verzerrten sich im Krampf. Oft waren sie unheimlich scharfsichtig und sagten, was andere nur bei sich dachten.

Der Schreier hatte sich bis zu einem der Pfeiler vorgedrängt. Sein Gesicht war verzerrt. Wenn er den Mund aufsperrte, sah man, dass mehrere seiner Zähne ausgeschlagen waren. Er kämpfte gewaltig, um sich von den Männern loszureißen, die ihn festzuhalten versuchten. Die ganze Zeit brüllte er:

»Geh deiner Wege! Was haben wir mit dir zu schaffen, Jesus von Nazareth! Du bist gekommen, um uns zu verderben. Ich weiß, wer du bist: der Heilige Gottes!«

Er machte einen gewaltsamen Versuch loszukommen und schleifte die beiden anderen mit sich. Die ganze Synagoge war ein einziges Knäuel erregter Gestalten, die sich stießen und drängten. Simon sah ihn nicht mehr, hörte aber durch den Lärm die befehlende Stimme des Meisters:

»Verstumme und fahre aus von ihm!«

Da hörte er einen dumpfen Laut. Jemand fiel zu Boden. Die Leute sprangen zur Seite. Es bildete sich ein Kreis. Simon gelang ein flüchtiger Blick auf den Besessenen, der rückwärts hingestürzt war, seinen Körper zu einem Bogen spannte und brüllte. Im nächsten Augenblick wurde er still, sank auf den

Boden und schlug die Augen auf. Die Männer halfen ihm hoch. Er sah sich scheu um und ging ruhig zum Ausgang.

Es war sehr still geworden. Dann stimmte der Synagogenvorsteher einen Lobgesang an, langsam fielen die anderen ein. Erst auf der Treppe, als man in das flammende Sonnenlicht hinausging, löste sich der Bann. Was war das soeben gewesen? Wer von den Schriftgelehrten konnte in solcher Weise reden? So etwas hatte man noch nie gesehen.

Der Meister hatte sich zurückgezogen und ging rasch die Gasse zum See hinunter. Alle vier folgten ihm. Sie hatten vereinbart, in die Wohnung von Simon und Andreas zu gehen. Erst hier in der Gasse fiel Simon ein, dass er hätte sagen müssen, dass seine Schwiegermutter fieberkrank lag. Es ging eigentlich nicht, den Meister einzuladen, wenn sie dort in dem einzigen Raum des Hauses in ihren Frostschauern lag.

Er überlegte einen Augenblick. Seitdem das da in der Synagoge geschehen war, hatte er sich zu fragen begonnen, ob nicht der Meister gerade um der Kranken willen kommen müsse. Er sprach mit Andreas. Man konnte es ja versuchen. Sie brauchten ja nichts zu verlangen, aber... Und dann holten sie den Meister ein und sprachen mit ihm von ihr. Er nickte nur.

Sie gingen durch das Tor und über den Hof. In dem Halbdunkel dort drinnen im Haus blieben die jungen Männer etwas zögernd an der Tür stehen. Sie sahen den Meister zu der Kranken treten, die auf ihrer Matratze in der Ecke lag. Er beugte sich über sie und sagte etwas. Dann ergriff er sie bei der Hand und richtete sie auf. Sie strich ihre Kleider glatt, schüttelte die Matratze, rollte sie zusammen und ging zu dem Bord über dem Herd, um die Tonschüssel und die Schalen herunterzuholen und ihnen Speise vorzusetzen.

Die Männer folgten ihr mit erstaunten Augen. Ihre Hand zitterte nicht, ihre Schritte waren völlig ruhig und zielbewusst.

Was war das?

Ich kenne die Menschen
NAPOLEON BONAPARTE

Selbst jene Gestalten der Geschichte, die die Botschaft Jesu nicht gerade befolgten, waren zum Teil von seiner Größe beeindruckt. Man kann Napoleon, wie Despoten vor und nach ihm, nicht einen Mann von tiefem Glauben nennen. Dennoch ist es eine Achtungsbezeigung gegenüber Jesus, dass sogar Politiker und Diktatoren seinem Beispiel Ehre erweisen.

Ich kenne die Menschen und ich sage Ihnen, dass Jesus kein Mensch ist. Oberflächliche Geister nehmen eine Ähnlichkeit zwischen Christus und den Begründern von Reichen und den Göttern anderer Religionen wahr. Diese Ähnlichkeit existiert nicht. Zwischen dem Christenglauben und welcher Religion auch immer liegt die Kluft der Unendlichkeit …

Alles an Christus erstaunt mich. Sein Feuer beeindruckt mich tief und seine Willenskraft beschämt mich. Zwischen ihm und wem immer auf der Welt gibt es keinen Vergleich. Er ist wahrhaft einzig. Seine Gedanken, die Wahrheit, die er verkündet, seine Art zu überzeugen lassen sich weder durch menschliche Bildung noch durch die Natur der Dinge erklären.

Je weiter ich mich nähere, je gründlicher ich forsche, desto schleierhafter wird mir alles; alles bleibt erhaben – von einer Erhabenheit, die überwältigt. Seine Religion ist die Offenbarung einer Intelligenz, die ganz sicher nicht die eines Menschen ist. Es gibt darin eine profunde Originalität, die eine Reihe von bis dahin unbekannten Worten und Maximen hervorgebracht hat. Jesus borgte nichts von unserem Wissen aus. Nirgendwo außer einzig in ihm selbst lässt sich die Nachahmung oder das Beispiel seines Lebens finden.

… Ich suche vergeblich in der Geschichte etwas, das Jesus gleich ist oder dem Evangelium nahe kommt. Weder Geschichte, noch Menschheit, noch die Jahrhunderte, noch die Natur bieten mir etwas dar, mit dem ich es vergleichen oder erklären kann. Alles hier ist außerordentlich. Je mehr ich das Evangelium bedenke, desto sicherer bin ich mir, dass es dort nichts gibt, das nicht jenseits des Gangs der Ereignisse und allen menschlichen Verstehens ist.

DER TOD CHRISTI

JOHN R. W. STOTT

Der weltbekannte englische Geistliche John Stott hat eine große Zahl von Studenten und Pastoren in Europa und der Dritten Welt geprägt. Ihm geht es immer wieder darum, den Glauben in einer sich verändernden Welt in Worte zu fassen und ihn mit dem Leben zu verbinden. Im folgenden Ausschnitt aus seinem Buch Grundkurs christlicher Glaube *fasst er auf einfache Art zusammen, wofür Jesus sein Leben gab.*

Dazu ist Christus in die Welt gekommen. Er kam als Retter: »Dem sollst du den Namen Jesus geben, denn er wird sein Volk retten von ihren Sünden« (Matthäus 1,21). »Das ist gewisslich wahr und ein Wort, des Glaubens wert, dass Christus Jesus in die Welt gekommen ist, die Sünder selig zu machen« (1. Timotheus 1,15). Er war der »Menschensohn«, der gekommen ist, »zu suchen und selig zu machen, was verloren ist« (Lukas 19,10). Er war wie der Hirte, der das eine verirrte Schaf der Herde vermisste und nach ihm suchte, bis er es fand (Lukas 15,3-7). Im Christentum geht es um Rettung, Erlösung, und keine Religion ist dieser Botschaft vergleichbar, dass Gott eine Welt verlorener Sünder liebte, ihr nachging und für sie starb.

Erlösung ist Befreiung von der Sünde. Die Sünde wird in allen drei Bereichen überwunden, in denen sie sich auswirkt. Durch Jesus Christus, unseren Heiland, können wir heimkehren aus der Verbannung der Gottesferne und neu in die Gemeinschaft mit Gott, dem Vater, finden. Wir können frei werden von innerer Gebundenheit durch Sünde. Wir können erleben, wie Gemeinschaft in der Liebe an die Stelle des Streites unter den Menschen tritt. Die Versöhnung zwischen Gott und uns ist die Frucht des Sterbens Jesu für uns. Die innere Erneuerung und Befreiung geschieht durch die Gabe seines Geistes, und die Versöhnung unter uns Menschen geschieht im Leben und Wachsen seiner Gemeinde.

Die Bilder wechseln – die Person bleibt

C. S. Lewis

Manche Menschen sagen, sie glaubten an Jesus. In Wirklichkeit glauben sie, es habe tatsächlich einen Menschen namens Jesus gegeben. Erst das Bekenntnis, dass dieser Jesus Gottes einziger Sohn und der Erlöser der Welt ist, macht einen Menschen zum Christen. C. S. Lewis, ein viel gelesener englischer evangelischer Autor des 20. Jahrhunderts, kommt hier auf den Unterschied zu sprechen zwischen dem Jesus der Geschichte und dem Jesus, der von Menschen angebetet wird.

Im folgenden Ausschnitt aus der Dienstanweisung für einen Unterteufel *schreibt Screwtape, Lewis' Teufel, der in der höllischen Beamtenhierarchie Rang und Namen hat, an seinen rangniedrigeren Schützling Wormwood, um ihn zu unterweisen, wie er seinen »Patienten« mit einer anscheinend »guten Wahrheit« einfangen soll, die ihn davon abhalten wird, Seine Wahrheit zu glauben.*

Du wirst sehen, dass viele christlich-politische Schriftsteller der Auffassung sind, mit dem Christentum sei es schon sehr früh abwärts gegangen, und es sei schon früh von der Lehre seines Gründers abgewichen. Von dieser Ansicht müssen wir Gebrauch machen, um den Begriff des »historischen Jesus« wieder einmal zu unterstützen, der dadurch gefunden wird, dass man spätere »Zutaten und Fälschungen« beseitigt und den so gefundenen Jesus der ganzen christlichen Tradition gegenüberstellt. In der letzten Generation förderten wir den Begriff eines

»historischen Jesus« auf liberal-humanitärer Basis. Heute stellen wir einen neuen »historischen Jesus« mit marxistischen, katastrophischen und revolutionären Zügen heraus. Die Konstruktionen, die wir etwa alle dreißig Jahre zu ändern beabsichtigen, bieten vielfältige Vorteile. Vor allem sind sie dazu angetan, die Verehrung der Menschen auf etwas zu lenken, das überhaupt nicht besteht, denn jeder »historische Jesus« ist unhistorisch. Die Urkunden sagen, was sie sagen, da kann nichts hinzugefügt werden. Also muss jeder neue »historische Jesus« aus ihnen dadurch herausgeholt werden, dass man in einem Punkt etwas unterschlägt, in einem andern etwas übertreibt und eine Art (von den Menschen unter unserm Einfluss gern »glänzend« genannte) Spekulation anwendet, auf die im gewöhnlichen Leben keiner zehn Franken wagen würde, die jedoch genügt, um im Herbstkatalog eines jeden Verlagshauses eine reiche Ernte neuer Napoleon-, neuer Shakespeare- und neuer Swiftliteratur auftauchen zu lassen. Ferner liegt bei all diesen Konstruktionen die Bedeutung des »historischen Jesus« in einer besonderen Theorie, die Er verkündet haben soll. Er muss unbedingt ein »großer Mensch« im modernsten Sinne des Wortes sein – das Endglied einer vom Wesentlichen abführenden, unausgegorenen Ideenentwicklung –, ein Scharlatan, der ein Allheilmittel feilbietet. Dadurch lenken wir die Menschen ab von dem, was Er ist und was Er getan hat. Wir machen Ihn zuerst zu einem bloßen Lehrer und verheimlichen dann die sehr wesentliche Übereinstimmung zwischen Seiner Lehre und den Lehren aller andern großen Sittenlehrer. Denn die Menschen dürfen auf keinen Fall merken, dass die großen Sittenlehrer nicht vom Feinde gesandt sind, um sie zu belehren, sondern um sie zu erinnern und ihnen entgegen unsern fortwährenden Ablenkungsversuchen die grundlegenden, sittlichen Plattheiten neu zu formulieren. Wir schaffen die Sophisten: Er aber stellt einen Sokrates, um diesen Sophisten zu antworten.

Unser drittes Ziel ist, ihnen auf dem Wege über diese Konstruktionen ihr Gebetsleben zu zerstören. An die Stelle der wirklichen Gegenwart des Feindes, die sonst vom Menschen im Gebet und im Empfang der Sakramente erfahren wird, setzen wir eine bloß mögliche, weit entfernte schattenhafte und ungeschlachte Gestalt, die in einer fremden Sprache sprach und vor Jahrhunderten schon gestorben ist. Solch ein Wesen kann tatsächlich nicht Gegenstand der Verehrung sein. An Stelle des von seinen Geschöpfen angebeteten Schöpfers hast du bald einen bloß von einem Parteigänger beklatschten Führer, und schließlich bloß noch einen von irgendeinem klugen Historiker anerkannten vorzüglichen Charakter.

Viertens ist diese Art Religion, ganz abgesehen davon, dass der von ihr gezeichnete Jesus unhistorisch ist, vor der Geschichte noch in weiterem Sinne unwichtig. Kein einziges Volk und nur wenige Einzelmenschen sind durch das geschichtswissenschaftliche Studium einer Jesusbiographie als Biographie ins Lager des Feindes gelangt. Tatsächlich ist den Menschen der Stoff zu einer lückenlosen Lebensgeschichte überhaupt vorenthalten geblieben. Die ersten Anhänger wurden auf Grund einer einzigen historischen Tatsache (der Auferstehung) und eines einzigen theologischen Lehrsatzes (der Erlösung) bekehrt, der ein schon in ihnen vorhandenes Sündenbewusstsein ansprach, nicht einer Sünde gegen irgendein neues Machwerk von Gesetz, das ein großer Mensch als etwas ganz Neues aufgestellt hatte, sondern gegen das alte, gemeinplätzige, allgemeingültige Sittengesetz, das sie ihre Ammen und Mütter gelehrt hatten. Die »Evangelien« kamen erst später und wurden nicht geschrieben, um Christen zu machen, sondern um solche, die schon Christen waren, zu erbauen.

Der »historische Jesus«, wie gefährlich er uns auch in gewissen Beziehungen zu sein scheint, soll daher stets gefördert werden.

Was sollen wir von Christus halten?

C. S. Lewis

Die großen Christen und Märtyrer der Geschichte wurden nicht selten erst nach einer langen Zeit innerer Zweifel und geistiger Kämpfe Christen. Auch C. S. Lewis gehörte zu ihnen. Lewis glaubte, dass Jesus der Angelpunkt für eine Entscheidung ist, die jeder Mensch treffen muss. Eine Entscheidung, die unumgänglich ist, denn selbst zu entscheiden, dass man nicht entscheidet, ist so etwas wie eine Entscheidung.

»Was sollen wir von Christus halten?« Es stellt sich nicht die Frage, was wir von ihm halten sollen, sondern einzig und allein, was er von uns zu halten beabsichtigt. Man muss die Geschichte entweder ablehnen oder akzeptieren.

Was er sagt, unterscheidet sich ganz erheblich von dem, was sämtliche anderen Lehrer gesagt haben. Andere sagen: »Dies ist die Wahrheit über die Welt. Dies ist der Weg, dem ihr folgen sollt.« Er aber sagt: »Ich bin der Weg und die Wahrheit und das Leben.« Er sagt: »Niemand kann die vollkommene Wahrheit erlangen, außer durch mich. Wer sein Leben zu erhalten sucht, der wird es verlieren; und wer es verlieren wird, der wird es gewinnen.« Er sagt: »Wer sich aber meiner und meiner Worte schämt, dessen wird sich der Menschensohn auch schämen, wenn er kommen wird in seiner Herrlichkeit. Wenn dich irgendetwas zum Abfall von mir oder Gott verführt, so wirf es fort. Wenn es dein rechtes Auge ist, reiß es aus. Wenn es deine Hand ist, so schlag sie ab.« »Wenn jemand der Erste sein will, der soll der Letzte sein von allen.« »Kommt her zu mir, alle, die ihr mühselig und beladen seid; ich will euch erquicken.« »Eure

Sünden sind euch alle vergeben, dazu habe ich Vollmacht.« »Ich bin die Auferstehung und das Leben. Esst mich, trinkt mich, ich bin eure Nahrung.« Und zuletzt: »Fürchtet euch nicht, ich habe die Welt überwunden.« Das ist der springende Punkt.

Die Trinität

BILLY GRAHAM

Das Wort Trinität rührt vom lateinischen trinitas her, einer Verbindung der beiden Bestandteile tria- (»drei«) und unitas (»Einheit«), und wird im Deutschen mit »Dreieinigkeit« oder »Dreifaltigkeit« wiedergegeben. Der Begriff gehört zu denen im Christentum, die am schwierigsten zu beschreiben und zu erklären sind. Christen sprechen vom Vater, dem Sohn und dem Heiligen Geist als einem *Gott. Der christliche Glaube kommt aus dem Judentum, das uns vorausgeht und dem wir unseren Ursprung verdanken. Wie die Juden glauben Christen nur an* einen *Gott. Gott den Schöpfer nennen wir Vater, den Erlöser Sohn und den, der in unseren Herzen lebt, Heiliger Geist. Es gibt keine völlig adäquate Weise, dieses Geheimnis, das wir Dreieinigkeit nennen, zu beschreiben. Wie können drei eins sein?*

Als Kind habe ich mir das gerne so vorgestellt: H_2O ist Wasser. Unter null Grad Celsius wird es ein Feststoff und über einhundert Grad wird es Gas; in allen drei Zuständen aber bleibt es Wasser. Die Mehrzahl der mir bekannten Theologen zieht es vor, das Geheimnis der Dreieinigkeit nicht zu definieren, da es für dergleichen elementare Definitionen, wie ich sie gegeben habe, zu großartig ist. Ich muss eingestehen, sie haben Recht.

Im folgenden Ausschnitt äußert sich Billy Graham über diese wunderbare und unerforschliche Wahrheit, die Mitte des christlichen Glaubens.

Als ich vor Jahren das Bibelstudium aufnahm, war die Trinitätslehre eines der komplexesten Probleme, mit denen ich mich auseinander zu setzen hatte. Ich habe es nie völlig gelöst, hat die Lehre von der Dreieinigkeit doch etwas Rätselhaftes und Geheimnisvolles an sich. Obgleich ich sie bis heute nicht völlig begreife, akzeptiere ich sie als eine Offenbarung Gottes.

Dr. David McKenna hat mir einmal erzählt, dass er von seinem kleinen Sohn Doug gefragt wurde: »Ist Gott der Vater Gott?«

Er antwortete: »Ja.«

»Ist Jesus Christus Gott?«

»Ja.«

»Ist der Heilige Geist Gott?«

»Ja.«

»Wie kann denn dann Jesus sein eigener Vater sein?«

David hatte eine Idee. Sie saßen damals in ihrem alten 58er Chevrolet. »Pass auf, Sohnemann«, erwiderte er. »Unter der Kühlerhaube befindet sich eine Batterie. Trotzdem kann ich damit das Licht anmachen, hupen und den Motor anlassen. Wie das geht, ist ein Rätsel – aber es geht!«

Dieses Thema ist viel zu schwierig, als dass unser beschränkter Verstand es völlig fassen könnte. Nichtsdestoweniger ist es außerordentlich wichtig festzuhalten, was in der Bibel steht, und zu schweigen, wo die Bibel schweigt. Gott der Vater ist ganz Gott. Gott der Sohn ist ganz Gott. Gott der Heilige Geist ist ganz Gott. Die Bibel stellt dies als Tatsache dar. Erklären tut sie es nicht.

Der Lumpensammler

WALTER WANGERIN

Der amerikanische Schriftsteller Walter Wangerin zeigt in der folgenden gänzlich der Phantasie entsprungenen Geschichte, wie Jesus den Menschen nachgeht – auf eine einzigartige Weise.

Ich habe etwas Seltsames gesehen. Ich bin über eine sehr seltsame Geschichte gestolpert, über etwas, auf das mein Leben, meine Gewitztheit, meine verschlagene Zunge mich nicht vorbereitet hatten.

Still, Kind. Still jetzt, und ich werde es dir erzählen.

An einem Freitagmorgen, noch vor der Dämmerung, bemerkte ich einen gut aussehenden, starken jungen Mann, der durch die Straßen unserer Stadt ging. Er zog einen alten Karren voller bunter, neuer Kleider und rief mit klarer, heller Stimme:

»Lumpen!« Ah, beim Klang dieser süßen Musik schmeckte die Luft faulig, und das erste Morgenlicht schimmerte trüb.

»Lumpen! Neue Lumpen für eure alten! Ich nehme eure zerschlissenen Lumpen! Lumpen!«

»Wie seltsam«, dachte ich, denn der Mann war einen Meter neunzig groß, und seine Arme waren wie Äste, hart und muskulös, und seine Augen leuchteten wach und klug. Konnte er keine bessere Arbeit finden, dass er als Lumpensammler durch die Innenstadt ziehen musste?

Ich folgte ihm. Meine Neugier trieb mich an. Und ich wurde nicht enttäuscht.

Bald sah der Lumpensammler eine Frau auf ihrer Hintertreppe sitzen. Sie schluchzte in ihr Taschentuch, seufzte und vergoss viele Tränen. Ihre Knie und Ellbogen bildeten ein trauriges X. Ihre Schultern zitterten. Ich sah, dass ihr das Herz brach.

Der Lumpensammler hielt seinen Karren an. Leise stieg er über Blechdosen, zerbrochenes Spielzeug und Windeln auf die Frau zu.

»Gib mir deinen Lumpen«, sagte er sanft, »und ich werde dir ein neues Tuch geben.«

Er zupfte ihr das Taschentuch von den Augen weg. Sie blickte auf, und er legte ihr ein leinenes Tuch auf die Hand, so rein und neu, dass es leuchtete. Sie blinzelte und sah von der Gabe zu dem Geber auf.

Dann, als er wieder seinen Karren zu ziehen begann, machte der Lumpensammler etwas Merkwürdiges: Er legte sich ihr verschmiertes Taschentuch vor sein Gesicht. Und dann begann er zu weinen und mit bebenden Schultern ebenso bekümmert zu schluchzen, wie sie es getan hatte. Sie jedoch blieb ohne eine Träne zurück.

»Das ist ein Wunder«, flüsterte ich bei mir selbst, und ich folgte dem schluchzenden Lumpensammler wie ein Kind, das sich von einem Geheimnis nicht mehr losreißen kann.

»Lumpen! Lumpen! Neue Lumpen für eure alten!«

Nach kurzer Zeit, als der Himmel grau zwischen den Dächern hindurchzuschimmern begann und ich die zerschlissenen Vorhänge vor den schwarzen Fenstern erkennen konnte, begegnete der Lumpensammler einem Mädchen mit leeren Augen, dessen Kopf in einen Verband gehüllt war. Der Verband war blutdurchtränkt. Blut rann über ihre Wange.

Der große Lumpensammler betrachtete das Kind voller Mitleid und holte eine hübsche gelbe Mütze von seinem Karren.

»Gib mir deinen Lumpen«, sagte er und streichelte ihre blutverschmierte Wange, »und ich werde dir meinen geben.«

Das Kind konnte ihn nur anstarren, während er den Verband löste, abnahm und sich um seinen Kopf band. Die Mütze setzte er auf ihren Kopf. Und ich sperrte den Mund auf, als ich es sah: Mit dem Verband war auch die Wunde verschwunden! Auf seiner Stirn quoll nun dunkles, schweres Blut – sein eigenes!

»Lumpen! Lumpen! Ich sammle alte Lumpen!«, rief der schluchzende, blutende, starke, so klug aussehende Lumpensammler.

Inzwischen stach die Sonne vom Himmel, blendete meine Augen. Der Lumpensammler schien es immer eiliger zu haben.

»Gehst du zur Arbeit?«, fragte er einen Mann, der an einem Telefonmast lehnte. Der Mann schüttelte den Kopf.

»Hast du denn keine Arbeit?«, hakte der Lumpensammler nach.

»Bist du verrückt?«, gab der andere höhnisch zurück. Er stieß sich von dem Mast ab, so dass man seinen rechten Jackenärmel sah – er war platt gedrückt, und die Manschette steckte in der Tasche. Er hatte keinen Arm.

»So«, sagte der Lumpensammler. »Gib mir deine Jacke, und ich gebe dir meine.«

Mit welcher Bestimmtheit er das sagte!

Der Einarmige zog seine Jacke aus. Das Gleiche tat der Lumpensammler – und ich erschauerte bei dem Anblick: Der Arm des Lumpensammlers blieb in seinem Ärmel, und als der andere die Jacke anzog, hatte er zwei gute Arme, kräftig wie Äste; der Lumpensammler dagegen hatte nur noch einen.

»Geh zur Arbeit«, sagte er.

Danach fand er einen Betrunkenen, der bewusstlos unter einer dünnen Decke lag, einen alten Mann, gekrümmt, runzelig und krank. Er nahm die Decke und legte sie sich um die Schultern, doch für den Betrunkenen ließ er neue Kleider zurück.

Und nun musste ich rennen, um mit dem Lumpensammler Schritt halten zu können. Obwohl er hemmungslos weinte, seine Stirn in Strömen blutete und er seinen Karren mit einem Arm ziehen musste, vor Trunkenheit stolpernd, immer wieder fallend, erschöpft, alt, alt und krank, lief er ungemein schnell. Er hastete durch die Gassen der Stadt, eine Meile und dann noch eine, bis er die Grenzen erreichte, und dann eilte er weiter.

Ich musste darüber weinen, wie sehr dieser Mann sich verändert hatte. Seine Not schmerzte mich. Und doch musste ich herausbekommen, wo er so eilig hinwollte – vielleicht um zu erfahren, was ihn so sehr antrieb.

Der kleine alte Lumpensammler – er kam zu einer Müllhalde. Er kam zu den Abfallgruben. Und dann wollte ich ihm bei dem helfen, was er tat. Aber ich blieb zurück und versteckte mich. Er stieg auf einen Hügel. Unter qualvollen Mühen räumte er eine kleine Fläche auf der Kuppe frei. Dann seufzte er und legte sich nieder. Seinen Kopf bettete er auf ein Taschentuch und eine Jacke. Seinen Körper bedeckte er mit der dünnen Decke. Und er starb.

Oh, wie ich weinte, als ich sein Sterben mit ansah! Ich ließ mich in eines der Schrottautos fallen und jammerte und klagte wie einer, der keine Hoffnung hat – denn in mir war eine tiefe Liebe zu dem Lumpensammler erwacht. Jedes andere Gesicht war mir angesichts des Wunders dieses Mannes verblasst, und er war mir kostbar geworden. Doch nun war er tot. Ich schluchzte, bis ich in Schlaf fiel.

Ich wusste nicht – woher hätte ich es wissen sollen? –, dass ich die ganze Nacht und auch den Samstag und die nächste Nacht durchschlief.

Doch dann, am Sonntagmorgen, wurde ich durch ein lautes Getöse geweckt.

Licht – reines, hartes, forderndes Licht – prallte auf mein trauriges Gesicht, und ich blinzelte und blickte auf. Und ich sah das letzte und das erste Wunder von allen. Dort stand der Lumpensammler und faltete sorgfältig die Decke zusammen. Er hatte eine Narbe auf der Stirn, doch er lebte! Und er war gesund! Von Not oder Alter war ihm nichts anzumerken, und all die Lumpen, die er gesammelt hatte, leuchteten schneeweiß und rein.

Da senkte ich meinen Kopf, und erschauernd über all das, was ich gesehen hatte, ging ich auf den Lumpensammler zu. Voller Scham nannte ich ihm meinen Namen, denn neben ihm war ich nichts als eine erbärmliche Gestalt. Dann warf ich an Ort und Stelle alle meine Kleider ab und sagte voller Sehnsucht zu ihm: »Bekleide mich.«

Und er bekleidete mich. Mein Herr, er legte mir neue Kleider an, und ich bin ein Wunder neben ihm. Der Lumpensammler, der Lumpensammler, der Christus!

Den verborgenen Christus lieben

MUTTER TERESA

Die Friedensnobelpreisträgerin Mutter Teresa wird von jedermann für ihr Beispiel bewundert, das sie mit ihrem Leben und Glauben gegeben hat.

Dem hungrigen Christus zu Essen geben.
Dem nackten Christus Kleidung geben.
Den kranken Christus besuchen.
Dem wohnungslosen Christus ein Obdach geben.
Dem unwissenden Christus Unterricht geben.

Wir alle sehnen uns nach Gott im Himmel; es steht indes in unserer Macht, schon jetzt bei ihm im Himmel zu sein – uns jetzt mit ihm zu freuen. Uns jetzt mit ihm zu freuen bedeutet jedoch, wie er zu lieben, zu helfen, geben, dienen und retten, vierundzwanzig Stunden am Tag bei ihm zu sein – ihn in jammervoller Gestalt zu berühren.

Zwischen Mensch und Idee

Earl Palmer

Jesus rettet als eine wirkliche Person. Doch selbst manche Menschen, die nicht glauben, dass es ihn jemals gegeben hat, kennen den Wunsch, es sollte so jemanden für sie geben. Sogar Atheisten werden sich, wenn sie über Jesus nachdenken, einer Art Sehnsucht nach so einem Menschen bewusst.

»Ich werde den Gedanken an Jesus Christus einfach nicht los«, sagte er. »Wenn ich ihn als Idee verdränge, verfolgt er mich als Mensch. Wenn ich ihn als Menschen verdränge, verfolgt er mich als Idee.«

Lebte Christus nur ein paar Stunden?

Josef Reding

Der bekannte Schriftsteller Josef Reding, geboren 1929, gehörte zur Bürgerrechtsbewegung Martin Luther Kings und lebte unter anderem in den Slums von Harlem und New York. Als einer der ersten Schriftsteller vermittelte er authentische Berichte über die Elendsgebiete der Erde.

Wenn wir Mahatma Gandhi sagen, stellen wir uns nicht einen nackten, rosigen Säugling auf dem obligatorischen Krabbelfell im Studio des Familienfotografen vor. Wir sehen vielmehr einen ausgezehrten Mann, der sich in die Gefängnisse der Besatzungsmacht schleppen lässt, der langfristige Hungerstreiks durchsteht, der in der Volksmenge zu Hause ist, der in der Volksmenge sein Konzept von der gewaltlosen Veränderung der Verhältnisse erklärt und der aus der Volksmenge heraus ermordet wird.

Wenn wir Martin Luther King sagen, denken wir nicht an ein Negerbaby, sondern an einen Erwachsenen in der Spitzengruppe eines Demonstrationszuges, an den zwingenden Formulierer von »I have a dream ...« , an den Gemeuchelten von Memphis, Tennessee.

Aber sagt man Christus, dann schrumpft bei vielen Zeitgenossen das Vorstellungsvermögen auf das Krippenkind zusammen; auf ein von manchen Künstlern kosmetisch behandeltes, barock ausgestattetes Krippenkind eher als auf den Säugling, der nach einem selbstsicheren Gesellschaftskodex als in der »unteren Unterschicht zur Welt gekommen« registriert wird: Geburt im Futtertrog eines Viehschobers, für dessen Betreten keine Erlaubnis des Eigentümers vorliegt, also: Hausbesetzung. Ob realistisch, ob idealisiert: Wenn der Geburtstag von Jesus Christus gefeiert wird, bekommen die ersten Stunden seines Lebens eine gesteigerte Aufmerksamkeit, die seinem dreiunddreißigjährigen irdischen Dasein insgesamt nicht wieder zuteil wird.

Dabei tritt der biographische Stellenwert dieser ersten Lebensstunden zurück gegenüber den späteren Jahren, als Christus »Öffentlichkeit herstellt«, als er Ungewöhnliches verkündet, als er gegen Gewöhnliches demonstriert, als er so handelt, dass damalige Gesetzesauffassung ihn als Illegalen brandmarkt.

Warum verbraucht sich die Vorstellungs-Energie, die ein Teil der Menschheit immerhin noch für Christus aufzubringen bereit ist, so intensiv und fast ausschließlich für den Beginn seines Lebens?

Es würde einem viel verbreiteten theologischen Wunschbild entsprechen, wenn die Antwort lauten könnte: Die Geburt Christi bekommt eine derart unproportional große Aufmerksamkeit, weil hier die Unfassbarkeit verarbeitet werden muss: Gott ist Mensch geworden! Gegenüber dieser Interpretation muss die schlichtere Vermutung gestattet sein, dass viele Menschen sich das Dasein Christi so unwillkürlich zurechtkürzen, dass viele seine ersten Lebensstunden derart angestrengt feiern und ihn dann später kaum mehr beachten, weil fast alles an seinem kommenden Wirken sie irritiert.

Der Säugling Jesus verbreitet in den meisten Krippendarstellungen ständig jenes mit dem Attribut »holdselig« umschriebene Lächeln, in dem sich nahezu jeder Charakter bestätigt fühlen kann. (In Wahrheit wird der Säugling in dem windschiefen Feldgehäuse und auf der spelzigen Spreu häufig und mit jener Ausdauer gebrüllt haben, wie es junge Elternpaare in dünnwandigen Zellen des sozialen Wohnungsbaus allnächtlich fürchten.) Offenbar ist man der Überzeugung, dass die vermeintlich permanente Vergnügtheit der ersten Stunden des Christus in Säuglingsgestalt weidlich genutzt werden muss, denn späterhin lächelt und lacht er nicht mehr, jedenfalls lässt keine Passage des Neuen Testaments auf eine Heiterkeitsbekundung des Jesus Christus schließen.

Darum vielleicht die Verbissenheit, der merkantile Aufwand, die Ausgepumptheit, mit der wir die erste Lebensphase Christi abfeiern. Noch verpflichtet dieses Wesen uns zu nichts. Noch werden seinetwegen keine Altersgenossen gemordet, noch reißt er als Junge nicht aus, noch gibt er seinen Eltern nicht jene merkwürdigen Antworten, die nun nicht gerade als Dokumentation des Gehorsams gegenüber Autoritätsträgern vorgezeigt werden können.

Noch ist Christus ein Neugeborener. Noch fehlt ihm die Sprache als Transportmittel für die Wesenselemente seiner Verkündigung, noch kann er seine Gleichnisse nicht artikulieren, um die ihn bis heute jeder Rhetoriker, jeder Schriftsteller beneiden muss.

Noch hat Christus nicht gesagt, dass es ein himmelschreiendes Unrecht ist, wenn wenige alles haben und die meisten nichts. Noch hat er nicht lehren können, dass die Anbetung lauten sollte »Vater unser ...« und nicht etwa »Profit unser ...«

Noch hat er nicht zu verstehen gegeben, dass seine Maßstäbe nicht an bestimmte Tarifforderungen, Besoldungsgruppen, Honorare und Gagen gebunden sind.

Noch ist Christus wenige Stunden alt. Noch hat er die Geldscheffler nicht aus dem Tempel gejagt, die aus dem Glauben, der Arbeitskraft und der mangelnden Informiertheit anderer Kapital schlagen.

Noch liegt Christus zwischen den Krippenbrettern. Noch ist er nicht auf den Berg gezogen und noch hat er seine Predigt nicht in die Welt hineingesagt, sein Programm.

Noch hat er nicht eindeutig klargemacht, dass Schwerter, Panzer, Napalm-, Neutronen- und Atombomben nicht von seinem Geiste sind, sondern gegen ihn gerichtet sind, gegenchristlich und damit unchristlich sind, gegenmenschlich und damit unmenschlich sind.

Noch ist Christus nicht an sein Kreuz geheftet.

Es steckt so viel an neuem, ungewohntem Muster in dem, was er drei Jahrzehnte nach seiner Geburt gesagt hat. Und weil wir sein Muster nicht begreifen wollen, weil wir diesen unbequemen, ärgerlichen Entwurf Christi so schwer mit dem Modus unseres Lebens in Einklang bringen können, darum schaffen wir Abstand von den entscheidenden Jahren seines Lebens und begnügen uns mit dem Szenarium seiner Geburt.

Aber – lebte Christus nur ein paar Stunden?

Der Grossinquisitor

Fjodor Dostojewski

Der große Schriftsteller Fjodor Dostojewski – neben Leo Tolstoi sicher der bedeutendste russische Schriftsteller des 19. Jahrhunderts – hat selten direkt über seinen Glauben geschrieben. Aber Jesus liebende und nach Gott suchende Menschen spielen in seinem Werk eine zentrale Rolle.

Der folgende Auszug aus dem Roman Die Brüder Karamasow *spiegelt unter anderem den Konflikt zwischen religiöser Macht und weltlicher Politik auf der einen Seite und der Liebe und Freiheit Jesu auf der anderen Seite. Er hat bis heute nichts von seiner packenden Aktualität verloren.*

»Na ja, es geht auch hier nicht ohne Vorrede ab, das heißt ohne eine literaturhistorische Vorrede, hol's der Teufel!«, begann Iwan lachend. »Und dabei bin ich doch nur ein jämmerlicher Autor! (...) Die Handlung spielt bei mir in Spanien, in Sevilla, in der furchtbarsten Zeit der Inquisition, als täglich zum Ruhme Gottes im Lande die Scheiterhaufen loderten und

> Die Flammen der prächtigen Autodafés
> Verbrannten die schändlichen Ketzer.

Oh, das war freilich nicht jenes Herniedersteigen, in welchem Er seiner Verheißung gemäß am Ende der Zeiten in all seiner himmlischen Herrlichkeit erscheinen wird, ›wie der Blitz scheinet vom Aufgang bis zum Niedergang‹. Nein, es verlangte Ihn, wenn auch nur für ganz kurze Zeit, seine Kinder zu besuchen, und namentlich dort, wo gerade die Scheiterhaufen der Ketzer prasselten. In seiner unermesslichen Barmherzigkeit wandelt Er noch einmal unter den Menschen in eben jener

Menschengestalt, in der Er fünfzehn Jahrhunderte vorher dreiunddreißig Jahre lang unter ihnen geweilt hat. Er steigt hinab auf die heißen Straßen und Plätze der südländischen Stadt, in welcher erst tags zuvor in einem ›prächtigen Autodafé‹ in Gegenwart des Königs, des Hofes, der Ritter, der Kardinäle und der reizendsten Damen des Hofes und in Gegenwart der zahlreichen Einwohnerschaft von ganz Sevilla durch den Kardinal-Großinquisitor auf einmal fast ein ganzes Hundert von Ketzern ad maiorem gloriam Dei verbrannt worden ist. Er erscheint still und unauffällig, und siehe da, es begibt sich etwas Seltsames: Alle erkennen Ihn. Das könnte eine der besten Stellen meiner Dichtung sein, nämlich die Darlegung, woran sie Ihn denn erkennen. Die Volksmenge strebt mit unwiderstehlicher Kraft zu Ihm hin, umringt Ihn, wächst um Ihn herum an und folgt Ihm nach.

Schweigend wandelt Er unter ihnen dahin mit einem stillen Lächeln unendlichen Mitleides. Die Sonne der Liebe brennt in seinem Herzen, Strahlen von Licht und Kraft gehen von seinen Augen aus, ergießen sich auf die Menschen und erschüttern ihre Herzen in Gegenliebe. Er streckt die Hände nach ihnen hin und segnet sie, und von seiner Berührung, ja sogar von der Berührung seines Gewandes geht eine heilende Kraft aus. Da ruft aus der Menge ein Greis, der von seiner Kindheit an blind ist: ›Herr, heile mich, damit ich Dich schaue!‹, und siehe da, es fällt ihm wie Schuppen von den Augen, und der Blinde sieht Ihn. Das Volk weint und küsst die Erde, über die Er dahinschreitet. Die Kinder streuen Blumen vor Ihm auf den Weg, singen und rufen Ihm zu: ›Hosianna! – Das ist Er, das ist Er selbst!‹, sagen alle untereinander. ›Das muss Er sein; das ist niemand anders als Er.‹

Er bleibt am Portale des Domes von Sevilla stehen, gerade in dem Augenblick, als ein offener kleiner weißer Kindersarg unter Weinen und Wehklagen hineingetragen wird; darin liegt ein siebenjähriges Mädchen, die einzige Tochter eines angesehenen Bürgers. Das tote Kind ist ganz in Blumen gebettet. ›Er wird dein Kind auferwecken!‹, ruft man der weinenden Mutter aus der Menge zu. Ein zum Dome gehöriger Pastor, der, um den Sarg in Empfang zu nehmen, herauskommt, macht ein erstauntes Gesicht und zieht die Augenbrauen zusammen. Aber da ertönt das laute Schluchzen der Mutter des verstorbenen Kindes. Sie wirft sich Ihm zu Füßen. ›Wenn Du es bist, so erwecke mein Kind!‹, ruft sie, indem sie die Hände nach Ihm ausstreckt. Der Zug bleibt stehen; der Sarg wird am Portale zu seinen Füßen niedergestellt. Er blickt voll Mitleid auf die kleine Leiche, und seine Lippen sprechen wiederum die Worte: ›Talitha kumi! (Mägdlein, stehe auf!)‹ Das Mädchen erhebt sich im Sarg, setzt sich aufrecht und blickt lächelnd mit erstaunten, weit geöffneten Augen um sich. In den Händen hält es den Strauß von weißen Rosen, mit dem es im Sarge gelegen hat.

Das Volk ist starr vor Staunen, schreit und schluchzt; und siehe da, gerade in diesem Augenblick geht plötzlich am Dome auf dem Platze der Kardinal-Großinquisitor selbst vorbei. Er ist ein fast neunzigjähriger Greis, von hohem Wuchse und gerader Haltung, mit vertrocknetem Gesichte und mit eingesunkenen Augen, aus denen aber doch noch ein Glanz wie ein feuriges Fünkchen herausleuchtet. Oh, er trägt nicht die prächtigen Kardinalsgewänder, in denen er am vorhergehenden Tage vor dem Volke geprangt hat, als die Feinde des römischen Glaubens verbrannt wurden; nein, in diesem Augenblick trägt er nur seine alte, grobe Mönchskutte. Ihm folgen in einiger Entfernung seine finsteren Gehilfen und Knechte und die ›heilige‹ Wache. Er bleibt vor der Menge stehen und beobachtet von fern. Er hat alles gesehen; er hat gesehen, wie man den Sarg Ihm vor die Füße stellte; er hat gesehen, wie das Mädchen auferstand, und sein Gesicht hat sich verfinstert. Er zieht die dichten, grauen Brauen zusammen, und ein böses Feuer funkelt in seinem Blicke. Er streckt einen Finger aus und befiehlt der Wache, Ihn zu ergreifen. Und seine Macht ist so groß, und das Volk ist schon dermaßen an Unterwürfigkeit und zitternden

Gehorsam ihm gegenüber gewöhnt, dass die Menge sofort vor den Häschern auseinander weicht und diese inmitten der plötzlich eingetretenen Grabesstille Hand an Ihn legen und Ihn fortführen können. Und augenblicklich beugt die ganze Menge wie ein Mann vor dem greisen Inquisitor die Köpfe zur Erde; dieser erteilt dem Volke schweigend den Segen und geht vorüber.

Die Wache führt den Gefangenen in ein enges, finsteres, gewölbtes Verlies in dem alten Gebäude des Heiligen Tribunals und schließt Ihn dort ein. Der Tag vergeht, die dunkle, heiße, totenstille Nacht von Sevilla bricht an. Die Luft ist von dem Duft der Lorbeerbüsche und Zitronenbäume erfüllt. Inmitten der tiefen Dunkelheit öffnet sich plötzlich die eiserne Tür des Kerkers, und der greise Großinquisitor selbst tritt mit einem Leuchter in der Hand herein. Er ist allein; hinter ihm schließt sich sogleich wieder die Tür. Er bleibt am Eingange stehen und blickt lange, eine oder zwei Minuten lang, Ihm ins Gesicht. Endlich tritt er leise näher, stellt den Leuchter auf den Tisch und sagt zu Ihm:

›Bist Du es? Ja?‹ Aber ohne eine Antwort abzuwarten, fügt er schnell hinzu: ›Antworte nicht, schweig! Und was könntest Du auch sagen? Ich weiß recht wohl, was Du sagen willst. Aber Du hast auch gar kein Recht, dem, was Du früher gesagt hast, etwas hinzuzufügen. Warum bist Du denn hergekommen, uns zu stören? Denn uns zu stören bist Du gekommen, und Du weißt das selbst. Aber weißt Du wohl, was morgen geschehen wird? Ich weiß nicht, wer Du bist, und will auch gar nicht wissen, ob Du Er selbst bist oder nur eine Kopie von Ihm; aber gleich morgen werde ich Dich verurteilen und als den schlimmsten aller Ketzer auf dem Scheiterhaufen verbrennen, und dieses selbe Volk, das heute Deine Füße geküsst hat, wird morgen schon auf einen Wink von meiner Hand herbeistürzen, um Kohlen an Deinen Scheiterhaufen heranzuscharren; weißt Du das? Ja, Du weißt das vielleicht‹, fügt er in tiefernstem Nachdenken hinzu, ohne auch nur einen Augenblick den Blick von seinem Gefangenen abzuwenden. (...)

›Hast Du das Recht, uns auch nur eines der Geheimnisse jener Welt aufzudecken, aus der Du gekommen bist?‹, fragt Ihn mein Greis und antwortet Ihm selbst für Ihn: ‚Nein, ein solches Recht hast Du nicht; Du darfst dem, was Du schon früher gesagt hast, nichts hinzufügen, und Du darfst den Menschen nicht die Freiheit nehmen, für die Du so warm eingetreten bist, als Du auf Erden warst. Alles, was Du neu verkündigen könntest, würde eine Beeinträchtigung der Freiheit des Glaubens der Menschen sein, da es wie ein Wunder erscheinen würde; und doch war Dir die Freiheit ihres Glaubens damals, vor anderthalb Jahrtausenden, über alles teuer. Hast Du nicht damals so oft gesagt: ›Ich will euch frei machen!‹? Aber Du hast jetzt diese freien Menschen gesehen‹, fügt der Greis plötzlich mit einem nachdenklichen Lächeln hinzu. ›Ja, dieses Werk hat uns viel Mühe gekostet‹, fährt er, Ihn ernst anblickend, fort, ›aber wir haben dieses Werk endlich glücklich in Deinem Namen durchgeführt. Fünfzehn Jahrhunderte lang haben wir uns mit dieser Freiheit abgequält; aber jetzt ist es mit ihr zu Ende, gründlich zu Ende. Du glaubst nicht, dass es mit ihr gründlich zu Ende ist? Du blickst mich sanftmütig an und würdigst mich nicht einmal Deines Unwillens? Aber wisse, dass jetzt und gerade heutzutage diese Menschen mehr als je davon überzeugt sind, vollkommen frei zu sein; und dabei haben sie selbst uns ihre Freiheit dargebracht und sie uns gehorsam zu Füßen gelegt. Aber wir, wir haben das zuwege gebracht; oder hast Du das gewünscht, eine solche Freiheit gewünscht?‹ (...) ›Du hattest keinen Mangel an Warnungen; Du verschmähtest den einzigen Weg, auf dem es möglich war, die Menschen glücklich zu machen; aber zum Glück übergabst Du, als Du weggingst, diese Aufgabe uns. Du versprachst es, Du bekräftigtest es mit Deinem Worte, Du gabst uns das Recht, zu binden und zu lösen, und kannst Dir natürlich jetzt nicht beikommen lassen, uns dieses Recht wieder zu nehmen. Warum bist Du denn gekommen, uns zu stören?‹ (...)

›Der furchtbare und kluge Geist, der Geist der Selbstvernichtung und des Nichtseins‹, fährt der Greis fort, ›der große Geist hat mit Dir in der Wüste gesprochen, und es ist uns in der Schrift überliefert, dass er Dich versucht habe. War dem so? Und war es möglich, irgendetwas Wahreres zu sagen als das, was er Dir in den drei Fragen kundtat und was Du zurückwiesest und was in der Schrift ›Versuchungen‹ genannt wird? Und doch: Wenn es jemals auf Erden ein wahrhaftes, donnergleiches Wunder gegeben hat, so war ein solches das an jenem Tage geschehene, an dem Tage dieser drei Versuchungen. Gerade in der Vorlegung dieser drei Fragen lag das Wunder. Wenn man sich vorstellen könnte (nur so zur Probe und zum Beispiel), dass diese drei Fragen des furchtbaren Geistes in der Schrift spurlos verloren seien und dass es erforderlich sei, sie wiederherzustellen, sie von neuem auszudenken und zu formulieren, um sie wieder in die Schrift einzusetzen, und dass zu diesem Zwecke alle Weisen der Erde versammelt würden, die Regenten, die Erzpriester, die Gelehrten, die Philosophen, die Dichter, und ihnen die Aufgabe gestellt würde, drei Fragen auszusinnen und zu formulieren, aber so, dass sie nicht nur der Größe des Ereignisses entsprächen, sondern auch überdies in drei Worten, in nicht mehr als drei menschlichen Sätzen die ganze zukünftige Geschichte der Welt und des Menschengeschlechts zum Ausdruck brächten: meinst Du wohl, dass alle Weisheit der Erde, zusammen vereint, irgendetwas aussinnen könnte, was an Kraft und Tiefe jenen drei Worten gleichkäme, die Dir tatsächlich damals von dem mächtigen, klugen Geiste in der Wüste vorgelegt wurden? Schon allein an diesen Fragen, schon allein an dem Wunder ihrer Aufstellung kann man erkennen, dass man es nicht mit einem menschlichen, vergänglichen Verstande, sondern mit einem ewigen, absoluten zu tun hat. Denn in diesen drei Fragen ist gleichsam die ganze weitere

Geschichte des Menschengeschlechtes zu einem Ganzen zusammengefasst und vorhergesagt, und es sind drei Formen aufgewiesen, in denen sich alle unlösbaren historischen Widersprüche der menschlichen Natur auf dieser Erde zusammenfinden. Damals konnte dies noch nicht verständlich sein, denn die Zukunft war unbekannt: aber jetzt, wo fünfzehn Jahrhunderte vergangen sind, erkennen wir, dass alles in diesen drei Fragen dermaßen vorhergesagt und erraten und dermaßen eingetroffen ist, dass nichts weiter zu ihnen hinzugefügt oder von ihnen weggenommen werden kann.

Nun entscheide selbst, wer Recht hatte: Du oder jener, der Dich damals fragte. Erinnere Dich an die erste Frage; wenn sie auch nicht buchstäblich so lautete, so war doch ihr Sinn folgender: Du willst in die Welt gehen und gehst mit leeren Händen, mit einem Versprechen von Freiheit, das sie in ihrer Einfältigkeit und angeborenen Schlechtigkeit nicht einmal begreifen können, das ihnen Furcht und Schrecken einflößt – denn nichts ist jemals für den Menschen und für die menschliche Gesellschaft unerträglicher gewesen als die Freiheit! Aber siehst Du die Steine hier in dieser nackten, glühenden Wüste? Verwandle sie in Brot, und die Menschheit wird Dir wie eine Herde nachlaufen, dankbar und gehorsam, wenn auch in stetem Zittern, Du könntest Deine Hand abziehen, und es hätte dann mit Deinen Broten für sie ein Ende. Du aber wolltest den Menschen nicht der Freiheit berauben und verschmähtest den Vorschlag; denn was ist das für eine Freiheit, so urteiltest Du, wenn der Gehorsam durch Brot erkauft wird? Du erwidertest, der Mensch lebe nicht vom Brote allein; aber weißt Du wohl, dass im Namen eben dieses irdischen Brotes der Erdgeist sich gegen Dich erheben und mit Dir kämpfen und Dich besiegen wird und alle ihm nachfolgen werden unter dem Rufe: ›Wer tut es diesem Tiere gleich? Es gab uns das Feuer vom Himmel!‹

Weißt Du wohl, dass nach Verlauf von Jahrhunderten die Menschheit durch den Mund ihrer Weisen und Gelehrten verkünden wird, es gebe gar kein Verbrechen und folglich auch keine Sünde, sondern es gebe nur Hungrige? Mache sie satt, und dann erst verlange von ihnen Tugend! Das werden sie auf das Panier schreiben, das sie gegen Dich erheben werden und durch das Dein Tempel gestürzt werden wird. An Stelle Deines Tempels wird ein neuer Bau aufgeführt werden; es wird sich von neuem ein furchtbarer babylonischer Turm erheben, und obgleich auch dieser ebenso wenig wie der frühere zu Ende gebaut werden wird, so hättest Du doch diesen neuen Turmbau vermeiden und die Leiden der Menschen um tausend Jahre verkürzen können; denn zu uns, zu uns werden sie ja kommen, wenn sie sich tausend Jahre lang mit ihrem Turme abgequält haben werden! Sie werden uns dann wieder unter der Erde suchen, in den Katakomben, in denen wir uns verborgen halten (denn wir werden wieder verfolgt und gemartert sein); sie werden uns finden und uns zuschreien: ›Macht uns satt; denn diejenigen, die uns das Feuer vom Himmel versprachen, haben es uns nicht gegeben.‹ Und dann werden wir auch ihren Turm zu Ende bauen; denn zu Ende bauen wird ihn der, der sie satt macht; satt machen aber werden nur wir sie, in Deinem Namen. Oh, niemals, niemals werden sie ohne uns satt werden! Keine Wissenschaft wird ihnen Brot geben, solange sie frei bleiben werden; aber es wird damit enden, dass sie uns ihre Freiheit zu Füßen legen und zu uns sagen: ›Knechtet uns lieber, aber macht uns satt!‹ Sie werden schließlich selbst begreifen, dass Freiheit und reichliches irdisches Brot für einen jeden zusammen undenkbar sind; denn niemals, niemals werden sie verstehen, untereinander zu teilen! Sie werden auch zu der Überzeugung gelangen, dass sie niemals frei sein können, weil sie kraftlos, lasterhaft, nichtig und rebellisch sind.

Du versprachst ihnen himmlisches Brot; aber ich wiederhole noch einmal: kann sich dieses in den Augen des schwachen, ewig lasterhaften und ewig undankbaren Menschengeschlechtes mit dem irdischen Brote vergleichen? Und wenn Dir um des himmlischen Brotes willen Tausende und Abertausende nachfolgen werden, was wird aus den Millionen und Abermillionen jener Wesen werden, die nicht die Kraft haben werden, das irdische Brot um des himmlischen willen gering zu schätzen? Oder sind Dir nur die Tausende der Großen und Starken teuer, und die übrigen Millionen, die zahlreich sind, wie der Sand am Meer, die Schwachen, die Dich aber doch lieben, die sollen nur als Material für die Großen und Starken dienen? Nein, uns sind auch die Schwachen teuer. Sie sind lasterhaft und rebellisch; aber schließlich werden auch sie gehorsam werden. Sie werden uns anstaunen und uns für Götter halten, weil wir, die wir uns an ihre Spitze stellen, uns bereit erklärt haben, die Freiheit zu ertragen, vor der sie Angst haben, und über sie zu herrschen – eine so schreckliche Empfindung wird es schließlich für sie werden, frei zu sein. Aber wir werden sagen, wir seien Dir gehorsam und herrschten in Deinem Namen. Wir werden sie wieder täuschen; denn Dich werden wir nicht mehr zu uns lassen. In dieser Täuschung wird aber auch unser Leiden liegen; denn wir werden genötigt sein zu lügen.

Das also ist es, was diese erste Frage in der Wüste bedeutete und was Du verschmäht hast um der Freiheit willen, die Du höher als alles andere stelltest. Und doch lag in dieser Frage das große Geheimnis dieser Welt beschlossen. Hättest Du das Brot angenommen, so hättest Du damit einem allgemeinen und ewigen menschlichen Sehnen entsprochen, einem Sehnen des einzelnen Menschenwesens wie der ganzen Menschheit zusammengenommen, jenem Sehnen, das sich in der Frage ausspricht: Wen soll ich anbeten? Es gibt für den Menschen, wenn er frei geblieben ist, keine dauerndere, quälendere Sorge, als möglichst rasch jemand zu finden, den er anbeten kann. Aber der Mensch möchte nur etwas anbeten, was bereits unbestritten ist, so unbestritten, dass alle Menschen zugleich sich zu seiner gemeinsamen Anbetung bereit erklären. Denn die Sorge dieser kläglichen Geschöpfe besteht nicht nur darin, etwas zu finden, was ich oder ein anderer anbeten kann, sondern etwas von der Art zu finden, dass alle daran glauben und es anbeten, unbedingt alle zusammen. Und dieses Bedürfnis der gemeinsamen Anbetung, gerade das ist die größte Qual sowohl eines Individuums als auch der ganzen Menschheit von der Urzeit an. Um der gemeinsamen Anbetung willen vernichten sie einander mit dem Schwerte. Sie schufen sich Götter und riefen einander zu: ›Verlasst eure Götter und kommt her, die unsrigen anzubeten; oder der Tod euch und euren Göttern!‹ Und so wird es sein bis ans Ende der Welt, selbst dann, wenn die Götter aus der Welt verschwinden: Das macht den Menschen nichts aus, dann werden sie eben vor Götzen niederfallen.

Du kanntest dieses wichtigste Geheimnis der menschlichen Natur; es konnte Dir nicht unbekannt sein; aber Du wiesest das einzige wirksame Panier zurück, das Dir angeboten wurde, um alle zu zwingen, widerspruchslos Dich anzubeten, das Panier des irdischen Brotes; Du wiesest es zurück um der Freiheit und des himmlischen Brotes willen. Und nun sieh, was Du weiter getan hast! Und alles wieder um der Freiheit willen! Ich sage Dir, der Mensch kennt keine quälendere Sorge als jemand zu finden, dem er so schnell wie möglich jenes Geschenk der Freiheit übergeben kann, mit dem dieses unglückliche Geschöpf geboren wird. Aber nur derjenige bekommt die Freiheit der Menschen in seine Gewalt, der ihr Gewissen beruhigt. Mit dem Brote wurde Dir ein unbestrittenes Panier angeboten: Wenn Du ihm Brot gibst, so betet Dich der Mensch an; denn nichts ist unbestrittener als das Brot; aber wenn jemand gleichzeitig ohne Dein Wissen das Gewissen des Menschen in seine Gewalt bekommt – oh, dann lässt er sogar Dein Brot im Stich und folgt demjenigen nach, der sein Gewissen verführt. In diesem Punkte hattest Du Recht. Denn das Geheimnis des menschlichen Daseins liegt nicht darin, lediglich zu leben, sondern darin, für irgendeinen Zweck zu leben. Hat der Mensch keine feste Vorstellung von dem Zwecke, für den er lebt, so mag er nicht weiterleben und zieht die Selbstvernichtung dem Verbleiben auf der Erde vor, mögen auch noch so viele Brote um ihn herumliegen. Das ist nun einmal so; aber was begab sich nun?

Statt die Freiheit der Menschen in Deine Gewalt zu bringen, vergrößertest Du sie ihnen noch! Oder hattest Du vergessen, dass Ruhe und sogar der Tod dem Menschen lieber ist als die freie Wahl in der Erkenntnis von Gut und Böse? Nichts ist verführerischer für den Menschen als die Freiheit seines Gewissens; aber nichts ist auch für ihn qualvoller. Statt nun dem Menschen ein für allemal feste Grundlagen zur Beruhigung seines Gewissens zu geben, wiesest Du ihm alles zu, was es Ungewöhnliches, Rätselhaftes und Unbestimmtes gibt, alles, was über die Kraft der Menschen hinausging, und handeltest somit, als ob Du sie überhaupt nicht liebtest, Du, der Du doch gekommen warst, um das eigene Leben für sie hinzugeben! Statt die Freiheit der Menschen in Deine Gewalt zu bringen, hast Du sie noch vermehrt und das Seelenleben des Menschen für alle Zeit mit ihren Qualen belastet. Du wünschtest freie Liebe von Seiten des Menschen; frei sollte er Dir nachfolgen, entzückt und bezaubert von Dir. Statt des festen alten Gesetzes sollte der Mensch künftig selbst mit freiem Herzen entscheiden, was gut und böse sei, und dabei nur Dein Vorbild als Führer vor sich haben.

Aber hast Du wirklich nicht bedacht, dass er schließlich sogar Dein Vorbild und Deine Wahrheit verwerfen und als unverbindlich ablehnen wird, wenn sie ihm eine so furchtbare Last aufbürden, wie es die Freiheit der Wahl ist? Die Menschen werden schließlich rufen, Du seiest nicht die Wahrheit; denn es war unmöglich, sie in noch größerer Verwirrung und Qual zurückzulassen, als Du es tatest, indem Du ihnen so viele Sorgen und unlösbare Aufgaben hinterließest. Auf diese Weise hast Du selbst den Grund zur Zerstörung Deines eigenen Reiches gelegt und darfst niemand weiter beschuldigen. Und es wurde Dir doch etwas ganz anderes vorgeschlagen!

Es gibt drei Mächte, nur drei Mächte auf der Erde, die imstande sind, das Gewissen dieser schwächlichen Rebellen für alle Zeit zu ihrem Glücke zu besiegen und zu fesseln; diese drei Mächte sind: das Wunder, das Geheimnis und die Autorität. Du hast das Erste und das Zweite und das Dritte verschmäht und durch Dein eigenes Verhalten ein Beispiel dafür gegeben. Als der furchtbare, kluge Geist Dich auf die Zinne des Tempels stellte und zur Dir sagte: ›Wenn du wissen willst, ob Du Gottes Sohn bist, so wirf Dich hinab; denn von jenem steht geschrieben, dass die Engel ihn auffangen und ihn tragen werden und er nicht fallen oder sich stoßen wird. Und dann wirst Du erkennen, ob Du Gottes Sohn bist, und wirst dann beweisen, wie groß Dein Glaube an Deinen Vater ist.‹ Aber Du wiesest, als Du das hörtest, den Vorschlag zurück und willigtest nicht ein und warfst Dich nicht hinab. Oh, natürlich handeltest Du stolz und großartig wie ein Gott; aber die Menschen, dieses schwache, rebellische Geschlecht, sind die etwa Götter? Oh, Du sahst damals ein, dass, wenn Du auch nur einen Schritt tätest, nur eine Bewegung machtest, um Dich hinabzuwerfen, Du somit sogleich Gott versuchen und allen Glauben an ihn verlieren und auf der Erde zerschmettern würdest, die Du zu retten gekommen warst; und dass sich der kluge Geist freuen würde, der Dich versuchte. Aber ich sage noch einmal: Gibt es viele solche wie Du? Und hast Du wirklich auch nur einen Augenblick lang annehmen können, dass auch die Kraft der Menschen dazu ausreichen werde, eine derartige Versuchung zu bestehen? Ist denn die Natur des Menschen so beschaffen, dass er das Wunder ablehnen und in solchen furchtbaren Augenblicken des Lebens, Augenblicken der furchtbarsten und qualvollsten fundamentalen Seelenfragen, nur mit der freien Entscheidung des Herzens aufkommen kann? Oh, Du wusstest, dass Deine Tat in der Schrift werde aufbewahrt werden, dass sie bis an das Ende aller Zeiten und bis an die letzten Grenzen der Erde gelangen werde, und Du hofftest, auch der Mensch werde, Dir nachfolgend, in der Gemeinschaft mit Gott bleiben, ohne des Wunders zu bedürfen.

Aber Du wusstest nicht, dass der Mensch, sobald er das Wunder ablehnt, zugleich auch Gott ablehnt; denn der Mensch sucht nicht so sehr Gott als das Wunder. Und da der Mensch nicht imstande ist, ohne Wunder auszukommen, so wird er sich neue Wunder schaffen, eigene Wunder, und wird sich vor den Wundern der Zauberer und Hexen beugen, mag er auch hundertmal ein Rebell, ein Ketzer und ein Atheist sein. Du bist nicht vom Kreuze herabgestiegen, als Dir spottend und höhnend zugerufen wurde: ›Steig herab vom Kreuze, und wir werden glauben, dass Du der Sohn Gottes bist‹, Du bist nicht herabgestiegen, weil Du wiederum den Menschen nicht durch ein Wunder knechten wolltest und einen freien Glauben wünschtest, keinen Wunderglauben. Du wünschtest eine freie Liebe und nicht das sklavische Entzücken des Unfreien über eine Macht, die ihm ein für alle Mal Schrecken einflößt. Aber auch hier hast Du von den Menschen zu hoch gedacht; denn allerdings sind sie Unfreie, wenn sie auch als Rebellen geschaffen sind. Schau um Dich und urteile selbst: Es sind jetzt fünfzehn Jahrhunderte verflossen; wohlan, mustere die Menschen: Wen hast Du zu Dir emporgehoben? Ich schwöre Dir: Der Mensch ist schwächer und niedriger, als Du von ihm geglaubt hast! Kann er denn, frage ich, kann er denn das überhaupt ausführen, was Du ausgeführt hast? Indem Du ihn so hoch einschätztest, hast Du gehandelt, als ob Du kein Mitleid mehr mit ihm empfändest; denn Du hast gar zu viel von ihm verlangt, Du, der Du ihn noch mehr liebtest als Dich selbst! Hättest Du ihn minder hoch eingeschätzt, so würdest Du auch weniger von ihm verlangt haben, und das wäre liebreicher gewesen; denn seine Bürde wäre dann leichter gewesen.

Er ist schwach und gemein. Was will das besagen, dass er jetzt allerorten gegen unsere Macht rebelliert und auf diese Rebellion stolz ist? Das ist der Stolz eines Kindes und Schulknaben.

Das sind kleine Kinder, die in der Klasse revoltieren und den Lehrer hinaustreiben. Aber auch der Jubel dieser kleinen Kinder wird ein Ende finden; er wird sie teuer zu stehen kommen. Sie werden den Tempel niederreißen und die Erde mit Blut überschwemmen. Aber zuletzt werden die dummen Kinder merken, dass sie, mögen sie auch Rebellen sein, doch nur schwächliche Rebellen sind, die ihre eigene Rebellion nicht aushalten. In dumme Tränen ausbrechend, werden sie schließlich bekennen, dass derjenige, der sie zu Rebellen erschaffen hat, sich ohne Zweifel über sie hat lustig machen wollen. Sie werden das voller Verzweiflung sagen, und das, was sie sagen, wird eine Gotteslästerung sein, die sie noch unglücklicher machen wird; denn die menschliche Natur erträgt keine Gotteslästerung und bestraft sich immer selbst dafür.

Und so ist denn jetzt Unruhe, Verwirrung und Unglück das Los der Menschen, nachdem Du so viel für ihre Freiheit gelitten hast! Dein großer Prophet sagt in einer allegorischen Vision, er habe alle Teilnehmer der ersten Auferstehung gesehen, und es seien ihrer aus jedem Stamme zwölftausend gewesen. (Vgl. Offenbarung 7,4ff; d.Ü.) Aber wenn ihrer so viele waren, so waren auch sie gewissermaßen nicht Menschen, sondern Götter. Sie haben Dein Kreuz getragen, sie haben es ertragen, jahrzehntelang in der öden, kahlen Wüste zu leben und sich von Heuschrecken und Wurzeln zu nähren – und Du kannst allerdings mit Stolz auf diese Kinder der Freiheit hinweisen, die Dich frei geliebt und um Deines Namens willen freiwillig ein so großartiges Opfer gebracht haben. Aber vergiss nicht, dass ihrer im Ganzen nur wenige Tausende waren, und das Götter; aber die Übrigen? Was können die Übrigen, die schwachen Menschen dafür, dass sie nicht dasselbe ertragen konnten wie die Starken? Was kann eine schwache Seele dafür, dass sie nicht imstande ist, so furchtbare Gaben in sich aufzunehmen? Bist Du denn wirklich nur zu den Auserwählten und für die Auserwählten gekommen? Aber wenn es so ist, dann ist hier ein

Geheimnis, und wir können es nicht verstehen. Wenn es aber ein Geheimnis ist, so waren auch wir berechtigt, dies zu verkünden und die Menschen zu lehren, dass nicht der freie Entschluss ihrer Herzen und nicht die Liebe das Entscheidende ist, sondern jenes Geheimnis, dem sie sich blind unterordnen müssen, selbst gegen ihr Gewissen.

Das haben wir denn auch getan. Wir haben Deine Tat verbessert und sie auf das Wunder, auf das Geheimnis und auf die Autorität gegründet. Und die Menschen freuten sich, dass sie wieder wie eine Herde geleitet wurden und dass endlich das so furchtbare Geschenk, das ihnen so viel Qual bereitet hatte, von ihrem Herzen weggenommen war. Sprich, waren wir berechtigt, so zu lehren und so zu handeln? Haben wir etwa nicht die Menschheit geliebt, als wir so freundlich ihre Schwäche anerkannten, ihre Bürde liebevoll erleichterten und ihrer schwächlichen Natur sogar die Sünde gestatteten, wenn sie mit unserer Erlaubnis geschah? Warum bist Du denn jetzt gekommen, uns zu stören? Und warum siehst Du mich schweigend und durchdringend an mit Deinen sanften Augen? Werde doch zornig! Ich will Deine Liebe nicht, weil auch ich selbst Dich nicht liebe. Und was könnte ich Dir verbergen? Als ob ich nicht wüsste, mit wem ich rede! Was ich Dir zu sagen habe, ist Dir schon alles bekannt; das lese ich in Deinen Augen. Und ich sollte unser Geheimnis vor Dir verbergen? Vielleicht willst Du es gerade aus meinem Munde vernehmen.

So höre denn: Wir sind nicht mit Dir im Bunde, sondern mit *ihm*, das ist unser Geheimnis! Wir sind schon seit langer Zeit nicht mehr mit Dir im Bunde, sondern mit *ihm*, schon acht Jahrhunderte lang. Acht Jahrhunderte ist es her, dass wir von ihm das annahmen, was Du unwillig zurückwiesest, jene letzte Gabe, die er Dir anbot, indem er Dir alle Reiche der Erde zeigte: Wir haben von ihm Rom empfangen und das Schwert des Kaisers und haben uns selbst als die Herren der Erde, als ihre einzigen Herren erklärt, obwohl wir unser Werk bis heute noch nicht zum vollen Abschluss zu bringen vermochten. Aber wessen Schuld ist das? Oh, dieses Werk befindet sich jetzt erst im Anfangsstadium; aber begonnen ist es. Lange noch werden wir auf seine Vollendung warten müssen, und viel noch wird die Erde leiden; aber wir werden zum Ziele gelangen und werden die Kaiser der Welt sein, und dann werden wir auch auf das Glück aller Menschen bedacht sein.

Du aber hättest auch damals schon das Schwert des Kaisers ergreifen können. Warum hast Du diese letzte Gabe zurückgewiesen? Hättest Du diesen dritten Rat des mächtigen Geistes angenommen, so würdest Du alle Wünsche erfüllt haben, die der Mensch hier auf Erden hegt: Er hätte jemand gehabt, den er anbeten und dem er sein Gewissen anvertrauen konnte, und hätte eine Möglichkeit gesehen, dass sie sich endlich alle zu einem gemeinsamen, feindlosen, einmütigen Ameisenhaufen vereinigten; denn das Bedürfnis einer die ganze Welt umfassenden Vereinigung ist die dritte und letzte Qual der Menschen. Immer hat die Menschheit in ihrer Gesamtheit danach gestrebt, sich unter allen Umständen universell zu gestalten. Es hat viele große Völker mit einer großen Geschichte gegeben; aber je höher diese Völker standen, umso unglücklicher waren sie; denn stärker als die andern empfanden sie das Bedürfnis nach einer universellen Vereinigung der Menschen. Große Eroberer wie Timur und Dschingis-Khan fuhren wie ein Wirbelsturm über die Erde hin, bestrebt, die Welt zu erobern; aber auch sie brachten, wenn auch unbewusst, dasselbe große Bedürfnis der Menschheit nach einer allgemeinen, alles umfassenden Vereinigung zum Ausdruck.

Hättest Du das Schwert und den Purpur des Kaisers angenommen, so würdest Du eine Weltherrschaft begründet und der ganzen Welt Ruhe gebracht haben. Denn wem anders steht es zu, über die Menschen zu herrschen, als denen, die das Gewissen der Menschen in ihrer Gewalt haben und in deren Händen das Brot der Menschen ist? Wir unsererseits haben das

Schwert des Kaisers ergriffen; aber indem wir es ergriffen, haben wir uns freilich von Dir abgewandt und sind *ihm* gefolgt. Oh, noch jahrhundertelang wird der Unfug des freien Geistes, ihrer Wissenschaft und Menschenfresserei dauern; denn sie, die ihren Babylonischen Turm ohne uns durchzuführen begannen, werden mit Menschenfresserei endigen. Aber dann, dann wird das Tier zu uns herangekrochen kommen und unsere Füße lecken und sie mit den blutigen Tränen seiner Augen benetzen. Und wir werden uns auf das Tier setzen und den Kelch erheben, und auf diesem wird geschrieben stehen: Geheimnis! Erst dann, erst dann wird für die Menschen das Reich der Ruhe und des Glücks beginnen. Du bist stolz auf Deine Auserwählten; aber Du hast nur Auserwählte, während wir allen Ruhe bringen.

Und noch eins: Wie viele von diesen Auserwählten und von den Starken, die hätten Auserwählte werden können, sind es schließlich müde geworden, auf Dich zu warten, und haben die Kräfte ihres Geistes und die Glut ihres Herzens auf ein anderes Feld übertragen und tun das auch jetzt noch und werden damit endigen, dass sie ihr freies Panier selbst gegen Dich erheben. Aber Du hast ja selbst dieses Panier erhoben. Bei uns aber werden alle glücklich sein und weder mehr rebellieren noch einander vernichten, wie es unter Deiner Freiheit allerorten geschah. Oh, wir werden sie davon überzeugen, dass sie erst dann wahrhaftig frei sein werden, wenn sie zu unseren Gunsten ihrer Freiheit entsagten und uns gehorchen. Wie ist's? Werden wir damit Recht haben, oder wird es gelogen sein? Sie werden selbst einsehen, dass wir damit Recht haben; denn sie werden sich erinnern, zu welcher schrecklichen Sklaverei und Verwirrung sie Deine Freiheit gebracht hatte. Die Freiheit, die freie Vernunft und die Wissenschaft werden sie in solche Schluchten führen und sie vor solche Wunder und vor solche unlöslichen Geheimnisse stellen, dass manche von ihnen, die Unbotmäßigen und Trotzigen, sich selbst vernichten werden, andere, die Unbotmäßigen, aber Schwächlichen, sich gegenseitig vernichten werden und eine dritte noch übrige Kategorie, die ganz Schwächlichen und Unglücklichen, zu unseren Füßen herankriechen und uns zuheulen wird: ›Ja, ihr hattet Recht; ihr allein wart im Besitze seines Geheimnisses, und wir kehren zu euch zurück; rettet uns vor uns selbst!‹

Wenn sie von uns Brot erhalten, so werden sie allerdings deutlich erkennen, dass wir ihnen ihr eigenes Brot, das sie mit ihren eigenen Händen erworben haben, wegnehmen, um es dann wieder unter sie zu verteilen, ohne jedes Wunder; sie werden sehen, dass wir nicht Steine in Brot verwandelt haben; aber in Wahrheit werden sie sich, mehr als über das Brot selbst, darüber freuen, dass sie es aus unseren Händen empfangen! Denn sie werden sich recht wohl daran erinnern, dass früher, ohne uns, das durch ihre Arbeit erworbene Brot selbst sich in ihren Händen in Stein verwandelte, dass aber, nach ihrer Rückkehr zu uns, selbst die Steine in ihren Händen zu Brot wurden. Völlig, völlig werden sie es zu schätzen wissen, was es bedeutet, sich ein für alle Mal zu unterwerfen! Und solange die Menschen das nicht begreifen, werden sie unglücklich sein.

Und nun sage: Wer hat am allermeisten zu diesem Mangel an Verständnis beigetragen? Wer hat die Herde zerstückt und auf unbekannte Wege gesprengt? Aber die Herde wird sich von neuem sammeln und sich von neuem unterwerfen, und zwar dann ein für alle Mal. Dann werden wir den Menschen ein stilles, friedliches Glück gewähren, das Glück schwacher Wesen, als die sie nun einmal geschaffen sind. Oh, wir werden sie schließlich überreden, ihren Stolz abzulegen; denn Du hast sie emporgehoben und sie dadurch gelehrt, stolz zu sein; wir werden ihnen beweisen, dass sie schwach, dass sie nur armselige Kinder sind, dass aber das Glück von Kindern süßer ist als jedes andere. Sie werden schüchtern werden und zu uns aufblicken und sich ängstlich an uns drücken wie die Küchlein an die Henne. Sie werden uns anstaunen und fürchten und stolz darauf sein, dass unsere Macht und Klugheit uns befähigt hat, eine so störrische Herde von tausend Millionen zu zähmen. Sie werden kraftlos zittern vor unserm Zorne, ihr Geist wird zagen, ihre Augen werden zum Weinen geneigt sein wie die der Kinder und Frauen; aber ebenso leicht werden sie auch auf unsern Wink zu Fröhlichkeit und Gelächter und heller Freude und glückseligen Kinderliedchen übergehen. Ja, wir werden sie zwingen zu arbeiten; aber in den arbeitsfreien Stunden werden wir ihnen das Leben zu einer Art kindlichen Spieles gestalten, mit Kinderliedern, Chorgesängen und unschuldigen Tänzen.

Oh, wir werden ihnen auch die Sünde erlauben; sie sind schwach und kraftlos und werden uns wie Kinder dafür lieben, dass wir ihnen gestatten zu sündigen. Wir werden ihnen sagen, jede Sünde könne wieder gutgemacht werden, sofern sie mit unserer Erlaubnis begangen sei; wenn ihnen aber von uns gestattet wurde zu sündigen, so habe das seinen Grund in unserer Liebe zu ihnen; die Strafe aber für diese Sünden seien wir bereit, auf uns zu nehmen. Und wir werden sie auch auf uns nehmen; sie aber werden uns als ihre Wohltäter vergöttern, weil wir vor Gott ihre Sünden auf uns nehmen. Und sie werden keinerlei Geheimnisse vor uns haben. Wir werden ihnen erlauben oder verbieten, mit ihren Frauen und Geliebten zu leben, Kinder zu haben oder keine Kinder zu haben, alles nach dem Grade ihres Gehorsams, und sie werden sich uns mit Lust und Freude unterwerfen. Auch die qualvollsten Geheimnisse ihres Gewissens, alles, alles werden sie zu uns bringen, und wir werden alles entscheiden, und sie werden unserer Entscheidung mit Freuden glauben, weil diese sie von der großen Sorge und der jetzigen furchtbaren Qual der freien persönlichen Entscheidung befreien wird.

Und alle werden glücklich sein, alle die Millionen von Wesen, mit Ausnahme der hunderttausend, die über sie herrschen. Denn nur wir, wir, die Hüter des Geheimnisses, nur wir werden unglücklich sein. Es wird Tausende von Millionen glücklicher Kinder geben und hunderttausend Dulder, die den Fluch der

Erkenntnis von Gut und Böse auf sich genommen haben. Still werden sie sterben, still erlöschen in Deinem Namen und jenseits des Grabes nur den Tod finden. Aber das werden wir geheim halten und werden die Menschen zu ihrem eigenen Glück durch die Verheißung einer ewigen, himmlischen Belohnung locken. Denn selbst wenn es etwas im Jenseits gäbe, so würde es doch sicherlich nicht für solche wie sie sein.

Es wird gesagt und prophezeit, Du werdest wiederkommen und einen neuen Sieg erringen; Du werdest wiederkommen mit Deinen Auserwählten, mit Deinen Stolzen und Starken; aber wir werden sagen, dass diese nur sich selbst erlöst haben, wir aber alle Menschen. Es wird gesagt, die Buhlerin, die auf dem Tiere sitzt und das ›Geheimnis‹ in den Händen hält (vgl. Offenbarung 17,3ff; d.Ü.), werde beschimpft werden, und die Schwachen würden sich von neuem empören und das Buhlergewand der Buhlerin zerreißen und ihren garstigen Leib entblößen. Aber dann werde ich aufstehen und Dich hinweisen auf die Tausende von Millionen glücklicher Kinder, die die Sünde nicht gekannt haben. Und wir, die wir um ihres Glückes willen ihre Sünde auf uns genommen haben, wir werden vor Dich hintreten und zu Dir sagen: ›Verurteile uns, wenn Du das kannst und wagst!‹ Wisse, dass ich Dich nicht fürchte.

Wisse, dass auch ich in der Wüste war, dass auch ich mich von Heuschrecken und Wurzeln nährte, dass auch ich die Freiheit segnete, mit der Du die Menschen gesegnet hattest, und auch ich mich vorbereitete, in die Zahl Deiner Auserwählten, der Starken und Mächtigen, einzutreten, in dem heißen Wunsche, ihre Zahl voll zu machen. Aber ich kam zur Besinnung und trug nun kein Verlangen, dem Wahnsinn zu dienen. Ich kehrte zurück und schloss mich der Schar derjenigen an, die Deine Tat verbesserten. Ich ging fort von den Stolzen und kehrte zu den Demütigen zurück, um diese glücklich zu machen. Was ich Dir sage, wird in Erfüllung gehen, und unser Reich wird errichtet werden. Ich wiederhole Dir: Schon am morgenden Tage wirst Du sehen, wie diese gehorsame Herde auf meinen ersten Wink hinzustürzen wird, um glühende Kohlen an Deinem Scheiterhaufen heranzuscharren, auf dem ich Dich verbrennen werde dafür, dass Du gekommen bist, uns zu stören. Denn wenn je jemand im höchsten Grade unseren Scheiterhaufen verdient hat, so bist Du es. Morgen werde ich Dich verbrennen. Dixi.‹ (...)

Nachdem der Inquisitor aufgehört hat zu reden, wartet er einige Zeit auf eine Antwort des Gefangenen. Dessen Schweigen wird ihm peinlich. Er hat gesehen, wie der Gefangene ihm die ganze Zeit über zugehört, ihm still und durchdringend in die Augen gesehen und offenbar nicht beabsichtigt hat, etwas zu erwidern. Der Greis möchte, dass Er etwas zu ihm sage, sei es auch etwas Bitteres, Furchtbares. Aber Er nähert sich plötzlich schweigend dem Greise und küsst ihn still auf die blutlosen neunzigjährigen Lippen. Das ist seine ganze Antwort. Der Greis fährt zusammen. Es zuckt etwas in seinen Mundwinkeln; er geht zur Tür, öffnet sie und sagt zu Ihm: ›Geh weg und komm nicht mehr wieder ... komm überhaupt nicht mehr wieder ... niemals, niemals!‹ Und er lässt Ihn hinaus auf die dunklen Straßen und Plätze der Stadt. Der Gefangene geht.«

Unser geliebter Arzt

Charles H. Spurgeon

C. H. Spurgeon, der große englische Prediger des 19. Jahrhunderts, sprach regelmäßig vor mehr als 5000 Menschen. Wegen seiner unvergleichlichen Art, über Gott zu reden, seiner plastischen Sprache und anrührenden Bildern wurde er berühmt.

Quer durch die Konfessionen wird Jesus als der geglaubt, der Menschen innerlich und äußerlich heil machen kann. Von Jesus werden in der Heiligen Schrift fünfunddreißig Wunder ausführlich und viele kurz beschrieben. Die meisten hatten mit dem Heilen von Kranken zu tun. Einer der Namen, den die Christen Jesus deshalb gegeben haben, ist »der große Arzt« (so auch Dostojewski). Über ihn schreibt C. H. Spurgeon den folgenden Text.

Und eine große Menge folgte ihm, und er heilte sie alle.
(Matthäus 12,15)

Welch eine Menge hässlicher und abscheulicher Krankheiten muss dem Herrn Jesus stets unter die Augen gekommen sein! Dennoch lesen wir nirgends, dass ihn davor ekelte. Er widmete vielmehr jedem Kranken seine ganze Sorgfalt. Der feurige Pfeil mochte fliegen, woher er wollte – er dämpfte seine verzehrende Gewalt. Die Hitze des Fiebers, der Frost der Wassersucht, die Entkräftung der Gicht, die Wut der Besessenheit, die Verunreinigung des Aussatzes oder die Finsternis der Blindheit: Sie alle erfuhren die Macht seines Wortes und entflohen vor seinem Befehl. Auf jedem Teil des Kampfplatzes blieb er siegreich über das Übel und empfing die Huldigung der befreiten Gefangenen. Er kam, sah, siegte.

Es ist noch heute so. Wie mein Übel auch beschaffen sein mag, der geliebte Arzt kann mich dennoch heilen. Wie elend auch der Zustand anderer sei, ich darf dennoch zu Jesu hoffen, dass er imstande ist, sie von allen Sünden zu heilen. Mein Kind, mein Freund, meine Lieben alle – für jedes darf ich hoffen, für jedes ohne Ausnahme, wenn ich an die heilende Macht meines Herrn und Heilandes denke. Er, der auf Erden die Hallen der Siechen und Kranken besuchte, beweist seine Gnade noch immer und bewirkt Wunder unter den Menschenkindern. Kommt denn und lasst uns zu ihm gehen, jetzt gleich und mit rechtem Ernst.

Ich will ihn loben, wenn ich daran denke. »Er hat unsere Krankheit getragen. Durch seine Wunden sind wir geheilt.« Seine Gemeinde auf Erden ist voller Seelen, die unser geliebter Arzt geheilt hat. Und auch die himmlischen Heere müssen bekennen: Er heilte sie alle. So komm denn, mache weit umher kund die Herrlichkeit seiner Gnade.

Die Natur des Menschen

Karl Rahner

Warum kümmert sich Jesus anscheinend manchmal nicht um Menschen, die wirklich Christen sind, aber sorgt wunderbar für die, die sich nicht um ihn kümmern?

Karl Rahner, einer der wichtigsten katholischen Denker unserer Tage, beschrieb im folgenden Text dieses Dilemma. Im Kern geht es zu allen Zeiten um Hiobs uralte Frage: »Warum leiden die Gerechten?«

Sieh doch, Herr, die vielen Menschen – verzeih mir, wenn ich wage, über sie zu urteilen –, aber denken sie oft an dich? Bist du das Erste und Letzte, das ihren Geist und ihr Herz in Unruhe hält? Richten sie sich nicht auch ohne dich in dieser Welt ein, in der sie sich auskennen, wo sie wissen, womit sie zu rechnen haben? Bist du ihnen bei diesem ihrem Beruf mehr als der, der dafür sorgen soll, dass diese Welt so in ihren Fugen bleibt, dass sie deiner nicht bedürfen? Sage selbst, bist du der Gott ihres Lebens?

II

JESUS:

SEINE GEBURT

Danach befragt, welches für ihn das wichtigste geschichtliche Datum sei, antwortete der italienische Schriftsteller Ignazio Silone: Der 25. Dezember des Jahres Null. Wie wir heute wissen, wurde Jesus zwischen 7 und 4 v.Chr. geboren. Des ungeachtet bleibt es bei der alten Jahreszählung und dem Datum der Zeitenwende. Um Jesu Geburt scheidet sich die Zeit im Abendland in »vor Christus« und »nach Christus«. In Wahrheit stellt das Datum nur die größtmögliche Annäherung an den tatsächlichen Tag dar – wissen wir doch weder die Jahreszeit noch den Monat von Jesu Geburt.

Was wir indes wissen, ist, dass es sich um ein von Erwartung erfülltes Zeitalter handelte. In der Bibel wird erzählt, dass ein Stern am Himmel erschien, um Jesu Geburt anzukündigen.

Das Ereignis bei Jesu Geburt, das vielleicht am meisten Aufsehen erregte, war die Anbetung, die ihm von allen Seiten zuteil wurde – zuerst durch die Hirten, dann durch die Weisen aus dem Morgenland und schließlich durch Hanna und Simeon. Von Anfang an wurde der Knabe Jesus von einigen als der Messias, der Gesandte Gottes erkannt.

Es gibt zahlreiche andere Schriften, die nicht zur Bibel gehören, in denen vom Knaben Jesus erzählt wird. In einigen davon steht zu lesen, dass Jesus bereits als Kind Wunder getan habe. Einem dieser Berichte zufolge hat sich Jesus kurz nach seiner Geburt in der Krippe aufgesetzt und seiner Mutter Maria verkündet, dass er der Sohn Gottes sei. In den so genannten Kindheitsevangelien, geklitterten Berichten aus dem 2. und 3. Jahrhundert, wird davon berichtet, wie man ihm die Windeln abnahm und sie den Kranken und Gebrechlichen auflegte, um diese zu heilen. In den Evangelien des Matthäus und Lukas aber findet sich von diesen Kinder – »Wunderberichten« nichts.

Weihnachten wurde erst ab dem 4. Jahrhundert gefeiert. Die Kirche legte es auf den 25. Dezember, vor allem weil heidnische Römer an diesem Tag den »Geburtstag der unbesiegten Sonne« feierten. Diesem Sonnenkult stellten die Christen damit Jesus als die wahre Sonne und das Licht der Welt gegenüber. Älter noch ist der Brauch, das Weihnachtsfest am 6. Januar zu feiern, dem »Tag der Erscheinung des Herrn« oder Epiphanias, dem Fest der Anbetung der drei Weisen und der Taufe Jesu, an dem die orthodoxen Christen bis heute Weihnachten feiern. An diesem Tag wird der Welt Jesus als Gottes Sohn verkündet, als der Messias und Erlöser der Welt.

> Als Jesus geboren war in Bethlehem in Judäa zur Zeit des Königs Herodes, siehe, da kamen Weise aus dem Morgenland nach Jerusalem und sprachen: Wo ist der neugeborene

König der Juden? Wir haben seinen Stern gesehen im Morgenland und sind gekommen, ihn anzubeten.

Als das der König Herodes hörte, erschrak er und mit ihm ganz Jerusalem, und er ließ zusammenkommen alle Hohenpriester und Schriftgelehrten des Volkes und erforschte von ihnen, wo der Christus geboren werden sollte.

Und sie sagten ihm: In Bethlehem in Judäa; denn so steht geschrieben durch den Propheten Micha:

»Und du, Bethlehem im jüdischen Lande, bist keineswegs die kleinste unter den Städten in Juda; denn aus dir wird kommen der Fürst, der mein Volk Israel weiden soll.«

Da rief Herodes die Weisen heimlich zu sich und erkundete genau von ihnen, wann der Stern erschienen wäre.

(Matthäus 2,1-7)

In derselben Gegend

Bo Giertz

Keuchend stolperten sie über die Wurzeln der Ölbäume und stießen sich an den Steinen, aber sie fanden den Weg mit Hilfe des Sternenlichtes, das zwischen treibenden Wolken hindurchsickerte. Die Kunst, sich in pechschwarzer Nacht zurechtzufinden, hatten sie während vieler Nächte gelernt, wenn die Schafe die Dornenhecken durchbrochen hatten oder ein Mutterschaf in der Felswüste verloren gegangen war.

Heute Nacht trieb sie etwas, was sie so noch nie erlebt hatten. Ihre Gedanken wirbelten durcheinander, und die Worte stockten auf den Lippen, wenn sie davon sprechen wollten. Das war zu viel auf einmal gewesen: das Licht, das klarer als der Tag war und doch kein Tag; die Herrlichkeit, die sie ganz und gar durchdrang und bei der sie sich als die verworfensten Sünder fühlten, gerade weil sie so unbeschreiblich herrlich war. Und dann Er, der plötzlich dastand und mit einer Stimme sprach, die wie alle Troststellen der Schrift und alle Verheißungen des Hochgelobten zusammengenommen war, lieblich wie die Füße der Boten, wenn sie über die Berge kamen, um gute Botschaft zu verkünden, und voll von dem Jubel, in den die Berge ausbrechen, wenn der Herr sein Volk trösten und sich seiner Bedrückten erbarmen wird. Die größte aller Freuden auf Erden verkündete er ihnen: Dort droben in der Stadt Davids sei der Messias geboren. In diesem Augenblick war der Himmel voll vom Jubel der Heerscharen. Es brauste und glitzerte und sang. Da war ein Glanz, ein Klang und eine Herrlichkeit, die keine Worte beschreiben konnten.

In all diesem Unbegreiflichen war eins durchaus gut zu verstehen. Das war das Zeichen, von dem er gesprochen hatte, das Zeichen, das Gott ihnen als Siegel auf all dieses gegeben hatte. Das zu suchen waren sie nun unterwegs: das neugeborene Kind, das sie finden sollten in Windeln gewickelt und in einer Krippe liegend.

Sie hatten den Pfad erreicht, der an der langen Steinmauer entlang aufwärts führte. Jetzt bestand keine Schwierigkeit mehr, sich zurechtzufinden. Oberhalb der Mauer lag eine der vielen Terrassen mit Saatfeldern, die die Stadt umgaben.

Sie kamen zu dem großen offenen Platz vor der nordöstlichen Ecke der Stadt. Die dicht aneinander gebauten Häuser lagen dunkel und schweigend vor ihnen. Nur in einer der Felshöhlen leuchtete der flackernde Schein von einer Öllampe.

Dieses Licht war etwas Ungewöhnliches. Die Hirten kannten die Grotte dort hinten gut. Unzählige Male hatten sie ihre Tiere durch die Öffnung ein- und ausgetrieben. Für gewöhnlich gähnte sie immer dunkel unter dem Felsvorsprung, und die Tür in der halbhohen Steinmauer pflegte geschlossen zu sein. Nun stand sie angelehnt, und das Licht schimmerte durch die Ritze.

Erst als sie in das Felsgewölbe eintraten, bekamen sie die Erklärung. Heute Nacht wohnten Leute in der Grotte, offensichtlich arme Reisende, die aus der Herberge ausgetrieben waren. Sie hatten eine Öllampe angezündet, die in einer Felsnische stand. Die Flamme war kaum mehr als ein blass leuchtender Tropfen auf der äußersten Spitze der Lampe, aber für die nachtgewohnten Augen der Hirten leuchtete sie hell genug. Mit einem einzigen Blick hatten sie die ganze Szene erfasst: das blasse Antlitz der jungen Frau, die sich rückwärts gegen das Stroh lehnte und sie mit guten Augen ansah, den Mann, der sich von den Bündeln aufrichtete, in denen er gewühlt hatte, die Tiere in der Ecke, die mit großen, unergründlichen Augen ins Licht blickten, und dann das Kind, das Zeichen, das zu sehen ihnen verheißen war, und das nun da vor ihren Augen lag.

Unbeholfen blieben sie auf dem Lehmfußboden stehen und schauten. Der Kleine lag fest in seine Windeln gewickelt wie alle anderen Kinder, ein kleines, neugeborenes Menschenwesen, auf das Stroh in der Steinkrippe gebettet, die im Fels ausgehauen war ganz tief drinnen zur Linken unter dem Felsdach.

Das Weib sah sie immerzu mit den gleichen getrosten, guten Augen an. Da begannen sie stammelnd zu erzählen. Es klang so wunderlich und ließ sich nicht richtig sagen. Sie hatten das Gefühl, dass sie ausgelacht werden müssten. Aber das Weib nickte leise, als ob sie sie verstanden hätte. Sie fühlten sich ermuntert und redeten freier. Einige Fremde kamen herein, die mit dem Mann bekannt zu sein schienen. Ihnen allen erzählten sie, was sie diese Nacht erlebt hatten. Sie waren nicht länger scheu. Die erste Hitze war wieder über sie gekommen. Sie lasen großes Staunen auf den Gesichtern der anderen, Staunen, aber keinen Hohn. Und das Weib sah sie klug und gut an.

Sie fühlten sich hier so merkwürdig zu Hause. Das feuchte Stroh, der Mist auf dem Boden, der Geruch der Tiere und die Nachtkühle von draußen – das war ihre eigene armselige Welt. Und mitten in dieser Armut fanden sie das Zeichen, das ihnen verheißen worden war. Erstaunt und glücklich, mit gedämpften Stimmen und ungeschickter Zärtlichkeit standen sie vor der Krippe.

»Genau wie einer von uns«, sagte der Älteste von ihnen.

Dann mussten sie zurück zu den Tieren gehen. Als sie unter den großen Bäumen draußen vor der Grotte dahinschritten, mussten sie wieder an etwas Seltsames denken. Es hieß, dass hier der Platz sei, wo Samuel mit Isai und seinen Söhnen Opferfest gehalten habe. Hier hatte er Öl auf das Haupt Davids ausgegossen und ihn zum König gesalbt. Hier war der Anfang des Glanzes über dem Hause Davids gewesen, und hier war also heute Nacht der geboren, der der letzte und größte von allen Herrschern auf dem Throne Davids werden sollte.

Da priesen sie Gott und sangen das Lied des Propheten Micha von Bethlehem-Ephrata, das Lied, das jedes Kind in Bethlehem auswendig konnte. Und als ihre heiseren Stimmen an die Stelle kamen, wo geschrieben steht:

> Indes lässt er sie plagen bis auf die Zeit,
> dass die, so gebären soll, geboren habe …,

da brachen sie in neue Lobpreisungen aus. Sie priesen sich glücklich, dass sie zu sehen bekommen hatten, was Jesaja vorausgesagt hatte: »Uns ist ein Kind geboren, ein Sohn ist uns gegeben.« Und zu allermeist priesen sie Gott, dass der, der Wunderbar-Rat, Kraftheld, Friedefürst heißen sollte, ganz wie einer von ihnen gekommen war, ebenso arm und unbeachtet wie die elendesten unter seinen Brüdern in Israel.

Der Stein des Eseltreibers

Rudolf Otto Wiemer

Der deutsche Schriftsteller und Lehrer Rudolf Otto Wiemer (1905–1998) schrieb zahlreiche Romane, Erzählungen, Gedichte und Kinderbücher. In seinem Buch Es müssen nicht Männer mit Flügeln sein *findet sich auch die folgende Geschichte.*

Hätte ich nur meinen Stein noch. Am liebsten würde ich alles kaputtschlagen. Dieses Gasthaus, das für unsereinen keinen Platz hat. Den Schuppen, wo ich übernachtete und fror. Den Stall, ja, den Stall auch. Weil dort der Esel steht. Mein Esel. Dieser verdammt kluge Esel, der glaubt, er könne mich belehren. Dabei ist er nichts anderes als ein unwissendes Vieh, eine Kreatur, die sich nicht mal wehrte, wenn ich sie schlug oder ihr einen Tritt versetzte.

Es ist wahr, mitunter tat der abgelebte Bursche, dessen Fell voller Schorf und Narben ist, mir Leid. Konnte ich dafür, dass der Aufseher mich antrieb? Dass er die Peitsche über mir schwang wie ich den Stecken über dem Esel? Na, und weshalb tat er das, der Aufseher? War er ein Unmensch? Zuzeiten konnte er recht gemütlich sein, doch er hatte den Oberaufseher über sich und dieser wiederum den Oberoberaufseher und der den Allerobersten. Was bedeutet da schon, frage ich, ein Eseltreiber, wo es so viele Aufseher gibt?

Dabei habe ich von Herrn Abamoth noch gar nicht gesprochen, von ihm, dem alle Aufseher und Oberaufseher blind gehorchen. Herr Abamoth, ist er nicht fast so mächtig wie der liebe Gott? So streng, so allwissend, so weit entfernt? Oh, wie ich ihn hasse! Hätte ich nur meinen Stein noch, den flachen, dreikantigen Stein, den ich aufhob, als Herr Abamoth mich vom Hof jagte.

Jawohl, das hat er getan. Ohne Groll sozusagen, denn ich trank nicht, ich stahl nicht, ich hatte kein vorlautes Maul, nein, ein Eseltreiber bin ich gewesen wie jeder andere, und einen demütigen Augenaufschlag, wenn es nötig war, hatte ich auch. Nur dieser Esel – sagte ich nicht, dass er ein anmaßender, übermäßig lauter Esel ist? Er schrie. Er schrie, ob ich ihn schlug oder nicht. Ich denke, es machte ihm einfach Spaß zu schreien. Vielleicht kam er sich gar vor wie einer, der etwas Wichtiges zu verkünden hat – kurz und gut, dem Herrn Abamoth war das laute Wesen nicht angenehm. Er sagte: »Dieser Esel schreit mehr, als einem Esel erlaubt ist. Das stört mich.«

Was wollte ein jämmerlicher Mensch wie ich da erwidern? »Herr«, sagte ich, »ein guter Esel, der viel schreit. Womöglich ist es Gottes Stimme, und Ihr solltet nicht taub sein wie Bileam.«

Das war, mit Verlaub, etwas großspurig geredet, doch musste Herr Abamoth deshalb gleich in Zorn geraten? Die Ader schwoll ihm auf der Stirn. »Fort mit dem Esel!«, schrie er. »Und der Treiber Joel, der die Hoffart des vorwitzigen Esels entschuldigt, mag gleichfalls zum Schinder gehen!« Dieser Joel war ich, versteht ihr?

Joel nahm also den Esel beim Halfter, und beide gingen von Herrn Abamoths Hof. Vorher aber hob Joel den Stein auf und steckte ihn in die Tasche. Man kann ihn auch in die Faust nehmen, den Stein. Man kann ihn durch die Luft schleudern, aus fünf Schritt Entfernung. Und er ist härter als Herrn Abamoths glatter, haarloser Schädel. Das wusste Joel. Jedenfalls bis gestern. Gestern besaß Joel den Stein noch. Er hütete ihn wie seinen Augapfel, denn Rache ist süß, sagt man, Joel wollte sie kosten. Er wollte diesem Herrn Abamoth zeigen, wo der Schinder wohnt. Und ein Recht dazu hatte er doch?

Oh, dieser Joel, wäre er bloß nicht in den Stall gegangen! Daran ist niemand sonst als der Esel schuld. Wieso, fragt ihr? Nun, ich hatte das Tier dort angepflockt, damit es ein Dach überm Kopf hätte. Ich selber schlief nebenan im Schuppen. Aber der Esel hörte nicht auf zu schreien. Genügte das Erbsstroh ihm nicht? Oder was hatte er sonst für eine unausstehliche Neuigkeit?

Jedenfalls, als ich in den Stall kam, sagte der Esel: »Kommst du endlich, du Muffel?« Muffel nannte er mich. Das tat er stets, wenn er böse auf mich war. Das heißt, reden kann der Esel natürlich nicht, doch ich verstehe ihn. Wir leben ja länger als zehn Jahre zusammen.

»Siehst du nicht, was hier los ist?«, fragte der Esel.

Ich sah zwei arme, landfahrende Leute, die im Stall untergekommen waren, ein Weib und einen Mann. Kann nicht weit her sein mit denen, dachte ich, sonst hätten sie das Kind woanders zur Welt gebracht.

Es ist wahr, das Neugeborene sah ich auch. Es weinte, und ich wusste nicht, was tun, denn ich bin noch nie ein Kindernarr gewesen.

»Na, mach schon«, sagte der Esel. Er wollte partout, dass ich die Krippe in Ordnung brächte. Sie wackelte, die Krippe. Das eine Bein war zu kurz, deshalb konnte das Kind nicht schlafen.

»Leg was unter«, sagte der Esel. Oder hatte ich das selber gesagt?

Ich blickte mich im Stall um. Es war ziemlich dunkel. Der Mann, der sich Josef nannte, mochte nicht mehr Öl genug in der Laterne haben.

»Greif doch in die Tasche, du Muffel«, sagte der Esel.

Ich griff in die Tasche, das hätte ich sowieso getan. Wenn man etwas braucht, sucht man zuerst bei sich selber, nicht wahr? Doch in der Tasche war nichts. Nur der Stein. Und der Esel nickte befriedigt, als ich den Stein unter das kurze Krippenbein schob. Er passte genau.

Offen gestanden, ich hatte einen unmäßigen Zorn. Nicht, dass ich den fremden Leuten gram gewesen wäre, nein, sie waren womöglich ebenso schlimm dran wie ich, allein auf der

Landstraße, ohne Dach. Auch, dass das Kind in der Krippe nun schlafen konnte – alles in Ordnung. Aber was sollte ich ohne den Stein? Gewiss, Steine gibt es genug im Feld, doch dieser eine, den ich in Herrn Abamoths Hof aufhob, lag er mir nicht scharf und griffig in der Hand? Ein Stein, wie für mich gemacht. Was also hatte der Esel gemeint?

Er schwieg. Wollte er, dass ich den Zorn vergesse? Kann ich das? Und wenn ich Herrn Abamoth den Schädel nicht einschlage, wer soll dann für Gerechtigkeit sorgen in der Welt?

Ben Hur

LEW WALLACE

Lew Wallace, amerikanischer Bürgerkriegs-General, Gouverneur und Diplomat, war ein Agnostiker und wollte ursprünglich einen Roman schreiben, in dem alle Behauptungen über Jesus als Betrug entlarvt wurden. Während er sich in das Leben Jesu vertiefte, wurde er jedoch zum Christen. Sein Roman Ben Hur. Eine Geschichte um Christus *spiegelt diese veränderte Haltung. Der Roman, den er zur Widerlegung des christlichen Glaubens hatte schreiben wollen, wurde zu einem der meistgelesenen Bücher auf der Welt und mehrfach verfilmt.*

Es war um die dritte Nachtwache, und in Bethlehem begann es im Osten über den Bergen hell zu werden, im Tal war es noch Nacht.

Der Wächter auf dem Dach der alten Herberge, der in der Morgenkühle schauerte, lauschte auf die ersten Zeichen des erwachenden Lebens, als ein Licht sich den Hügel hinauf dem Hause näherte. Er hielt es für eine Fackel, die jemand trug. Dann dachte er an einen Meteor. Der Glanz wuchs. Nun erkannte er den Stern. Er schrie erschrocken auf und holte die Leute, die wach waren, aufs Dach. Der Stern näherte sich, beleuchtete Felsen, Bäume, Wege und blendete die Augen. Die Ängstlichen fielen auf die Knie und beteten, die Hände vor dem Gesicht. Die Mutigeren bedeckten ihre Augen und warfen von Zeit zu Zeit zaghafte Blicke in das Glänzen.

Unterdessen lag die ganze Herberge unter dem unerträglichen Schein. Die es wagten, sahen, dass der Stern über der Höhle stehen blieb.

In diesem Augenblick langten die drei Weisen an. Am Tor stiegen sie von ihren Kamelen und riefen nach dem Torhüter. Als der sich vom Schrecken erholt hatte, kam er herbei, schob den Riegel zurück und öffnete ihnen. Die Kamele sahen in dem überirdischen Licht so geisterhaft aus und die Erscheinung der drei Männer so fremdartig, dass der Wächter vor Schrecken umfiel und nicht auf die Frage antworten konnte, die sie ihm stellten.

»Ist das nicht Bethlehem in Judäa?«

Andre gaben ihnen Auskunft:

»Nein, das ist nur die Herberge, die Stadt liegt weiter weg.«

»Ist hier nicht ein neugeborenes Kind?«

Die Umstehenden starrten sich an, aber einige antworteten: »Jaja!«

»Führt uns zu Ihm!«, rief der Grieche ungeduldig. »Führt uns zu Ihm«, wiederholte Balthasar und ließ seine Würde fallen, »denn wir haben Seinen Stern gesehen, eben als er über dem Haus stehen blieb, und sind gekommen, den Heiland anzubeten.«

Der Hindu schlug die Hände zusammen: »Wahrhaftig, Gott lebt! Eilt, eilt! Der Heiland ist gefunden. Wir sind gesegnet unter den Menschen!«

Die Leute vom Dach kamen herunter und folgten den Fremden, als man sie durch den Hof in die Umfriedung führte. Als sie aber den Stern über der Höhle sahen, so nahe vor ihnen, wandten sie sich erschrocken ab, aber die meisten gingen weiter. Als sich die Fremden der Hütte näherten, stieg der Stern höher, und als sie an der Tür waren, schien er über ihnen zu verschwinden. Als sie eintraten, verschwand er ganz. Und wer es mit angesehen, begriff, dass zwischen dem Stern und den Fremden ein Zusammenhang war und auch mit den Bewohnern der Höhle. Der Raum war von einer Laterne erhellt, so dass die Fremden die Mutter und das Kind in Windeln finden konnten.

»Ist das Kind dein Kind?«, fragte Balthasar Maria. Und sie, die alle Dinge, die das Kleine betrafen, in ihrem Herzen bewegte, hielt Es ins Licht und sagte: »Das ist mein Sohn!« Sie sahen, dass das Kind wie andre Kinder war: Um Sein Haupt war weder ein Heiligenschein noch eine Krone, Seine Lippen öffneten sich nicht für Worte, und als Es die Ausbrüche ihrer Freude hörte, ihre Gebete, ihre Anrufungen, gab Es keinerlei Zeichen; aber Es schaute, ein Kind wie andre Kinder, länger in das Licht der Laterne als auf sie.

Nach einer Weile erhoben sie sich, kehrten zu ihren Kamelen zurück, brachten ihre Geschenke, Gold, Weihrauch und Myrrhen und legten sie vor dem Kind nieder, das nichts von ihren anbetenden Worten verstand.

Das war nun der Erlöser, den zu finden sie so weit hergekommen waren!

Dennoch beteten sie Ihn an ohne einen Zweifel. Warum?

Ihr Glaube ruhte auf den Zeichen, die ihnen von Ihm gesandt worden waren, den wir als den Vater erkannt haben. Sie waren von solcher Art, dass ihnen Seine Verheißungen genügten und sie nicht nach Seinen Wegen fragten. Nur wenige hatten die

Zeichen gesehen und die Verheißungen gehört: die Mutter und Josef, die Hirten und diese drei – dennoch waren sie alle eines Glaubens. Das will heißen: In diesem Zeitpunkt des Erlösungsplans war Gott alles und das Kind nichts. Aber schau vorwärts, Leser! Es wird eine Zeit kommen, da alle Zeichen von dem Sohn ausgehen. Glücklich die, die dann an Ihn glauben!

Lasst uns darauf warten!

Dieser frühe Vogel

William Shakespeare

Shakespeare schrieb um 1630 sein Drama Die tragische Geschichte Hamlets, des Prinzen von Dänemark. *Einige Zeilen darin spiegeln Hoffnungen und Gefühle von Menschen in der Advents- und Weihnachtszeit.*

Der Geist von Hamlets Vater ist beim Hahnenschrei verschwunden. Die folgenden Zeilen spricht Marcellus, ein Soldat.

Sie sagen, immer wann die Jahrszeit naht,
Wo man des Heilands Ankunft feiert, singe
Die ganze Nacht durch dieser frühe Vogel;
Dann darf kein Geist umhergehn, sagen sie,
Die Nächte sind gesund, dann trifft kein Stern,
Kein Elfe faht, noch mögen Hexen zaubern:
So gnadenvoll und heilig ist die Zeit.

Mutter Teresa und das Baby aus der Mülltonne

MALCOLM MUGGERIDGE

Der große englische Journalist und Radio- und Fernsehredakteur Malcolm Muggeridge war ursprünglich Sozialist und fand erst im Laufe seines langen Lebens zum christlichen Glauben. Neben einem Buch über Jesus schrieb er auch eines über Mutter Teresa, mit der ihn eine Freundschaft verband. Er starb 1990.

Obgleich die Mutterschaft heute stark abgewertet ist und sich der widerwärtige Begriff des »unerwünschten Kindes« eingebürgert hat, stimmt es dennoch weiterhin: Nur äußerst selten ist ein Kind im Moment der Geburt für seine Mutter etwas anderes als gewollt. Das wird jede Krankenschwester und jeder Frauenarzt bestätigen. Als ich einmal bei Mutter Teresa in Kalkutta war, nahm sie eines der so genannten »unerwünschten« Babys hoch, das ihre Barmherzigen Schwestern in ihre Obhut genommen hatten. Es war aus einer Mülltonne gerettet worden und so winzig, dass man sich darüber wunderte, dass es überhaupt lebensfähig war. Als ich dies zu Mutter Teresa bemerkte, nahm ihr Gesicht einen glücklichen Ausdruck an. »Sehen Sie nur«, sagte sie, »es ist voller Leben!« Es stimmte wirklich – und plötzlich war mir so, als befände ich mich bei der Geburt in Bethlehem dabei und das Baby, das Mutter Teresa auf den Armen hielt, war ein weiteres Lamm Gottes, welches in die Welt gesandt worden war, unsere Finsternis zu erhellen. Wie weiß man's? Wie können wir vorherzusagen wagen, was das Leben für dieses oder jenes Kind lohnenswert machte?

III

JESUS:

SEINE FREUNDSCHAFT ZU UNS

Bei einem Besuch in Amerika antwortete Karl Barth auf die Frage, was für ihn die profundeste theologische Wahrheit sei, mit der ersten Zeile eines sehr bekannten christlichen Liedes: »Jesus loves me, this I know« (Jesus liebt mich ganz gewiss). Wie konnte er sich da so sicher sein?

Einer der zentralen Bibelverse, den viele Menschen auswendig können, ist Johannes 3,16: »Denn also hat Gott die Welt geliebt, dass er seinen eingeborenen Sohn gab ...« Gott sucht uns. Menschen suchen nach dem Sinn ihres Lebens und fragen nach Gott. In Jesus kommt Gott zu uns auf der Suche nach seinen Geschöpfen. An Jesus sehen wir: Gott will die Menschen nicht ohne seine Liebe leben und sterben lassen. Dass Gott in Jesus auf die Welt gekommen ist, ist ein Ausdruck seiner Sehnsucht nach uns. Jesus nannte als Grund für sein Kommen: »Denn der Menschensohn ist gekommen, zu suchen und selig zu machen, was verloren ist« (Lukas 19,10). Gott sehnt sich nach seinen Menschen und will eine Beziehung zu ihnen eingehen.

Paulus ist unterwegs, um die Anhänger Jesu zu verfolgen. In der syrischen Wüste stellt sich ihm Jesus in den Weg. Paulus hört seine Stimme und weiß plötzlich, dass er seinem Herrn und Erlöser begegnet ist.

Augustinus fühlte den Anspruch seiner leidenschaftlichen Gnade.

Für Luther war die Begegnung mit dem »gnädigen Gott« so überwältigend, dass sie sich von da an in seiner ganzen Theologie und seinem Leben bis zu seinem Tod widerspiegelte.

Blaise Pascal schrieb, diese Freundschaft sei die Antwort auf unsere tiefe Sehnsucht und in unserem Innersten herrsche ein Vakuum, das nur Gott füllen könne.

C. S. Lewis spürte diese suchende Liebe und sagte, er sei »von Freude überrascht« worden.

»Welcher Freund ist unser Jesus«, hat einst jemand für ein Lied gedichtet. Diese schlichte Zeile ist in der ganzen Christenheit bekannt geworden. So ist die Beziehung, die Jesus uns bringt.

Paulus schreibt, dass Jesus ihm bei allen Kämpfen seines Lebens beigestanden habe:

> Als ich mich das erste Mal vor Gericht verteidigte, hat niemand zu mir gehalten. Alle haben mich im Stich gelassen – Gott möge es ihnen nicht anrechnen! Doch der Herr stand mir bei und gab mir Kraft. Denn durch mich soll ja die Verkündigung seiner Botschaft zum Ziel kommen: Alle

Völker sollen sie hören: Und so hat er mich noch einmal aus dem Rachen des Löwen gerettet. Der Herr wird mich auch künftig vor allen bösen Anschlägen retten und mich sicher in sein himmlisches Reich bringen. Gepriesen sei er für immer und ewig! Amen. (2. Timotheus 4,16-18)

Freund der Toten

Max Lucado

Der Mann, den sie verhöhnten, bot keinen schönen Anblick. Sein Leib bestand aus blutig geschlagenem Fleisch, das sich von den Knochen löste. Sein Gesicht war von einer Maske aus Blut und Speichel überzogen. Die geschwollenen Augen quollen hervor. »König der Juden«, war über sein Haupt geschrieben. Eine Dornenkrone riss ihm die Kopfhaut auf. Die Lippen waren aufgeplatzt. Vielleicht blutete die Nase oder ein Zahn war locker.

Der Mann, den sie verhöhnten, war halb tot. Der Mann, den sie verhöhnten, war geschlagen. Aber der Mann, den sie verhöhnten, hatte Frieden. »Vater, vergib ihnen, denn sie wissen nicht, was sie tun« (Lukas 23,34).

Nachdem Jesus so gebetet hatte, begann der eine Verbrecher, ihn laut zu verhöhnen: »Bist du nun der Messias? Dann beweise es! Hilf dir selbst und uns!« (Lukas 23,39)

Das Herz dieses Räubers bleibt hart. Die Gegenwart Christi, des Gekreuzigten, bedeutet nichts für ihn. Jesus hat es verdient, ausgelacht zu werden, deshalb lacht ihn dieser Räuber aus. Er erwartet, dass seine Worte am anderen Kreuz wiederholt werden. Doch das geschieht nicht. Stattdessen wird er zurechtgewiesen.

»Fürchtest du Gott nicht einmal jetzt, kurz vor dem Tod? Wir hängen hier zu Recht. Wir haben den Tod verdient. Der hier aber ist unschuldig; er hat nichts Böses getan.« (Lukas 23,40-41)

Unglaublich. Derselbe Mund, der Christus verflucht hat, verteidigt ihn jetzt. Was ist geschehen? Was hat er erlebt, seit er am Kreuz hängt? Hat er ein Wunder miterlebt? Hat er eine Predigt gehört? Hat man ihm eine Abhandlung über die Dreieinigkeit vorgelesen?

Nein, natürlich nicht. Nach dem Lukasevangelium hat er nichts weiter gehört als ein Gebet, ein Gebet der Gnade. Aber es reichte aus. Ein Mensch, der in Gottes Gegenwart steht, bleibt nicht unberührt. Und auch dieser Räuber blieb nicht unberührt.

Lesen Sie seine Worte noch einmal. »Wir hängen hier zu Recht. Wir haben den Tod verdient. Der hier aber ist unschuldig; er hat nichts Böses getan.«

Das Kernstück des Evangeliums in einem Satz. Das Wesen der Ewigkeit aus dem Mund eines Verbrechers:

> Ich bin schuldig, Jesus ist unschuldig.
> Ich habe versagt, Jesus hat nicht versagt.
> Ich verdiene zu sterben. Jesus verdient zu leben.

Der Räuber wusste herzlich wenig über Christus, doch was er wusste, reichte aus für sein Herz. Er wusste, dass der unschuldige Mann neben ihm einen ungerechten Tod starb, ohne auch nur eine Klage auf seinen Lippen zu führen. Und wenn Jesus das konnte, dann konnte er auch genauso gut der sein, der er behauptete zu sein.

Deshalb bittet der Räuber um Hilfe: »Herr, denke an mich, wenn du in dein Königreich kommst!«

Mühsam hebt Christus seinen schweren Kopf und wendet sich dem Verbrecher zu. Die Augen der beiden begegnen sich. Jesus sieht einen nackten Mann. Ich meine nicht in Bezug auf die Kleidung. Ich meine in Bezug auf seine Darstellung. Er kann sich nicht mehr zudecken. Keine Möglichkeit, sich zu verstecken.

Sein Titel? Abschaum der Erde. Sein Verdienst? Tod durch Kreuzigung. Sein Ruf? Kriminell. Sein Charakter? Verkommen bis zum letzten Augenblick. Bis zur letzten Stunde. Bis zur letzten Begegnung.

Bis jetzt.

Über die Begegnung mit Christus

Aurelius Augustinus

Augustinus war im 5. Jahrhundert Bischof von Hippo in Nordafrika und wurde durch seine Schriften zum prägendsten Theologen seiner Zeit. Viele seiner Werke wirken bis heute nach. Martin Luther erhielt entscheidende Anstöße durch ihn. In seinen Bekenntnissen *beschreibt Augustinus seinen Weg zu Gott. Hier ein Auszug:*

Zurück hielten mich die Nichtigkeiten und Eitelkeiten, meine alten Freundinnen, sie zerrten mich am Mantel meines Fleisches und flüsterten mir zu: Was, du willst uns verlassen? Von dem Augenblick werden wir nicht mehr bei dir sein in Ewigkeit. Ich zögerte, sie von mir abzuschütteln und loszureißen und hinüberzugehen, wohin ich gerufen ward, indem die mächtige Gewohnheit zu mir sprach: Glaubst du es ohne sie aushalten zu können?

Doch nur matt und leise sprach sie es. Und von dort, wohin ich meine Augen wandte und wohin zu gehen ich noch zitterte, erschien mir nun in seiner Würde das Bild der Keuschheit und Enthaltsamkeit, mir lieb und freundlich wirkend, dass ich doch kommen und nicht länger säumen solle. Und sie spottete meiner in ermahnendem Spotte: »Was stehst du auf dich fußend, und stehst nicht fest? Wirf dich auf ihn, fürchte dich nicht, er wird dich nicht verlassen, so dass du fielest; wirf dich auf ihn ohne Sorgen, er wird dich aufnehmen und dich heilen.«

Ich aber warf mich am Stamme eines Feigenbaumes nieder und weinte bitterlich in der Zerknirschung meines Herzens. Und siehe, da hörte ich eine Stimme aus einem benachbarten Hause in singendem Tone sagen, ein Knabe oder ein Mädchen war es: »Nimm und lies! Nimm und lies!«

Da drängte ich meine Tränen zurück und kehrte eiligst zu dem Orte zurück, wo ich bei meinem Weggehen die Schriften des Apostels Paulus zurückgelassen hatte. Ich ergriff das Buch, öffnete es und las still für mich den Abschnitt, der mir zuerst in die Augen fiel: »Nicht in Fressen und Saufen, nicht in Schlafkammern und Unzucht, nicht in Zank und Streit, sondern ziehet an den Herrn Jesum Christum und pfleget das Fleisch nicht zur Erregung eurer Lüste.« (Römer 13,13-14)

Ich las nicht weiter, es war wahrlich nicht nötig, denn alsbald am Ende dieser Worte kam das Licht des Friedens über mein Herz und die Nacht des Zweifels entfloh.

Was es heisst, ein Jünger zu sein

C. S. LEWIS

Das Neue Testament hat viel über Selbstverleugnung zu sagen, aber nicht über Selbstverleugnung als Selbstzweck. Wir sollen Selbstverleugnung üben und unser Kreuz auf uns nehmen, um Christus nachzufolgen; und beinah jede Beschreibung dessen, was uns letzten Endes geschenkt wird, ist eine Antwort genau auf unsere Bedürfnisse. Wenn heutzutage in den meisten Köpfen die Vorstellung herumspukt, dass es (nach der Bibel, d. Übers.) schlecht ist, nach eigenem Wohlbefinden zu trachten und sich dabei allen Ernstes auch noch vergnügen zu wollen, so behaupte ich: Diese Vorstellung hat sich über Kant und die Stoiker eingeschlichen und kommt nicht aus dem christlichen Glauben. Und tatsächlich – wenn wir einmal die überwältigenden Verheißungen von Belohnung ansehen, die uns in den Evangelien versprochen werden, so hält unser Herr anscheinend unser Verlangen nicht für zu stark, sondern für zu schwach. Wir sind halbherzige Geschöpfe, die ihre Zeit mit Alkohol, Sex und Karrieredenken verplempern, obgleich uns grenzenlose Freude angeboten wird – wie ahnungslose Kinder, die lieber weiter in irgendeinem Elendsquartier im Matsch spielen, weil sie sich nicht vorstellen können, was es mit den angebotenen Ferien am Meer auf sich hat. Wir sind viel zu leicht zufrieden gestellt.

Keine Angst vor zweifelhafter Gesellschaft

BILLY GRAHAM

Der Amerikaner Billy Graham hat zu vielen Millionen Menschen auf der ganzen Welt gesprochen. Was seine Zuhörer schnell für ihn einnimmt, ist siene unbedingte Ehrlichkeit.

Sicherlich müssen wir Sünde, Bosheit und Verbrechen missbilligen, doch unsere löbliche Ablehnung der Sünde entwickelt sich allzu oft zu einer bedauerlichen Ablehnung des Sünders. Jesus hasst die Sünde, aber liebt den Sünder.

Mit Belustigung und Entsetzen hörte ich vor nicht langer Zeit einen Mann von beachtlichem religiösem Wissen im Fernsehen verkünden, dass man »Jesus nicht dabei ertappt hat, wie er mit zweifelhaften Menschen verkehrte oder mit solchen, deren Werte im Gegensatz zu seinen eigenen Vorstellungen von gut und richtig standen!«

Der Mann hätte wissen sollen, dass Jesus sich mit niemandem zu verkehren scheute! Was die Schriftgelehrten und Pharisäer mit am heftigsten kritisierten, war Jesu Bereitschaft, jedem Menschen zu helfen und mit allen zu reden, seien sie Zöllner, Diebe, Gelehrte oder Prostituierte, arm oder reich! Selbst seine eigenen Anhänger beklagten sich über einige der Leute, mit denen er sich in der Öffentlichkeit zeigte, doch verminderte dies nicht das Mitgefühl, das Jesus für die armen, verblendeten, Not leidenden Menschen hatte.

Niemals hat die Welt jemanden mit einer offeneren Haltung als Jesus gesehen. Niemals jemanden, der stärker alle einbezog.

Seine eigene Überzeugung war so stark, so fest, so unbeirrbar, dass er mit jeder Gesellschaftsschicht verkehren konnte; er wusste, dass er durch niemanden beschmutzt wurde. Uns hält Furcht davon ab, fremde Standpunkte anzuhören, Angst, dass unsere eigenen Vorstellungen Schaden nehmen könnten. Jesus war diese Furcht unbekannt, dieser kleinliche Blick – er musste sich nicht zum eigenen Schutz abschirmen. Er kannte den Unterschied zwischen Barmherzigkeit und faulen Kompromisssen, und wir würden gut daran tun von ihm zu lernen. Er gab uns das großartigste und leuchtendste Beispiel aller Zeiten, wie Wahrheit und Barmherzigkeit zusammengehen können. Beim Aufbruch sagte er: »Dann geh und handle genauso« (Lukas 10,37).

Gemeinsames Leben

DIETRICH BONHOEFFER

Dietrich Bonhoeffer war einer der führenden Männer in der evangelischen Bekennenden Kirche im Dritten Reich. Er lehrte in der illegalen Theologenausbildung, wie Menschen als Christen miteinander umgehen und zusammen leben können. Im folgenden kleinen Ausschnitt zeigt er, dass der Friede zwischen Menschen nur durch den Frieden mit Jesus entsteht.

Ein Christ kommt zum andern nur durch Jesus Christus. Unter den Menschen ist Streit. »Er ist unser Friede« (Epheser 2,14), sagt Paulus von Jesus Christus, in dem die alte zerrissene Menschheit eins geworden ist. Ohne Christus ist Unfriede zwischen Gott und den Menschen und zwischen Mensch und Mensch. Christus ist der Mittler geworden und hat Frieden gemacht mit Gott und unter den Menschen. Ohne Christus kennten wir Gott nicht, könnten wir ihn nicht anrufen, nicht zu ihm kommen. Ohne Christus aber kennten wir auch den Bruder nicht und könnten nicht zu ihm kommen. Der Weg ist versperrt durch das eigene Ich. Christus hat den Weg zu Gott und zum Bruder freigemacht. Nun können Christen miteinander in Frieden leben, sie können einander lieben und dienen, sie können eins werden. Aber sie können es auch fortan nur durch Jesus Christus hindurch. Nur in Jesus Christus sind wir eins, nur durch ihn sind wir miteinander verbunden. Er bleibt in Ewigkeit der einzige Mittler. (...)

Als Gottes Sohn Fleisch annahm, da hat er aus lauter Gnade unser Wesen, unsere Natur, uns selbst wahrhaftig und leibhaftig angenommen. So war es der ewige Ratschluss des dreieinigen Gottes. Nun sind wir in ihm. Wo er ist, trägt er unser Fleisch, trägt er uns. Wo er ist, dort sind wir auch, in der Menschwerdung, im Kreuz und in seiner Auferstehung. Wir gehören zu ihm, weil wir in ihm sind. Darum nennt uns die Schrift den Leib Christi. Sind wir aber, ehe wir es wissen und wollen konnten, mit der ganzen Gemeinde in Jesus Christus erwählt und angenommen, so gehören wir auch miteinander in Ewigkeit zu ihm. Die wir hier in seiner Gemeinschaft leben, werden einst in ewiger Gemeinschaft bei ihm sein. Wer seinen Bruder ansieht, soll wissen, dass er ewig mit ihm vereinigt sein wird in Jesus Christus. Christliche Gemeinschaft heißt Gemeinschaft durch und in Jesus Christus. Auf dieser Voraussetzung ruht alles, was die Schrift an Weisungen und Regeln für das gemeinsame Leben der Christen gibt.

Seine Gnade und Liebe

Charles Dickens

Charles Dickens war ein bis heute beliebter englischer Romanautor des 19. Jahrhunderts. Im folgenden kurzen Ausschnitt finden wir seine eigene Aussage über die Barmherzigkeit Jesu.

Einer der Pharisäer bat unseren Heiland, in sein Haus zu kommen und mit ihm zu essen, und während unser Heiland beim Essen zu Tische saß, schlich sich eine Frau aus jener Stadt herein, die ein schlechtes und sündhaftes Leben geführt hatte und sich schämte, dass der Sohn Gottes sie sehen würde; und doch hatte sie so viel Vertrauen auf seine Güte und sein Mitleid für alle, die Unrecht getan hatten und es aufrichtig in ihrem Herzen bereuten, dass sie sich nach und nach von hinten dem Stuhl näherte, auf dem er saß, zu seinen Füßen niederfiel und sie mit ihren Tränen benetzte; dann küsste sie seine Füße und trocknete sie mit ihren langen Haaren ab und rieb sie mit einer süß duftenden Salbe ein, die sie in einer Büchse mit sich gebracht hatte. Ihr Name war Maria Magdalena.

Als der Pharisäer sah, dass Jesus diesem Weibe erlaubte, ihn zu berühren, sagte er sich im Stillen, dass Jesus wohl nicht wusste, wie schlecht sie gewesen war. Aber Jesus, der seine Gedanken las, sagte zu ihm: »Simon« … , denn das war sein Name –, »wenn ein Mann Schuldner hat, und einer von diesen schuldet ihm fünfhundert Groschen und der andere schuldet ihm nur fünfzig Groschen, und er erlässt ihnen beiden ihre Schuld, welcher von beiden Schuldnern, glaubst du, würde ihn am meisten lieben?« Simon antwortete: »Ich vermute, jener, dem er am meisten erließ.« Jesus sagte ihm, dass er Recht habe, und sprach: »Da Gott dieser Frau so viel Sünden vergibt, hoffe ich, dass sie ihn umso mehr lieben wird.« Und zu ihr sagte er:

»Gott hat dir vergeben!« Die Gesellschaft, die zugegen war, wunderte sich, dass Jesus die Macht hatte, Sünden zu vergeben, aber Gott hatte ihm diese Macht gegeben. Und das Weib dankte ihm für seine Gnade und ging fort.

Spät habe ich dich geliebt

Aurelius Augustinus

Augustinus war dankbar dafür, dass er Christ geworden war. Aber er bereute, dass er davor so viel Lebenszeit nur auf selbstsüchtige, leere Beschäftigungen verwendet hatte.

Spät habe ich dich geliebt, du Schönheit, so alt und doch so neu, spät habe ich dich geliebt! Und siehe, du wartest im Innern, und ich war draußen und suchte dich dort; und ich, missgestaltet, verlor mich leidenschaftlich in die schönen Gestalten, welche du geschaffen. Mit mir warst du und ich war nicht mit dir. Die Außenwelt hielt mich lange von dir fern, und wenn diese nicht in dir gewesen wäre, so wäre sie überhaupt nicht gewesen. Du riefest und schriest und brachst meine Taubheit. Du schillertest, glänztest und schlugst meine Blindheit in die Flucht. Du wehtest und ich schöpfte Atem und atme zu dir auf. Ich kostete dich und hungre und dürste. Du berührtest mich und ich entbrannte in deinem Frieden.

IV

JESUS:

WIE ER EINER VON UNS WURDE

Gott wurde Mensch. Dies ist nicht bloß eine schöne Nachricht zu Weihnachten – es ist die Schlüsselwahrheit des Christentums. *Fleischwerdung* ist das Wort, mit dem Christen umschreiben, dass Gott, der Geist ist, in Bethlehem ein Mensch aus Fleisch und Blut wurde. Jesus blieb etwa dreiunddreißig Jahre auf der Erde.

Gottheiten, die zu den Menschen kommen, gibt es auch in anderen Religionen. So stiegen in der griechisch-römischen Mythologie die Götter ständig vom Himmel herab, um sich mit jenen zu vergnügen, die von ihnen erschaffen worden waren. Auch in den Schriften und im Glauben der Hindus wird davon berichtet, wie ihre Götter als Menschen herabkommen. Doch in diesen Religionen spielen Menschwerdungen nur eine Nebenrolle und sind für den jeweiligen Glauben ganz unwichtig. Im Christentum steht und fällt der Glaube mit der Menschwerdung Christi. Wenn man dieses Wunder aus dem Christentum hinwegnähme, würde man es völlig zerstören. So entscheidend ist die Menschwerdung Gottes. Sie zielt darauf, die Trennung zwischen Menschheit und Gott zu beenden.

Einst ging ein Vater mit seinem Sohn im Wald spazieren. Im Laufe des Spaziergangs trat der Vater versehentlich auf einen Ameisenbau. Sein kleiner Sohn sah, dass eine große Zahl von Ameisen augenblicklich tot war. Er kniete sich traurig hin und betrachtete die sterbenden Ameisen. Die zitternden Insekten im Todeskampf weckten das besondere Mitleid des Kindes. »Können wir denn nichts für diese armen Ameisen tun?«

»Nein, nichts«, erwiderte der Vater. Nach kurzem Nachdenken setzte er hinzu: »Wenn ich mich nur irgendwie in ihre Welt schrumpfen und selbst eine Ameise werden könnte ...«

So ist Gott Mensch geworden, um uns zu retten und uns in unserm kleinen Erdendasein zu helfen.

Ein zentraler Kern in der Botschaft ist, dass Christus in uns lebt (Epheser 3,17). Wenn Christen glauben, dass Gott in Christus war (2. Korinther 5,19), werden sie erfahren, dass Jesus, in dem Gott wohnte, jetzt in ihnen wohnt.

Dadurch, dass Christus als Mensch auf die Welt kam und für uns starb, versöhnte Gott die Welt mit sich, indem er den Menschen ihre Verfehlungen nicht anrechnete und uns das Wort von der Versöhnung anvertraute (2. Korinther 5,19).

> Als aber die Zeit erfüllt war, sandte Gott seinen Sohn, geboren von einer Frau und dem Gesetz unterstellt. (Galater 4,4)

Der Engel antwortete Maria: Der Heilige Geist wird über dich kommen, und die Kraft des Höchsten wird dich überschatten. Deshalb wird auch das Kind heilig und Sohn Gottes genannt werden. (Lukas 1,35)

Ein unerhörter Verstoss gegen die Norm

ELTON TRUEBLOOD

Der amerikanische Pädagoge, Theologe und Philosoph Elton Trueblood, gestorben 1994, beschreibt, wie Jesus sich über gesellschaftliche Regeln hinwegsetzte, wenn Menschen ihn besonders brauchten.

Mit seiner Rekrutierung der Fischer verstieß Christus gegen die geltende religiöse Praxis – waren diese Männer doch weder gebildet noch in irgendeiner Hinsicht von Berufs wegen religiös. Die Berufung Levis war allerdings ein noch auffälligerer Verstoß. Levi war allein durch seinen Beruf bei seinen Nachbarn unbeliebt. Als Zolleinnehmer war der Mann, obgleich Jude, eng mit der römischen Gewaltherrschaft verbunden. Er war, in den Worten heutiger kriegerischer Auseinandersetzungen ausgedrückt, so etwas wie ein Kollaborateur. Doch Jesus setzte sich über die Volksmeinung hinweg, um sich eines Mannes zu versichern, den er brauchte.

Diese Kühnheit zeigte sich noch schärfer in Jesu gesellschaftlichem Umgang. Jesus schockierte die Frommen, indem er bewusst nicht nur mit Zolleinnehmern Umgang pflegte, sondern auch mit anderen Leuten, die mit gewissen religiösen oder nationalen Gepflogenheiten gebrochen hatten. Er traf sich mit jenen, die verdächtig nachlässig gegenüber dem Gesetz lebten. Da ist es kaum verwunderlich, dass die Pharisäer empört reagierten – sie standen ja für ein Leben in Absonderung von allem Unheiligen. Mit seinem kühnen, entschlossenen Handeln, sich Sünder auszusuchen, anstatt sie zu meiden, zeigt sich Jesu generelle Abkehr von den anerkannten religiösen Vorstellungen. Sein Interesse galt dem Wohlergehen gebrochener, bedürftiger Menschen, nicht dem banalen Ziel, sich seine Hände nicht schmutzig zu machen.

Das Wort wurde Fleisch

Max Lucado

Jesus war berührbar, zugänglich, erreichbar. Und, wichtiger noch – er war ganz normal. Wenn er hier und heute durch die Fußgängerzone liefe, würde er einem wahrscheinlich nicht mal auffallen. Niemand würde sich wegen seiner Kleidung nach ihm umdrehen.

Fast meint man ihn sagen zu hören: »Du kannst ruhig einfach Jesus zu mir sagen.«

Er gehörte zu der Art Mensch, die man zu sich nach Hause einlädt, um gemeinsam das Football-Spiel Rams gegen Giants im Fernsehen zu gucken. Er würde sich mit den Kindern balgen, ein Schläfchen auf der Couch halten und hinterher ein paar Steaks auf den Grill packen. Er würde über unsere Witze lachen und hätte selbst auch ein paar auf Lager. Und wenn man redete, würde er einem zuhören, als ob er bis in alle Ewigkeit Zeit hätte.

GNADE

JOHN BUNYAN

Der Engländer John Bunyan saß im 17. Jahrhundert mehrfach für seinen Glauben im Gefängnis. Dort schrieb er unter anderem Die Pilgerreise, *die in 200 Sprachen übersetzt wurde. Thema ist der Weg des Christen in der Welt. In der folgenden Hymne feiert er die unverdiente Liebe und Gnade Gottes und zeigt, dass es diese große Liebe ist, die Christus den Himmel verlassen und Mensch werden ließ, um alle Menschen zu erlösen.*

Du Sohn des Gepriesenen, welche Gnade wurde offenbar in deinem Herabkommen! Gnade führte dich vom Himmel herab; Gnade nahm dir deine Herrlichkeit; Gnade ließ dich arm und verabscheuungswürdig werden; Gnade ließ dich solche Bürden an Sünde, solche Bürden an Leid tragen, solche Bürden von Gottes Fluch, dass ich sie nicht auszusprechen vermag.

Oh, Sohn Gottes, Gnade lag in all deinen Tränen; Gnade kam mit deinem Blut aus deiner Seite hervorgeschäumt; Gnade kam mit jedem Wort aus deinem lieblichen Mund; Gnade quoll hervor, wo der Peitsche Hieb dich traf, wo die Dornen dich stachen, wo Nägel und Speer dich durchbohrten. Oh gepriesener Sohn Gottes, hier ist Gnade, fürwahr! Unerforschlicher Reichtum an Gnade! Unvorstellbarer Reichtum an Gnade! Gnade, Engel zu verwundern; Gnade, Sünder glücklich zu machen; Gnade, Teufel erschaudern zu lassen!

Unser tägliches Brot

Helmut Thielicke

Der Theologieprofessor Helmut Thielicke erreichte mit seinen populären Büchern auch viele Menschen, denen bis dahin der christliche Glaube eher fremd gewesen war. Er starb 1986.

Stellt euch vor, Jesus hätte uns geboten, mit dem Vater im Himmel nur über die großen Dinge zu sprechen: über das Reich Gottes, über die Weltherrschaft Christi, über die Auferstehung der Toten und vielleicht noch über einige jener genannten »welthistorischen Perspektiven«, die sich bei der Beurteilung der gegenwärtigen Gesamtlage auftun und für die man immerhin große Gesichtspunkte aufwenden muss. Wären wir dann nicht schauerlich allein gelassen? Wäre dann nicht der größte Teil unseres Lebens einfach vaterlos geworden, wäre er nicht sich selbst überlassen und in eine kalte Einsamkeit zurückgestoßen? Gott wäre dann wirklich aus dem bedrängenden Alltag unseres Lebens ausgeklammert, und nur ein ganz kleiner Feiertagssektor dieses Lebens wäre gewürdigt, dass Gott in ihm Wohnung machen dürfte. Wir wären alle Waisen, liebe Freunde, wenn es so wäre. Nur im Sonntagsstaat und mit feiertäglich erhellten Gesichtern dürften wir unserem Stiefvater einen gelegentlichen Besuch abstatten und müssten alle Schwielen unserer Hände, alle Kummerfalten unseres Gesichtes, wir müssten alle kleinen Fröhlichkeiten und Kümmernisse unseres Lebens vor ihm verborgen halten, um dann im nächsten Augenblick wieder so entsetzlich allein zu sein, wenn draußen vor den Repräsentationsräumen des Stiefvaters das alles wieder in der geballten Ladung unseres Alltags auf uns hereinbricht.

Gott sei Dank, dass es nicht so ist und dass wir keinen »Feiertagsstiefvater«, sondern den Vater unseres Herrn und Bruders Jesus Christus haben. Gott sei Dank, dass dieser Vater so barmherzig und realistisch ist, dass er die Kleinigkeiten unseres Lebens (einschließlich des warmen Pullovers und unseres täglichen Brotes) genauso wichtig eintaxiert, wie sie in unserem Leben nun einmal sind. Gott sei Dank, dass er uns so nimmt, wie wir dastehen: als lebendige Menschen mit ihren vielleicht großen Träumen und manchmal sogar mit ihren großen Ideen und Taten *und* mit den vielen *kleinen* Wünschen und Ängsten: mit Hunger und Müdigkeit und den tausend Nettigkeiten und Nadelstichen des Lebens, die selbst das Leben der Großen dieser Erde erfüllen (man braucht nur ihre Memoiren zu lesen).

Wer das aber nicht glauben wollte (und das wäre ja kein Wunder, denn kein Mensch käme von sich aus auf die Idee, einen solchen väterlichen und brüderlichen Herrn zu finden; die menschlichen Gottesideen sind ja alle viel, viel erhabener!), ich sage: Wer das nicht glauben wollte, der brauchte nur Jesus von Nazareth selbst anzusehen, ihn, der nicht in den großzügigen Verhältnissen des Himmels bleibt, sondern in unsern bedrängenden Erdenalltag kommt, wo sich die Dinge hart im Raume stoßen. Und er, dessen Auge in grenzenloser Weite den ersten Schöpfungstag und die Stunde des Jüngsten Gerichtes umspannt und in dem alle Ewigkeiten sich widerspiegeln; er, dessen ausgestreckter Arm über die Meere, Inseln und Kontinente geht, weil ihm alle Gewalt im Himmel und auf Erden gegeben ist: *Er hält sich bei den Kleinigkeiten des Menschengeschlechtes auf,* bei der Traurigkeit einer Mutter, die ihren Sohn verloren hat (Lukas 7,11ff), bei der Lähmung des Gichtbrüchigen (Markus 2,1ff), bei der Müdigkeit der Jünger (denen er zuruft: Ruhet ein wenig! Markus 6,31), und ihm entgeht es nicht, dass die Leute, die ihm in die Wüste nachgefolgt sind, einen knurrenden Magen haben. Sogar für den Wein bei einer Hochzeit ist er besorgt (Johannes 2,1ff). Und den scheinbar lebensunwerten Existenzen, die noch viel kleiner sind als die sogenannten »kleinen Leute«, den Aussätzigen, Lahmen, Geisteskranken, wendet er seine besondere Liebe zu.

Wahrhaftig, er weiß nicht nur um das »Reich Gottes«, von dem er in seinen Gleichnissen erzählt, sondern er weiß auch um die Menschen, denen er davon sagt. Er weiß zum Beispiel von ihnen, dass es sehr oft nicht die großen Ideen, die weltanschaulichen Schlagworte und Parolen sind, die sie an seiner Gefolgschaft und an jenem Reiche irremachen, sondern er weiß, dass immer wieder die kleinen Füchse den Weinberg verderben und dass die kleinen Nagegeister des Herzens die ewigen Fundamente unseres Lebens unterwühlen wollen. So hat die Liebe zu dreißig lächerlichen Silberlingen oder das Beschäftigtsein mit fünf Joch neu gekaufter Ochsen (Lukas 14,19) oder der Appetit auf ein Linsengericht (1. Mose 25,34), mit dem in der Stunde der Erschöpfung und des Hungers so leicht nichts konkurrieren konnte, so haben alle diese Kleinigkeiten je und je Menschen um ihre Ewigkeit und um allen Segen gebracht.

Und eben darum, weil der Herr so um den Menschen weiß, weil er um seine kleinen Wünsche und Hungrigkeiten weiß, um den Mehltau von Sorgen, Schmerzen und tausendfältigem Kleinkram, der ihre Seelen herunterdämpft, und weil er die fast ebenso vielen kleinen Freuden kennt, von denen dieser Mensch heimlich lebt, darum holt er ihn ja auch hier, mitten in seinem Alltag, ab und verlangt nicht von ihm, dass er sich in verkrampften Aufschwüngen und verlogener Alltagsenthobenheit ihm nahe. Bis in die Tiefe des Stalles beugt er sich zu ihm herab. Denn auch die äußere Gestalt des Weihnachtswunders hängt ja wieder mit einer »Kleinigkeit« zusammen, die der Herr auf sich nimmt, um uns in der Welt der »kleinen Dinge« abzuholen: nämlich mit dem Fehlen einer Hotelunterkunft und mit Obdachlosigkeit. Und wir Leute einer zerstörten Stadt wissen ja, was solche uninteressanten Kleinigkeiten für unser Leben bedeuten, und wissen diesem Heiland Dank, dass er unser Bruder auch in den kleinen Dingen des Lebens geworden ist, dass er sich bis zu unserem Hunger und Durst und bis zu unserer Obdachlosigkeit herabneigt (Matthäus 8,20).

Menschlich gesehen

Helmut Thielicke

Der Glaube ist nicht etwas, das fix und fertig vom Himmel fiele. Und unsere Geschichte mit Gott beginnt durchaus nicht so, dass wir den ganzen Katechismus mit allen seinen Paragraphen unterschreiben und »für wahr halten« müssten. Gott ist viel zu barmherzig und zu generös, um das Ansinnen an uns zu stellen: »Wenn du Jesus nicht als meinen Sohn und damit als ›Gottmenschen‹ anerkennst, gehörst du noch nicht dazu, dann bist du des Titels ›Christ‹ noch nicht teilhaftig. Ich kann dich so bestenfalls auf die Liste der Anwärter setzen, und du musst zusehen, wie du langsam vom Ende der Schlange nach vorne rückst.« So denken vielleicht manche menschlichen Eiferer; Gott aber denkt nicht so.

Ich weiß noch, wie das war, als ich auf das Gymnasium kam. Ich hatte die Aufnahmeprüfung bestanden und war von Stolz geschwellt, dass ich nun »dazugehörte«. Da waren die Oberprimaner, die – aus meiner kindlichen Perspektive gesehen – vor Gelehrsamkeit fast zu bersten schienen, während ich kümmerlicher Dreikäsehoch noch kein lateinisches Wort kannte. Sie besaßen auch tiefe Männerstimmen, denn sie waren schon erwachsen, während ich noch einen Knabensopran hatte. Mochte ich denn noch eine unreife Traube am Stock und mochten die Primaner schon alter und abgeklärter Wein sein: Immerhin gehörte ich nun dazu.

So ist es auch mit der Gemeinde Jesu: Dass Jesus von Nazareth ein Mensch ist wie du und ich und dass er zugleich noch etwas *anderes* ist – eben das, was das Wort »Gottes Sohn« etwas hilflos daherstammelt –, das erfahre ich vielleicht, wenn ich lange in seiner Schule gewesen bin. Aber ich gehöre schon *zu* ihm, wenn ich nur den ersten Hunger und Durst nach der

Gerechtigkeit in mir habe. Und wenn ich auf ihn zutrete und zu ihm sage: »Herr (wer du auch immer seist, du weißt ja besser als ich, wie sehr ich noch im Dunkeln tappe), Herr, hilf mir!«, dann bin ich schon in seine Scharen eingereiht und gehöre »dazu«.

Darum lassen Sie die Gottessohnschaft Christi, lassen Sie Ostern und Himmelfahrt ruhig auf sich beruhen. Denn jede Lehre, so hat Luther einmal gesagt, hat ihr Alter, ihre Zeit und ihre Stunde. Gieren Sie nicht nach der Reifeprüfung, wenn Sie noch ein Sextaner sind! Nehmen Sie Jesus so, wie er Ihnen zunächst erscheint: als einen edlen Menschen, der nur geliebt hat. Nehmen Sie ihn so, wie Sie irgendeinen Menschen nehmen, der Sie durch Seelengröße anrührt. Wenn Sie das tun, haben Sie zweifellos sein Geheimnis noch nicht begriffen. Sie gleichen dann jener seltsamen und doch eindrücklichen Gestalt des Neuen Testaments, die unter dem Namen des blutflüssigen Weibes bekannt ist (Matthäus 9,20ff). Sie trat »von hinten« an den Herrn heran und rührte seine Kleider an, um gesund zu werden. Doch sie hatte das Geheimnis Jesu noch nicht begriffen. Sie sah nur einen Magier, einen Zauberer in ihm und war der abergläubischen Meinung, dass der Kontakt mit seiner Ausstrahlung ihre Krankheit wegzaubern würde. Jesus für einen Magier zu halten, ist sicher eine primitivere Ausgabe des gleichen Missverständnisses, wie wenn ich ihn für einen edlen Menschen, für einen Albert Schweitzer in Großformat halte. Und doch drehte sich Jesus zu diesem kümmerlichen Weiblein herum und sah sie an und rühmte ihren Glauben und ließ sie wissen: Du gehörst dazu, obwohl du noch eine Anfängerin bist und obwohl es bei dir von Missverständnissen nur so wimmelt. Du gehörst dazu.

Wenn Sie Jesus zunächst so nehmen, wie er Ihnen Eindruck macht, wenn Sie ihn also ganz »menschlich« verstehen und in ihm einen Menschenbruder sehen, der uneigennützig liebt, der ganz aus Liebe besteht und der seinen Auftrag, Menschen mit einem neuen Sinn ihres Lebens zu beschenken, so ernst nimmt, dass er dafür stirbt – wenn Sie ihn so verstehen, haben Sie ihn zwar noch nicht von Angesicht zu Angesicht gesehen, aber Sie haben wenigstens den Zipfel seines Gewandes in die Hand genommen. Und wer ihn so festhält am äußersten Ende, wer ihn so an der Peripherie erfasst hat, zu dem wendet er sich um und sagt zu ihm: »Du gehörst zu mir, und nun begleite mich. Und wenn du mit mir gehst, wirst du von Tag zu Tag mehr merken, wer ich bin.«

V

JESUS:

SEINE WUNDER

C. S. Lewis hat einmal gesagt, Wunder seien das Herz des christlichen Glaubens. Sehr viel schwerer als in die Herzen fällt es ihnen indes, sich einen Weg in den Verstand des Menschen von heute zu bahnen. Dabei sind Wunder so sehr Bestandteil des jüdisch-christlichen Glaubens, dass es unmöglich ist, sie alle in Zweifel zu ziehen und gleichzeitig den Glauben zu bejahen, der durch sie bestätigt wurde.

Im Allgemeinen können wir davon ausgehen, dass schon viele Menschen zur Zeit Jesu Schwierigkeiten hatten, an Wunder zu glauben.

Vielleicht haben wir es heute sogar leichter als frühere Generationen, Wunder grundsätzlich für möglich zu halten. Wir wissen heute, dass die Naturgesetze keine vollständige und abschließende Beschreibung der Wirklichkeit sind. Die heutige Naturwissenschaft ist gegenüber dem Glauben wie dem Unglauben gleichermaßen neutral. In den Köpfen vieler Menschen stecken aber noch die Ideen des 19. Jahrhunderts, nach denen die Naturgesetze eherne Gesetze sind, die Wunder nicht zulassen.

Die Bibel beschreibt dagegen schon die Erschaffung der Welt durch Gott als Wunder, ebenso das Entstehen der Kinder im Mutterleib.

Der Durchzug der Israeliten durch das Rote Meer ist *das* zentrale Ereignis für den jüdischen Glauben.

Im Neuen Testament ist die Auferstehung das zentrale Wunder. Der Apostel Paulus hat gesagt, ohne den Glauben an das Wunder der Auferstehung fiele der ganze christliche Glaube in sich zusammen (Römer 10,9; 1. Korinther 15,17).

Wunder im außergewöhnlichen Sinn geschehen nach der Bibel nicht regelmäßig zu allen Zeiten. Sie sind zudem eingebettet in den Glauben, dass Gottes Macht unbegrenzt ist. Deshalb hat die Unterscheidung von natürlichen und übernatürlichen Geschehnissen in der Bibel keinen Platz. Bei Gott sind alle Dinge möglich. Er handelt auf gewöhnliche und außergewöhnliche Weise wunderbar, um seine Macht und Herrlichkeit zu offenbaren und in Liebe für Menschen einzutreten.

Gott teilte das Rote Meer nicht, um die Ägypter in Erstaunen zu versetzen, sondern um dem Pharao zu sagen: »Das Leben der armen, versklavten Israeliten bedeutet mir mehr als alle Gesetze von Wasserdruck und Schwerkraft. Um sie zu retten, teile ich sogar die Fluten des Roten Meeres.«

Beim Wunder der Speisung der Fünftausend entsteht etwas aus dem Nichts. Jesus vermehrt die Brote aber nicht, um bei der galiläischen Bauernschaft Eindruck zu schinden, sondern um zu zeigen, wie sehr Gott die Hungrigen liebt und wie sehr er ihre Bedürfnisse ernst nimmt.

Jesus selbst ist ein Wunder – als Gottes Sohn, der Mensch geworden ist. Durch seine Predigt und seine Wunder zeigt er, wie nah Gottes Herrschaft ist. Er fordert die Menschen zur Entscheidung und zur Umkehr auf. Seine Wunder sind also Zeichen für Gottes Handeln. Sie bestätigen den Glauben und ohne Glauben konnte Jesus wenig Wunder tun.

Das Neue Testament erzählt, dass Wunder nicht nur möglich, sondern nötig sind, damit die aus dem Einklang mit Gott gefallene Welt überhaupt erhalten und erst recht erlöst wird.

> Jesus zog in ganz Galiläa umher, lehrte in den Synagogen, verkündete das Evangelium vom Reich und heilte im Volk alle Krankheiten und Leiden.
>
> Und sein Ruf verbreitete sich in ganz Syrien. Man brachte Kranke mit den verschiedensten Gebrechen und Leiden zu ihm, Besessene, Mondsüchtige und Gelähmte, und er heilte sie alle.
>
> Scharen von Menschen aus Galiläa, der Dekapolis, aus Jerusalem und Judäa und aus dem Gebiet jenseits des Jordans folgten ihm. (Matthäus 4,23-25)

Der Mann, der sich kratzte
WILLIAM GRIFFIN

William Griffin erzählt in einer überaus lebendigen und farbigen Art Kindern von Jesus. In diesem Kapitel bringen wir einige Ausschnitte aus seinem Buch Jesus für Kinder.

»Hallo, ich bin ein Aussätziger.« Ein Mann kam hinter einem Haus hervorgeschossen und baute sich vor Jesus auf. »Lauf bitte nicht weg.«

»Was ist denn mit deiner Haut los?«, fragte Jesus.

»Siehst du das denn nicht? Ich habe überall nässende Wunden und Schorfkrusten. Mein Gesicht sieht so grässlich aus, dass mich niemand angucken will.«

»Was soll ich für dich tun?«

»Du kannst mich gesund machen. Das weiß ich«, sagte der Mann und fiel vor Jesus auf die Knie. »Wenn du es nicht tust, kratz ich mich zu Tode.«

Jesus tat der arme Mann Leid.

»Fass mich nicht an«, sagte der Mann. »So holt man sich das.«

»Ich habe keine Angst, dich anzufassen.« Jesus nahm den Mann beim Arm und zog ihn hoch.

Das Jucken war weg. Die Schwären begannen zu trocknen. Der Schorf begann abzufallen.

»Danke, danke, danke!«, rief der Mann. »Womit kann ich dir das nur danken?«

»Du kannst in den Tempel gehen, dich einem Priester zeigen und ein Dankgebet an Gott sprechen.«

»Ja, ja, das werde ich, das werd ich«, versprach der Mann und wollte loslaufen.

»Noch etwas«, sagte Jesus.

»Alles, alles«, sagte der Mann.

»Erzähl nicht herum, was ich gerade gemacht habe.«

»Keiner Sterbensseele«, sagte der Mann und lief nach Jerusalem.

Doch der Mann war so glücklich und der Weg zum Tempel so weit, dass er es ganz vergaß. Er erzählte jedem davon, der ihm begegnete.

Und die Aussätzigen am Straßenrand begannen Ausschau nach dem wundervollen Mann mit der heilenden Hand zu halten.

Die Heilung des Taubstummen

MARTIN LUTHER

Der Reformator Martin Luther war gegenüber Wundergeschichten seiner Zeit sehr skeptisch, glaubte aber fest an die Wunder der Bibel. Im folgenden Text fragt er, ob jene, die an Gottes Heilungswunder glauben, nicht viel mehr Gott preisen sollten, weil so viele Menschen so wunderbar gesund sind, dass sie keinerlei Heilung nötig haben.

Es ist ein geringes Wunder, wenn man's vergleicht mit dem, was er täglich tut. Täglich werden Kinder geboren, die zuvor weder Ohren noch Zungen haben, nicht einmal eine Seele; aber in einem Jahr wird ihnen alles gegeben, Seele, Leib, Zunge und alles andre. Aber dies Wunder ist so gewöhnlich, dass man's nicht weiter achtet. Da ist fast niemand in der Welt, der Gott dafür ein Deo gratias sagte, dass er eine feine Zunge und Ohren hat. Wo sind die Leute, die 50 Jahre lang ein feines Gesicht (Sehvermögen) haben und Gott von Herzen dafür danken? Wie viele freuen sich des großen Wunders? *Dass Christus diesen geheilt hat, darüber wundern sie sich. Aber dass sie selber hören, das wundert sie nicht.* Durch diese kleinen Wunder reizt uns Gott, dass wir die allerhöchsten Wunder erkennen sollen. Die ganze Welt ist taub, dass sie das nicht merkt. Bei Pythagoras soll es Ketzerei gewesen sein, dass er den wunderbaren Gesang der Sterne in ihrem Lauf sah und hörte. Aber wer nicht blind ist, wird solchen Wunderhimmel sehen, dass man vor Freude drüber sterben könnte. (...)

Wenn wir Augen und Ohren hätten, könnten wir sehen und hören, wie das Korn uns anredet: Sei fröhlich in Gott, iss und trink, brauche mich und diene dem Nächsten! Ich will schon die Böden (Speicher) füllen! Und wenn ich nicht taub wäre, so müsst ich hören, wie die Kühe sprechen bei ihrem Ausgang und Eingang: Freut euch, wir bringen Butter und Käs, esset, trinket und gebet andern! So sprechen die Hühner: Wir wollen Eier legen. Und die Vögel sprechen: Seid fröhlich, wir wollen Vögel hecken. So hör ich auch die Säue mit Freuden grunzen, weil sie Braten und Wurst bringen. So sprechen alle Kreaturen mit uns. Und jedermann sollte denken: Ich will's brauchen, was Gott gegeben hat, und andern davon geben. (...)

Der Diener, der krank war

WILLIAM GRIFFIN

»Entschuldige«, sagte der römische Offizier, »aber ich muss dich um einen Gefallen bitten.«

»Worum geht's?«

»Nun ja, bei mir zu Hause ist ein Junge – einer meiner Diener – und er ist krank.«

»Das tut mir Leid«, sagte Jesus.

»Er kann sich nicht mehr rühren und die Schmerzen sind schrecklich. Könntest du etwas dagegen machen?«

»Ich könnte ihn heilen«, sagte Jesus.

»Ich hatte gehofft, du würdest das sagen.«

»Wie weit ist es bis zu deinem Haus?«, fragte Jesus.

»O nein«, sagte der Offizier, »du musst nicht zu mir nach Hause kommen.«

»Ist das so weit?«

»Ich will damit sagen, dass ich ein Zenturio bin.«

»Das sehe ich wohl«, meinte Jesus.

»Mir unterstehen einhundert Soldaten.«

»Ich verstehe.«

»Wenn ich einen Befehl erteile, führen die Männer ihn aus.«

»Ja.«

»Wenn ich sage, sie sollen springen, dann springen sie.«

»Worauf willst du hinaus?«

»Wenn du einfach nur Befehl dazu gibst, wird die Krankheit verschwinden.«

»Glaubst du wirklich, der Junge wird auf meinen bloßen Befehl hin geheilt werden?«

»Genau das glaube ich«, sagte der Offizier, »ich hätte es nur nicht so gut ausdrücken können.«

»Was für eine Überraschung«, sagte Jesus und drehte sich zu seinen Jüngern um. »So einen Glauben habe ich in Israel bisher nicht gefunden.

Wenn du nach Hause kommst, wird der Junge gesund sein«, sagte Jesus zu dem Zenturio, »dein Glaube hat ihn geheilt.«

Seine Wunder

CHARLES DICKENS

Damit er einige gute Menschen um sich habe, die das Volk lehren konnten, wählte Jesus zwölf arme Männer zu seinen Begleitern. Diese zwölf werden die »Apostel« oder »Jünger« genannt, und er wählte nur arme Männer, damit die Armen von nun ab für alle Zeiten wissen sollten, dass der Himmel ebenso für sie wie für die Reichen bestimmt ist und Gott keinen Unterschied macht zwischen denen, die gute Kleider tragen, und denen, die barfuß und in Lumpen gehen. Die elendsten, hässlichsten, entstelltesten, erbärmlichsten Geschöpfe, die leben, werden im Himmel strahlende Engel sein, wenn sie gut sind hier auf Erden. Vergesst dies niemals, wenn ihr groß geworden seid. Ihr sollt niemals hochmütig oder unfreundlich zu einem armen Mann, Weib oder Kind sein, meine Lieben. Sind sie schlecht, bedenket, dass sie besser gewesen wären, wenn sie liebe Freunde und ein gutes Heim gehabt hätten und eines Besseren belehrt worden wären. Versuchet also immer, sie durch gute Worte zu überreden und besser zu machen, und versuchet immer, sie zu belehren und ihr Los zu erleichtern, wenn ihr könnt. Und sobald man über die Armen und Elenden Böses sagt, denket daran, dass Jesus zu ihnen ging und sie lehrte und seiner Hingabe für würdig hielt. Und habet immer Mitleid mit ihnen und denket so gut über sie, wie ihr könnt.

Die Namen der zwölf Apostel waren Simon Petrus, Andreas, Jakobus der Sohn des Zebedäus, Johannes, Philippus, Bartholomäus, Thomas, Matthäus, Jakobus der Sohn des Alphäus, Lebbäus (Thaddäus), Simon und Judas Iskariot. Dieser letzte verriet Jesus Christus, wie ihr später hören werdet.

Die ersten vier waren arme Fischer, die in ihren Booten am Seeufer saßen und ihre Netze flickten, als Christus vorüberging. Er blieb stehen und stieg in das Boot von Simon Petrus und fragte ihn, ob er viele Fische gefangen habe. Petrus antwortete nein; sie hätten nichts gefangen, obgleich sie die ganze Nacht mit ihren Netzen gearbeitet hätten. Christus sagte: »Werfet das Netz von neuem aus.« Das taten sie, und augenblicklich war es so voll von Fischen, dass es der Kraft vieler Männer bedurfte, die kamen und ihnen halfen, um es aus dem Wasser zu ziehen, und selbst dann noch war es sehr schwer. Das war ein anderes Wunder von Jesus Christus.

Darauf sagte Jesus: »Kommt mit mir.« Und sie folgten ihm sofort, und seit dieser Zeit waren die zwölf Jünger oder Apostel immer bei ihm.

Als große Scharen Volks ihm folgten und wünschten belehrt zu werden, stieg er auf einen Berg und predigte ihnen dort und sprach mit eigenem Munde die Worte des Gebetes, das beginnt: »Vater unser, der du bist im Himmel«, das ihr jeden Abend aufsagt. Es wird das Gebet des Herrn genannt, denn es wurde zum ersten Mal von Jesus gesprochen, und er befahl seinen Jüngern, mit diesen Worten zu beten.

Als er vom Berg herabstieg, kam ein Mann zu ihm mit einer furchtbaren Krankheit, die man Aussatz nennt. Sie war in jener Zeit viel verbreitet, und wer an ihr erkrankt war, wurde Aussätziger genannt. Dieser Aussätzige fiel Jesus zu Füßen und sagte: »Herr, wenn du willst, kannst du mich gesund machen!« Jesus, der immer von Mitleid erfüllt war, streckte seine Hand aus und sprach: »Ich will, du sollst gesund sein!« Und seine Krankheit verschwand augenblicklich und er war geheilt.

Da ihm, wo immer er hinkam, große Haufen Volks nachfolgten, ging Jesus mit seinen Jüngern in ein Haus, um sich auszuruhen. Während er darinnen saß, brachten etliche Männer auf einem Bett einen Mann, der sehr krank war und derart an Lähmung litt, dass er von Kopf bis zu Fuß zitterte und weder gehen noch stehen konnte. Da die Menge die Tür und Fenster umdrängte und es nicht möglich war, an Jesus heranzukommen, kletterten diese Männer auf das Dach des Hauses, das niedrig war; und durch das Ziegeldach ließen sie das Bett mit dem kranken Mann in den Raum hinab, in dem Jesus saß. Als Jesus ihn sah, sprach er voll Mitleid: »Stehe auf, nimm dein Bett und gehe heim.« Und der Mann stand auf und ging ganz gesund fort. Er lobte Jesus und dankte Gott.

Eines Tages kam ein Hauptmann zu ihm, ein Führer von Kriegsknechten, und sagte: »Herr, mein Diener liegt sehr krank daheim in meinem Hause.« Jesus gab ihm zur Antwort: »Ich will kommen und ihn heilen.« Aber der Hauptmann sagte: »Herr, ich bin nicht wert, dass du in mein Haus kommst. Sage nur ein Wort, und ich weiß, er wird gesund werden.« Als Jesus sah, dass der Hauptmann so fest an ihn glaubte, war er froh und sagte: »So sei es.« Und der Diener wurde von dieser Stunde an gesund.

Aber niemand aus dem Volk, das zu ihm kam, war so von Schmerz und Leid erfüllt, wie jener eine Mann, der ein »Oberster der Synagoge« war und über viele Leute gebot, und der seine Hände rang und jammerte und sagte: »O Herr, meine

Tochter, mein schönes, gutes, unschuldiges Mägdelein ist tot. Oh, komm zu ihr, komm zu ihr, und lege ihr deine gesegnete Hand auf, und ich weiß, sie wird wieder aufstehen und ins Leben zurückkehren und mich und ihre Mutter glücklich machen. O Herr, wir lieben sie so sehr, wir lieben sie so sehr, und sie ist tot!«

Jesus ging mit ihm fort und ebenso seine Jünger, und sie kamen in sein Haus, wo die Freunde und Nachbarn in dem Zimmer jammerten, in dem das arme tote Mägdelein lag und wo eine sanfte Musik gespielt wurde, wie es in jener Zeit Sitte war, wenn Leute starben. Jesus blickte es betrübt an und sagte, um seine armen Eltern zu trösten: »Es ist nicht tot, es schläft nur.« Dann befahl er den Anwesenden, das Zimmer zu verlassen, ging zu dem toten Kind und nahm es an der Hand. Und das Mädchen stand auf, ganz gesund, als ob es nur geschlafen hätte. Was für ein Anblick muss es gewesen sein, zu sehen, wie seine Eltern es in die Arme nahmen und es küssten, indem sie Gott dankten und Jesus Christus, seinem Sohn, für eine so große Gnade!

Aber er war immer barmherzig und gütig, und da er so viel Gutes tat und das Volk lehrte, wie es Gott lieben sollte und wie es hoffen könne, nach dem Tode in den Himmel zu kommen, wurde er »unser Heiland« genannt.

DAS MÄDCHEN, DAS GESTORBEN WAR

WILLIAM GRIFFIN

William Griffin erzählt die gleiche Geschichte wie Charles Dickens für Kinder und Erwachsene von heute.

»Mein Mädchen, meine Tochter – sie ist gerade mal zwölf und sie stirbt!«

Jesus stand mit Freunden am See, als der Mann zu ihm gelaufen kam. Sein Name war Jairus; er war einer der Vorsteher der Synagoge.

»Bitte komm und rette sie. Berühre sie und sie wird gesund werden.«

Jesus ging mit dem Mann mit.

Auf halbem Wege zu Jairus' Haus kam man ihnen mit der schlechten Nachricht entgegengelaufen. »Ihr kommt zu spät! Deine Tochter ist tot. Jetzt kann ihr von niemandem mehr geholfen werden.«

Jairus sah Jesus an. »Keine Sorge«, sagte Jesus. »Noch ist es nicht zu spät. Vertrau mir.«

Als die beiden beim Haus eintrafen, weinten und klagten die Verwandten und Nachbarn bereits, weil das Mädchen tot war.

»Wofür der ganze traurige Lärm?«, wollte Jesus wissen. »Das Kind ist nicht tot. Es schläft nur.«

Dann ging Jesus in das Zimmer, in dem das Kind lag, trat ans Bett und nahm seine Hand.

Er betete eine Zeit lang und sagte dann zu ihm: »Wach auf, Kind.«

Es begann wieder zu atmen.

»Es ist Zeit aufzustehen.«

Das Mädchen stand auf und ging langsam im Zimmer herum. Sein Vater und seine Mutter waren verblüfft.

»Sie hat bestimmt Hunger«, sagte Jesus zu den Eltern. »Gebt ihr etwas zu essen.«

Als er wieder ging, bat Jesus die Familie, niemandem von dem Geschehenen zu erzählen. Doch es sprach sich in Windeseile herum.

Wunder

BILLY GRAHAM

Die Wunder Jesu werden im griechischen Urtext der Evangelien immer wieder mit einem Wort bezeichnet, das »Machttaten« bedeutet (2. Korinther 12,12). Ein Wunder ist ein Ereignis, das jenseits der Kräfte liegt, die irgendein bekanntes Naturgesetz hervorbringen kann; es ist ein geistliches Ereignis, das durch die Macht Gottes geschieht. Im Alten Testament heißt es gewöhnlich »ein Wunder« oder »eine Wundertat«. Im Neuen Testament heißt es meist »Zeichen« (Johannes 2,11) oder »Zeichen und Wunder« (Johannes 4,48; Apostelgeschichte 5,12; 15,12).

Die Wunder, die Jesus und die Apostel vollbrachten, beglaubigten ihre Worte. Denn die Leute fragten Jesus und später dann die Apostel: »Woher sollen wir wissen, dass du wirklich der bist, der du zu sein behauptest, und dass du die Wahrheit sagst?«

Auch in späteren Zeiten offenbarte sich Gott in entscheidenden Momenten immer wieder durch Wunder, um Menschen zu zeigen, dass die Worte, die sie von den Dienern Gottes vernahmen, wahr waren.

Die Berührung im Glauben

PETER MARSHALL

Peter Marshall war möglicherweise der bedeutendste presbyterianische Prediger des 20. Jahrhunderts. In den vierziger Jahren war er Pastor in Washington D.C. und zugleich Geistlicher beim amerikanischen Senat. Die folgende Predigt wurde im Radio übertragen. Marshalls Frau Catherine, die lange Zeit krank gewesen war, hörte die Predigt und während sie der Beschreibung dieses uralten Wunders lauschte, fand sie die Kraft, aus dem Bett aufzustehen; so begann ihr Weg zur vollständigen Genesung.

»Und seine Jünger sagten zu ihm: Du siehst doch, wie sich die Leute um dich drängen, und da fragst du: Wer hat mich berührt?« *(Markus 5,31)*

Eine erregende Frage – »Wer hat mich berührt?« –, sobald man sich vergegenwärtigt, von wem sie gestellt wurde und unter welchen Umständen. Dem erregenden Prickeln, das einen befällt, wenn man sich vorstellt, wie Jesus als Reaktion auf die Berührung durch eine arme, namenlose Frau stehen bleibt, kann man sich nicht entziehen.

Die Worte dieser Frage sind keine kalten, abstrakten, leblosen, nichts sagenden Worte.

Sie dienen nicht als Haken, an dem man Theorien oder fein gesponnene Philosophien aufhängen könnte. Dafür sind sie zu lebendig. Sie marschieren in die Vorhalle unseres Herzens und pochen an die Tür.

Sie legen unserem schwachen Glauben alle möglichen gewagten Gedanken nahe. Sie sind wie Funken, die in trockenes Gras regnen.

Der Vorfall trägt sich auf der Straße einer Stadt zu. Es ist eine schmale, gewundene Straße, auf der sich eine gestikulierende, erregte Menschenmenge drängt, sich an den Bazaren und Ständen vorbeischiebt – mit allem Lärmen und Gedränge eines orientalischen Marktplatzes.

Während der Zug der Menschen sich einen Weg durch die enge Straße bahnt, werden die Stimmen immer lauter. Ein Tönen wie von einem geheimnisvollen Klagelied, das wiederholt zu einem erregten Crescendo anschwillt. Hier und da erhebt sich deutlich eine Stimme aus dem Durcheinander, wie bei einem Gebet; doch sie geht in schallendem Gelächter unter, wird unsanft unterbrochen und von Hundegebell übertönt, vom Streiten und von den Wortwechseln einer Menschenmenge, die nichts lieber tut als Reden.

In ihrer Mitte, eingezwängt im Gedränge und Geschiebe, befindet sich Jemand ...

Sein Gesicht ist es, das den Blick fesselt – und das einem nicht mehr aus dem Sinn geht, bis weit nach Sonnenuntergang, wenn die purpurfarbene Nacht, kühl und sternenklar, jedes Geräusch hat ersterben lassen und nur die syrischen Sterne noch schlaflos blinken.

Man erblickt dieses Gesicht selbst in einer solchen Menschenmasse. Wenn man es erst einmal gesehen hat, sieht man es überall, denn es ist ein unvergessliches Gesicht – ein Ausdruck, der nicht verblasst ... Augen, deren Feuer niemals erlischt ... ein Gesicht, das einem im Gedächtnis haften bleibt. Bauern sollten es sehen, wenn sie hinter dem schwankenden Pflug herschritten, und Fischer sollten es auf dem in der Sonne flirrenden Wasser tanzen sehen.

Jener, der wie ein König schreitet, heißt Jesus. Sie hießen ihn den Nazarener oder den Galiläer. Er selbst nannte sich Menschensohn.

Das gemeine Volk spricht von ihm mit leiser Stimme, mit der tiefen Zuneigung, wie Hirten sie kennen, die ihre Lämmchen im Schoß halten.

Die Bettler flüstern seinen Namen auf den Straßen, während sie vorübergehen, und man kann die Kinder von ihm singen hören. Sein Name ist leise beim Gebet gerufen worden und des Nachts unterm Sternenhimmel. Er ist bei den Kranken bekannt, bei dem menschlichen Treibgut, das in die Städte hinein- und wieder hinausgespült wird und ohne Hoffnung auf den staubigen Straßen des menschlichen Elends umherzieht.

Sein Ruhm ist bis in die Straßen der vergessenen Menschen gesickert, bis in die lichtlosen Zufluchten der vergessenen Frauen. Es ist Jesus von Nazareth.

Jeder Ausgestoßene könnte Ihnen von ihm erzählen. Es gibt Frauen, deren Leben sich geändert hatte, die Ihnen von ihm erzählen könnten – jedoch nicht ohne Tränen. Es gibt schweigsame Männer – mit einem seltsamen Gang, so als ob sie das Gehen nicht gewohnt wären –, die sprechen von ihm mit leuchtendem Blick.

Jesu wegen strömen sie alle zusammen – um ihn zu sehen.

Sie wollen sein Gesicht sehen, den Gesichtsausdruck dessen sehen, der den Mühseligen und Beladenen so viel verheißt; jenen Gesichtsausdruck, der Heilung von Körper, Geist und Seele verheißt; Vergebung der Sünden; eine zweite Chance – einen Neubeginn.

Sein Gesicht schien von morgen zu singen – ein neues Morgen ohne Schmerz, Leid, Verfolgung, Grausamkeit, ohne Hunger, Verachtung, Enttäuschungen, ohne gebrochene Versprechungen, ohne Tod.

Auf Bitten eines gewissen Jairus, eines Vorstehers der Synagoge, befindet er sich hier, um einem kleinen Mädchen Genesung zu bringen.

Heilung lautet sein Ziel und die Menschenmenge folgt ihm, um ihn dieses Wunder vollbringen zu sehen.

Es wird viel gemutmaßt, die Meinungen sind geteilt. Es gibt Streit und erregte Wortwechsel.

Einige versichern, dass er es schafft; andere hegen Zweifel. Einige sagen rundheraus, dass der Versuch fehlschlagen wird.

Wie auch immer, ihre Neugier ist geweckt und es verspricht ein interessantes Experiment zu werden.

In der Menschenmenge befindet sich noch ein weiteres Gesicht – das Gesicht einer Frau. Seltsam, dass es so bemerkenswert ist – und auch wieder nicht, denn es ist ein Gesicht, in dem sich große Tiefe menschlichen Empfindens abzeichnet.

Es liegt so viel in ihm – blass, bedrückt, fahl. Tiefe Falten des Leids trüben seine Schönheit; selbst jetzt sind die Lippen vor Leid fest zusammengekniffen. Das Gesicht ist von Schmerz verzerrt. Ihr Körper ist von heftigem Schmerz gepeinigt.

Wer ist sie? Nun, einige sagen, ihr Name sei Martha, und einige Veronika. Die Überlieferung gibt ihr mehrere Namen, doch wer sie war, kann ich nicht sagen.

Es spielt auch keine Rolle. Reicht es nicht aus, dass sie eine Frau war, die unter Schmerzen litt? Nennt sie meinetwegen

Martha … oder Maria … oder Margarethe … oder Mutter … oder Schwester … oder Ehefrau.

Sie ist typisch für zahllose Fälle von unendlichem Schmerz und Leid. Zwölf Jahre hat sie gelitten, und zwölf Jahre sind eine lange Zeit!

Ihre Krankheit scheint eine bösartige Blutung gewesen zu sein oder eine Form von blutendem Krebs.

Sie war bei vielen Ärzten gewesen, ohne dass sie geheilt worden wäre – im Gegenteil.

Sie hatte ihr gesamtes Vermögen ausgegeben und jeder neue Tag war ein neuer Morgen ohne Hoffnung. Jeder Sonnenuntergang war befleckt vom Blut ihres Leidens.

Sie steht für die menschliche Verzweiflung – nicht bloß körperliche, sondern auch geistliche Verzweiflung. Die Welt bot ihr keinerlei Heilung – die Frau steht stellvertretend für all die Menschen, die überall nach Seelenfrieden und Herzensruhe suchen – nach Hoffnung und Trost – und nirgends finden. Sie steht stellvertretend für sie alle – ganz gleich, wie ihre Bedürfnisse, ihre Ängste, ihre Hoffnungen, ihre Schmerzen auch aussehen mögen.

Für sie gab es augenscheinlich keine Linderung, keine menschliche Hilfe. Ihr Fall war hoffnungslos – unheilbar! Nach zwölf Jahren in ärztlicher Behandlung – ging es ihr nicht besser.

Was würden *wir* da tun?

Wir würden sie wahrscheinlich in ein Heim für aussichtslose Fälle schicken und Geistliche, die sie besuchten, würden in ihrer Gegenwart um Worte verlegen sein.

Diese Frau nun hatte von dem großen Lehrer gehört, von seinen Wundertaten. Sie hatte die Aussätzigen reden gehört, und jene, die von Geburt an blind gewesen waren und jetzt ihre Stöcke fortgeworfen hatten und mit Augen in die Welt schauten, die blitzten oder voll Tränen standen, wenn sie seinen Namen aussprachen.

Sie hatte gehört, was er für andere getan hatte. Ganz sicher lag es in seiner Macht, sie aus den riesigen Vorratskammern des Schmerzes in den sicheren Hafen der Gesundheit zu bringen!

Ganz sicher hatte er die Kraft, jene Blumen, deren Stängel im Moder des menschlichen Elends geknickt oder verwelkt waren, aufzurichten aus dem Staub des Siechtums!

Während sich dieser Gedanke in ihre Seele brannte, war ihr Glaube seltsamerweise entfacht worden – in den Geburtswehen eines wichtigen Entschlusses.

Er war gewagt – wenn nicht gar verstiegen. Ihr Herz raste, doch es war den Versuch wert. Er konnte höchstens misslingen – und das Misslingen war ihr beileibe nicht fremd.

Sie gelangte zu der Gewissheit, dass sie, wenn sie ihn nur berühren könnte – und sei es nur den Saum seines Gewandes –, von ihrer schrecklichen Krankheit geheilt sein würde.

Können Sie sich nicht ihre unruhigen Gedankengänge ausmalen?

»Ihn berühren ... ja ... Ihn nur anfassen – das kann doch keinen Schaden anrichten!

Er wird mir bestimmt nichts tun ... Es heißt, er sei so freundlich und sanft, so voller Mitgefühl.

Davon abgesehen ist das meine große Chance. Er kommt hierher, gleich wird er vorüber sein. Warum nicht ihn berühren, während er vorbeigeht?

Am Kopf! – Nein, das wäre ungebührlich! Das würde mir nie und nimmer einfallen! Dann an der Hand! – Nein, das wäre zu vertraulich! Aber sein Gewand zu berühren, während er vorübergeht, das kann nicht schaden. Das würde schon genügen – nur den Saum seiner Kleider. Ich *muss* ihn berühren. Ich *muss* etwas von dieser Kraft bekommen.«

Mit diesen Gedanken bahnt sie sich einen Weg durch die Menge und mit der Hartnäckigkeit der Verzweiflung kämpft sie sich in dem Gedränge dichter heran, schiebend und stoßend. Menschen stehen ihr im Weg – sie kennen ihre Not nicht.

Jetzt packt sie die Verzweiflung. Er darf nicht so nah und doch so fern vorbeigehen. Würde ihr diese Gelegenheit entgehen? Sie *muss* ihn berühren.

Nur noch ein Stückchen. Er kommt näher. Jetzt ist er fast auf Armeslänge heran – kurz noch – und schließlich, genau als er vorbeikommt, konnte sie die Hand ausstrecken und mit der Fingerspitze sein Gewand berühren.

Es genügte! Sie hatte den großen Arzt berührt!

Mit zitterndem Finger hatte sie ihn berührt, mit der Hand eines großen Glaubens! Wie ein Stromschlag fuhr die Glut von Gesundheit und Leben in die geschrumpften Venen, die keuchenden Lungen, die verwelkten Muskeln und das blutlose Fleisch. Erneut war ein Körper gerettet, ihm das Leben geschenkt worden.

Sie hatte ihn mit bebender, heimlicher Hast berührt; von der Veränderung, die ihr zuteil geworden war, begeistert, zog sie sich, wie sie glaubte, unbemerkt in die Menge zurück.

Niemand hatte sie bemerkt, niemand – außer Christus!

Die eine magnetische Berührung aus Glauben inmitten des Menschengedränges bemerkend, blieb er stehen und stellte jene gewaltige Frage: »Wer hat mich berührt?«

Die Frage kam denen, die sie hörten, grotesk vor.

Ungeduldig, schroff, beinah mit Sarkasmus fragten die Jünger: »Woher sollen wir das wissen? Hier sind hunderte von Menschen, die sich alle um dich drängen. Sieh dir die Menge doch nur an – und trotzdem fragst du: ›Wer hat mich berührt?‹«

Doch Christus blieb weiter stehen und sah sich um – sein freundlicher, doch forschender Blick fiel schließlich auf die Frau.

Sie blickten sich an. Irgendetwas ging zwischen ihnen vor, und während seine Augen fest auf sie gerichtet waren, erzählte sie ihm ihre Geschichte; sein Blick gab ihr Selbstvertrauen. Er schien alles zu verheißen, was sie ersehnte. Ihre Furcht schwand dahin.

Dann antwortete er ihr: Ohne Spott über ihr Tun, ohne Groll, ohne Verärgerung über ihre Anmaßung, ohne Spott über ihren Glauben, ohne Ungehaltenheit über ihre Verwegenheit, sondern mit dem Mitgefühl verständnisvoller Liebe.

»Meine Tochter, dein Glaube hat dich gesund gemacht; geh hin in Frieden und sei gesund von deiner Plage!«

Soweit der Bericht. Das ist der Sachverhalt. *Geschichtlich verbürgt!*

Sie besaß kein Geld – nur Glauben. Sie begegnete ihm nicht in einem Gotteshaus. Sie traf ihn auf der Straße. Sie hatte keine Privataudienz beim Herrn. Sie berührte ihn in einer Menschenmenge.

Sie berührte ihn aus Glauben – aus verzweifeltem Glauben, und er blieb stehen! Die Berührung durch eine namenlose Frau aus einer Menschenmenge ließ den Herrn der Herrlichkeit Halt machen. *Das ist die herrliche Wahrheit dieses Ereignisses. Sie hat ihn berührt. Auch wir können ihn berühren.*

Lasst uns das in unsere teilnahmslosen Herzen aufnehmen.

Die menschliche Berührung besitzt die Macht, Gott Halt machen zu lassen. Ja, ihn anzuhalten, zum Stehen zu bringen, seine Aufmerksamkeit auf unsere Probleme zu lenken, auf unser Leid, unsere Bitten.

Ach, Sie sagen: »Unmöglich. Gott ist an mir nicht interessiert. Was kümmert es ihn, was mir zustößt – mir winzigem Einzelnen unter der gesamten Schöpfung? Wer bin ich – oder was bin ich, dass Gott von mir besonders Notiz nehmen sollte?« Nun, es ist schwarz auf weiß verbürgt, dass er bei der Berührung durch eine kranke Frau stehen blieb und sich umwandte – er, der den Tod überwand, der den Satan besiegte, den alle Heerscharen der Hölle nicht aufhalten können, der König der Könige ist. Er blieb stehen, nur weil eine kranke, namenlose Frau den Saum seines Umhanges berührte.

Wir müssen ihn berühren – oh, wie sehr wir ihn berühren müssen!

Viele von uns umdrängen ihn – wie jene Menschenmenge ... Den Herrn zu bedrängen, ohne ihn zu berühren, ist einfach. Sehr viele Menschen in den Kirchen und vielleicht auch sehr viele außerhalb der Kirchen bedrängen Jesus, suchen ihn, kommen ihm nah, ohne ihn jemals tatsächlich zu berühren.

In dieser Angelegenheit von ewiger Wichtigkeit genügt es nicht, ihm nur nahe zu kommen. Das ist so, wie wenn man einen Zug verpasst ... Man mag ihn nur um eine Minute verpassen – und das ist ziemlich knapp –, doch der Zug ist verpasst ... Er ist weg und man selbst ist zurückgeblieben.

Vom Drängen wird niemand errettet. Jesus nahe zu kommen bringt keine Heilung. Wir müssen ihn berühren.

Man kann sich in der Menge nah beim Herrn fühlen, ohne ihn zu berühren. Und genau das ist bei den meisten von uns das Problem. Wir folgen der Menge, bedrängen den Herrn, doch nur wenige von uns sind wirklich auf Tuchfühlung mit ihm.

Und weil wir nicht in direktem Kontakt mit ihm stehen, fehlt es unserem geistlichen Leben an Lebendigkeit. Es fehlt unseren Gebeten das Packende, das Erregende der Berührung mit den unermesslichen Schätzen; es mangelt unserem Glauben an Gefühl für die Wirklichkeit.

Weil wir nicht in direktem Kontakt zum Herrn stehen, gehen wir in der Menge unter, sind wir von ihm getrennt worden.

Wir predigen die Allgegenwart Gottes. Wir glauben, dass der Herr bei uns ist, uns hier, an diesem Ort, nah ist. Die Bibel verzeichnet für uns einige erstaunliche Verheißungen, einige gewaltige Versprechen – so wir ihnen denn nur Glauben schenken würden.

Er hat versprochen, dass wir Macht haben sollen, *Macht* – Erstaunliches zu tun; *Tugend* – Unnatürliches zu tun, wie etwa keinen Groll zu hegen und jenen, die uns Leid zufügen, zu verzeihen, sogar jene zu lieben, die uns ungerecht behandeln oder ohne Rücksicht gegen uns sind, für jene zu beten, die uns

Leid zufügen und Kummer bereiten, unsere persönlichen, geheimen Sünden zu beichten, zu versuchen, Falsches in Ordnung zu bringen, selbst wenn das bedeutet, dass wir uns erniedrigen, unseren Stolz unterdrücken müssen, oder Brüskierung oder Kränkung zu riskieren. Wir können die Tugend haben, dies zu tun, und wir wissen sehr wohl, dass dafür eine Menge Tugend nötig ist!

Er, der diese Verheißungen gab, ist jetzt hier bei uns.

Doch mögen Sie fragen: »Wie kann ich Christus berühren?« Für jene Frau damals war das etwas Einfaches, sah sie ihn doch mit eigenen Augen, konnte sie ihn mit ihren Fingern berühren. Sie hörte seine Stimme, sah die Sonne in seinem Haar schimmern.

Damals war er leibhaftig und sie konnte ihn berühren.

Wie kann ich ihn – heute – mit dem gleichen Ergebnis berühren?

Einige von Ihnen verlangt es vielleicht nach Heilung von Leib, Geist oder Seele. Einige von Ihnen suchen vielleicht Rat bei irgendeinem Problem. Einige von Ihnen brauchen Glauben, um den Spannungen und Anspannungen des Lebens standzuhalten. Einige von Ihnen suchen Vergebung und einen neuen Anfang.

Wir alle müssen Christus aus dem einen oder anderen Grunde berühren.

Da die Kirche zu diesem wunderbaren neuen Leben einlädt – diesem Seelenfrieden, dieser Herzensruhe – dieser Heilung von Leib, Geist und Seele im Namen Christi –, sollte sie ihrer Seelenarznei vielleicht vermehrt Gebrauchsanweisungen beifügen.

Sie suchen zu Recht nach einer Gebrauchsanweisung auf dem Deckel der Verpackung, nach Einnahmevorschriften, nach einem Leitfaden.

Vielleicht kann ich da ein paar nützliche Ratschläge geben.

Erstens: Geben Sie Gott eine Chance. Legen Sie Gott Ihr

Problem, wie immer es auch beschaffen sein mag, im Gebet dar. Erzählen Sie ihm alles darüber – so, als ob er völlig unwissend wäre. Seien Sie dabei vollkommen aufrichtig und ehrlich. Verschweigen Sie nichts.

Unser Verstand ist zuweilen schockiert, wenn wir unserem Herzen überzulaufen gestatten – doch ist dies gut für unsere Seele.

Wenn wir nur den Mut besäßen, unsere Beweggründe für bestimmte Verhaltensweisen näher in Augenschein zu nehmen, entdeckten wir vielleicht etwas über uns, das unseren Stolz dahinschmelzen und unsere Herzen erweichen lassen würde – damit Gott etwas mit und für uns geschehen lassen könnte.

Der zweite Schritt ist sodann, fest zu glauben, dass Gott Sie anhören wird. Denken Sie daran, dass er die arme Frau, die nur den Saum seines Umhangs berührte, anhörte. Glauben Sie aus vollem Herzen, dass es ihn interessiert, was Ihnen zustößt. Sie müssen das glauben. Sie können es angesichts des Kreuzes einfach nicht bezweifeln.

Als nächstes müssen Sie gewillt sein, geduldig auf den Herrn zu warten. Er »beantwortet« nicht jedes Gebet schon Sonntagnachmittag. Sie werden sich vielleicht bis Freitag gedulden müssen. Doch warten Sie. Gott hat es niemals eilig.

Wenn er dann zu Ihnen spricht, tun Sie, wie Ihnen geheißen. Er wird vielleicht nicht hörbar zu Ihnen sprechen. Sie werden wahrscheinlich keine Stimmen hören – wie Jeanne d'Arc. Sie werden wahrscheinlich keine Schrift am Himmel sehen oder irgendein ungewöhnliches Erlebnis haben. Wenn Er wollte, könnte Gott Ihnen auf diese Weise Botschaften zuteil werden lassen – seine übliche Praxis ist das jedoch nicht.

Im Allgemeinen kommt die Antwort durch Ihr eigenes Bewusstsein – als eine Art wachsender Überzeugung, dass diese oder jene Handlungsweise diejenige ist, die Sie befolgen sollen. Oder Sie bekommen sie durch den Rat von Freunden mit gesundem Urteil – durch die, von denen Sie am meisten geliebt werden.

Gott spricht bisweilen durch unsere Umstände und führt uns, wobei er ebenso Türen öffnet wie verschließt.

Er wird Sie wissen lassen, was Sie zu tun haben – und was zu sein. Er wartet darauf, dass Sie ihn berühren. Die Hand des Glaubens genügt. Ihre zitternden Finger können ihn berühren, während er vorbeigeht. Berühren Sie ihn. Er wird nicht fragen: »Wer hat mich berührt?« Er wird es auch so wissen.

Schneeweisses Licht

William Griffin

Petrus, Jakobus und Johannes waren mit Jesus auf einen Berg gestiegen. Als sie oben angelangt waren, begannen sie mit ausgebreiteten Armen zu beten. Nach einigen Minuten blickte Petrus zu Jesus.

»Seht euch das an! Er fängt an zu leuchten!«

Die drei sahen, wie Jesus weiß von einem Licht wurde, das so hell war, dass sie sich die Augen zuhalten mussten.

Als sie zwischen ihren Fingern hindurchspähten, sahen sie ihn mit zwei anderen Menschen sprechen, die ebenfalls von Licht überströmt waren.

»Einer von ihnen sagt gerade irgendetwas über das Gesetz«, sagte Johannes.

»Ich verstehe nicht jedes Wort von dem, was der andere spricht«, sagte Jakobus, »aber es ist irgendetwas über die Propheten.«

»Herr«, sagte Petrus und trat dabei vor. »Es ist gut, dass du uns heute hierher geführt hast. Wir können ein paar Äste holen und für dich und deine Freunde eine Hütte bauen.«

Das Licht verwandelte sich in eine Wolke. Eine laute Stimme ertönte. Die Männer sanken zu Boden.

»Dies ist mein geliebter Sohn«, hörten sie die Stimme sagen. »Alles, was er tut, macht mir große Freude. Hört auf ihn.«

Die Männer begannen zu zittern und zu beben.

»Fürchtet euch nicht, meine Freunde.« Sie hoben den Blick. Die Wolke war fort. Die beiden Lichtwesen waren fort. »Ich bin es nur«, sagte Jesus sanft.

»Wer war der, der vom Gesetz gesprochen hat?«, fragte Petrus, als sie sich an den langen Abstieg machten.

»Das war Mose«, sagte Jesus.

»Und wer der andere?«, fragte Jakobus. »Der irgendetwas über die Propheten gesagt hat?«

»Micha«, sagte Petrus. »Nein, Jesaja. Moment. Das muss Jeremia gewesen sein.«

»Das war Elias«, sagte Jesus.

»Genau das wollte ich auch gerade sagen«, meinte Petrus.

»Kann ich vorlaufen, um den anderen davon zu erzählen?«, fragte Johannes.

»Nein«, sagte Jesus.

»Wieso nicht?«

»Weil ich möchte, dass es ein Geheimnis bleibt.«

»Das ist schwer«, sagte Johannes.

»Ihr könnt es erzählen, sobald ich von den Toten auferstehe.«

Petrus, Jakobus und Johannes sahen einander an. Sie hatten alle die gleiche Frage.

»Wirst du von den Toten auferstehen?«

VI

JESUS:

SEINE BOTSCHAFT

Schon Jesu Name »der Herr rettet« weist auf das Ziel seines Lebens und Sterbens hin. Mit seinem Wort und seinem Handeln wollte er die Menschen aus ihrer Verkrümmtheit in sich selbst herausholen, sie in die Nähe Gottes ziehen. Aus ihrem Gefangensein im Bösen und Selbstzerstörerischen wollte er sie befreien.

Jesus wollte uns also nicht nur Verhaltensmaßregeln geben. Er ist gekommen, um uns aus unserer Verlorenheit herauszuholen.

Dabei sind Botschaft und Leben Jesu eine Einheit. Seine Worte können nicht von seinem Handeln und seiner Person getrennt werden. Trotzdem wollen wir in diesem Kapitel besonders seine Botschaft ansehen.

Seine Worte hatten Kraft. Sie besaßen die Macht zu retten, zu heilen und Hoffnung zu geben. Die Zuhörer seiner Bergpredigt staunten über seine Worte. Sie sagten, dass Jesus, anders als die schwachen religiösen Führer der damaligen Zeit, auf kraftvolle und eindringliche Weise lehrte (Matthäus 7,29).

Im Mittelpunkt seiner Botschaft stand die Herrschaft Gottes. Unter der Tyrannei des Römischen Reiches verkündete Jesus das kommende Gottesreich, in dem die Menschen durch Gottes Nähe nach seinem Willen leben – wo Frieden herrschen wird, wo die Besitzlosen reich beschenkt werden und die Unterdrückung von Menschen durch Menschen ein Ende haben wird.

> Jesus begann zu verkündigen: Kehrt um! Denn die Herrschaft Gottes ist nahe. (Matthäus 4,17)

> Sammelt euch nicht Schätze hier auf der Erde …
> (Matthäus 6,19)

> Richtet nicht, damit ihr nicht gerichtet werdet …
> (Matthäus 7,1)

> Ich bin gekommen, um die Sünder zu rufen, nicht die Gerechten. (Matthäus 9,13)

> Wer mein Wort hört und dem glaubt, der mich gesandt hat, hat das ewige Leben. (Johannes 5,24)

Die Geschichte eines Knaben

James Krüss

Der Jugendschriftsteller James Krüss (1926- 1997) erzählt in einer Geschichte, wie Jesu Worte aus der Bergpredigt das Leben von Menschen verändern können.

In Montenegro, im Land der Schwarzen Berge, lebte in alter Zeit ein Knabe namens Blascho Brajowitsch, ein Junge mit großen, fast schwarzen Augen, der als einziges Kind der näheren und weiteren Umgebung lesen und schreiben konnte, weil auf seinen eigenen Wunsch ein Pope es ihm beigebracht hatte. Während die anderen Knaben seines Alters sich danach sehnten, so schnell wie möglich Gewehr und Schnauzbart eines Mannes zu verdienen, hatte Blascho nur den einen Wunsch: ein kluger Mann zu werden, wenn möglich, so klug wie der Herr Fürstbischof.

Blaschos Vater Rade, ein Hüne von zwei Zentnern, der die Pistole und die Flinte liebte wie ein anderer seine Pfeifen, pflegte seinen Sohn »das Lamm« zu nennen. Oft fragte er sich sorgenvoll: »Was wird aus ihm, wenn die Wölfe kommen?«

Der große starke Mann meinte mit den Wölfen nicht etwa die Türken, gegen die in den montenegrinischen Bergen seit undenklichen Zeiten ein immer währender Kleinkrieg geführt wurde; er meinte vielmehr Männer des eigenen Volkes, Männer aus Stämmen, die mit seinem Stamm verfeindet waren.

Denn zu jener Zeit gab es in Montenegro die Blutrache noch, die sich wie eine unheilbare Krankheit fortschleppte von Geschlecht zu Geschlecht. Das Heldenlied vom kleinen Volk, das in seinen Bergen der türkischen Übermacht widerstand, war zugleich das Trauerlied eines unter sich in Zwist und Hader zerrissenen Volkes. Man erschoss oder erschlug Männer aus anderen Stämmen, weil jene zuvor Männer des eigenen Stammes umgebracht hatten. Mord zeugte Mord in einer Kette ohne Ende.

Da es nun als schimpflich galt, an Frauen und Kindern Rache zu üben, da nur ein erschlagener Mann der Blutrache Genüge tat, war es eine männermordende Zeit. Blaschos Mutter und seine beiden Schwestern unterbrachen ängstlich Gespräche oder Arbeit, wenn sie in den Bergen einen Schuss dröhnen hörten; denn es konnte sein, dass statt eines Bären oder Hasen Rade, der Mann und Vater, getroffen war.

Der Knabe Blascho hatte anfangs wie die Frauen gezittert, wenn das Echo eines Schusses von den Felswänden herübergeworfen worden war. Aber mit zunehmendem Alter und mit dem Fortschritt, den er im Lesen und Schreiben machte, hatte die Angst um den Vater nachgelassen. Er hatte erkannt, dass sein Vater zwar wild und rasend wie ein Stier sein konnte, aber zugleich von füchsischer Vorsicht war. Er bangte nicht mehr um des Vaters Leben. Stattdessen machte er sich von Jahr zu Jahr mehr Gedanken über die Männer, die mit Pistolen und Flinten rächend durch das Gebirge zogen und Haus, Feld und Kinder den Frauen überließen. Gewöhnlich lag er in seinem weißwollenen Hirtenmantel mit den schwarzen Säumen unter dem Granatapfelbaum im Gras und hatte die Bibel bei sich, das einzige Buch, das es im Haus gab.

Blascho hatte in der Bibel Sätze gelesen, die er noch nie aus montenegrinischem Munde gehört hatte, nicht einmal aus dem Munde des Fürstbischofs. Er hielt diese Sätze deshalb für Geheimnisse, die man nicht aussprechen durfte. In ihnen war die Rede davon, dass man seinen Feinden vergeben, ja, dass man sie sogar lieben solle. Es war die Rede von den Friedfertigen, die selig sind, und von denen, die in das Himmelreich kommen, wenn sie nur wie die Kinder werden.

Wenn Blascho, im Grase liegend, hinaufsah in das Grün des Granatapfelbaums, dessen Früchte sich im steigenden Jahr langsam röteten, dann dachte er oft an den lustigen Onkel Petar, den Bruder seiner Mutter, der eines sonnigen Sonntagmorgens schreiend und wie ein Betrunkener schwankend unter diesen Baum getaumelt war. Zwischen den Fingern seiner Hände, die er über dem Herzen gehalten hatte, war ein Strom von Blut hervorgequollen und hatte Wams und Hose besudelt. Hier unter diesem Baum war Onkel Petar vornüber ins Gras gestürzt. Hier hatte er gerufen: »Rächt mich! Es waren ...«

Die Stimme war gebrochen, ehe Onkel Petar seine Mörder genannt hatte, und er war gestorben, ehe die Frauen aus dem Haus gekommen waren. Damals hatte den Knaben Blascho ein heiliger Zorn gepackt. Wer die Mörder waren, hatte er gewusst. Auch wenn Onkel Petar den Namen nicht mehr hatte aussprechen können. Es konnten nur die Djuranowitschi gewesen sein, mit deren Stamm sein eigener Stamm in Blutsfehde lag. Im Angesicht des toten Onkels hatte Blascho geschworen, später, wenn er Gewehr und Schnauzbart besäße, das Blut Onkel Petars mit Blut zu vergelten.

Aber inzwischen war der Mörder gerichtet und der Tote gerächt. Blaschos eigener Vater hatte den Mörder erstochen, als er ihm oben im Gebirge in einem Wald begegnet war. Dafür hatten die Djuranowitschi den jüngsten Bruder des Vaters erschlagen, den schönen Onkel Leka mit den schmalen Händen.

Nun war es nicht mehr Onkel Petar, sondern Onkel Leka, der gerächt werden musste. Die blutige Fehde ging weiter ohne Hoffnung auf ein Ende. Auge um Auge, Zahn um Zahn, Mann um Mann.

Blascho, der Knabe, dachte jetzt mit Schaudern daran, dass er vielleicht eines Tages den kleinen Ivo erschlagen oder erschießen müsste. Ivo, mit dem zusammen er Forellen gegriffen hatte, ehe er erfuhr, dass Ivo zu den Djuranowitschi gehörte, mit denen sein Stamm in Blutfehde lag.

Blascho fand keinen Sinn mehr in dem blutigen Ringelspiel. Er dachte an die geheimnisvollen Sätze in der Bibel, er träumte von einem Reich des Friedens. Er wollte nicht mitspielen in diesem Karussell der Rache.

Deshalb schoss ihm vor freudiger Bestürzung wahrhaftig das Blut in den Kopf, als sein Vater eines Tages erklärte, am folgenden Freitag werde zwischen den beiden feindlichen Stämmen, den Djuranowitschi und den Brajowitschi, seinem eigenen Stamm, eine Verhandlung stattfinden, um die Blutrache zu beenden.

»Was ist denn geschehen, Vater?«, fragte Blascho in atemloser Verwunderung.

»Dein Großonkel Krzo ist von einem Djuranowitsch erschossen worden. Ich hätte ihn noch am selben Tag rächen können ...«

»Aber du hast es nicht getan?«, unterbrach Blascho den Vater.

»Nein. Ich habe es nicht getan. Der Bruder des dreimal verfluchten Mörders, Hazmi, der den türkischen Glauben und einen türkischen Namen angenommen hat, küsste mir den Schuh und bat um Verzeihung und um Frieden zwischen unseren Häusern.«

»Und du hast Frieden gemacht!«, rief Blascho freudig erregt.

»Nein, mein Sohn. Das habe ich nicht. Wie kann ich, ein Einzelner, für das ganze Haus den Frieden schließen. Ich habe nur nachgezählt, wie viele Männer wir und die Djuranowitschi noch haben. Und ich habe festgestellt, dass unsere beiden Häuser bald ohne Stammhalter sein werden, wenn die Fehde nicht aufhört. Deshalb müssen wir auf die Rache verzichten und Frieden machen. Ob es uns passt oder nicht. Freitag ist die Verhandlung. Du führst mein Pferd.«

»Gern, Vater«, sagte Blascho. Und wieder schoss ihm Röte ins Gesicht. Die Verhandlung fand auf einer Wiese unterhalb einer schroffen Felswand statt. Es war gegen Mittag. Die Sonne stand hoch. Die Luft war heiß und trocken. Wie üblich kamen alle zur Verhandlung: die Frauen in Schwarz, die Kinder hell gekleidet, die Männer bunt und in bestickten Wämsern, manche mit zwei Pistolen in den Schärpen.

Jede Familie erschien in der Ordnung, die die Sitte vorschrieb: Der Hausherr ritt, der älteste Sohn führte das Pferd, die übrige Familie folgte zu Fuß.

Widerwillig und fast als Letzter kam so auch der hünenhafte Rade mit seiner Familie an. Hoch aufgerichtet saß er auf dem schwarzen Hengst, den Blascho führte. Bei den Brajowitschi, die links lagerten und deren Ältester er war, ließ er halten. Behend trotz seiner mehr als fünfzig Jahre sprang er vom Pferd und setzte sich auf einen Feldstein, den ein junger Mann bei seiner Ankunft wortlos geräumt hatte. Noch im Sitzen überragte er alle anderen Brajowitschi.

Nach einem kurzen Gruß murmelte er mit einem Blick auf die Djuranowitschi, die auf der anderen Wiesenseite saßen: »Ich wünschte, sie führen alle zur Hölle.«

»Dann fahren wir mit, Rade«, sagte ruhig ein alter Hirte, der unverheiratet und kinderlos und daher ohne Stimme im Rat war.

Rade entgegnete ihm: »Ja, wir fahren mit zur Hölle, wenn die Fehde weitergeht. Deshalb sind wir ja hier. Gott sei's geklagt.«

Als die Verhandlung, die zwischen den verheirateten Männern geführt wurde, begann, machte Rade sich rasch zum Wortführer seines Hauses, und bald holte man ihn als Verhandlungsführer in die Mitte der Wiese. Blascho sah, als sein Vater gerade zur Wiesenmitte schritt, zufällig Ivo, seinen einstigen Spielgefährten, auf der gegenüberliegenden Seite zwischen den Djuranowitschi sitzen und winkte ihm zu. Ivo machte große Augen, weil er entweder Blascho nicht gleich wieder erkannte oder weil der Gruß aus dem feindlichen Lager ihn überraschte. Dann aber winkte er zurück. Zwei Knaben schlossen Frieden, als die erwachsenen Männer noch weit von einem Friedensschluss entfernt waren.

Beide Häuser klagten noch um einen Toten, als man um

Frieden verhandelte; denn dem Mord an Blaschos Onkel Krzo war der Mord an einem Djuranowitsch vorausgegangen. So war für eine Verhandlung, die Vernunft und Mäßigung regierten, die Zeit nicht eben günstig; Schmerz und Trauer um die Toten waren noch frisch. Und der Zorn auf die Mörder, mühsam unterdrückt, konnte jeden Augenblick ausbrechen wie ein Stauwasser, das sein Wehr sprengt.

Doch Blaschos Vater Rade hielt, weil er den eigenen Zorn gemeistert hatte, einstweilen auch den Zorn der anderen in Zaum. Als wieder und wieder Klagen um Väter, Männer oder Brüder laut wurden, als beide Seiten gar anfingen, die Toten gegeneinander aufzurechnen, hob er die Hände, brachte auf beiden Seiten die Ankläger zum Schweigen und rief: »Wir sind hier nicht zusammengekommen, um Tote zu zählen und neuen Zorn zu wecken. Wir sind zusammengekommen, damit unsere Häuser nicht verderben wie ein Acker ohne Frucht. Seht euch doch um! Wie viele Frauen sind ohne Männer? Wie viele Kinder ohne Väter? Es gibt auf beiden Seiten genügend Gewehre und genügend sichere Hände, um auch die letzten Frauen noch zu Witwen, auch die letzten Kinder noch zu Waisen zu machen. Wir wollen nicht aus Angst und Schwäche Frieden schließen, sondern aus Überlegung und Vernunft. Wenn das Blut der Vergangenheit wieder über uns kommt, wenn wir mit den Gewehren statt mit Worten reden, wird es für beide Seiten keine Zukunft geben! Für keinen Djuranowitsch! Für keinen Brajowitsch! Dann sterben unsere Häuser aus, und die Letzten des Stammes werden zahnlose Witwen sein, die ihre Männer und Väter verfluchen bis ins letzte Glied.«

Blascho hatte, als der Vater redete, an dessen Lippen gehangen wie sonst nur an den Lippen des Fürstbischofs, wenn der an hohen Feiertagen predigte. Von der Vernunft als Lenkerin der Taten hatte er den Vater noch nie reden hören. Ihm war, als sprenge der Vater den fürchterlichen Ring der Blutrache, in den sie alle eingeschlossen waren. Er hätte aufspringen und den

Vater umarmen mögen. Aber in dieser Welt der stolzen Männer hätte er sich damit nur lächerlich gemacht.

Es waren im Übrigen nicht wenige unter den Versammelten, die Rade für die Rede dankbar waren. Als Rade die offenen Hände beiden Seiten hinhielt und ausrief: »Wer für den Frieden ist, der stehe auf«, da sprangen viele der Versammelten sogleich auf die Beine, und nach und nach erhoben sich alle anderen, bis vor der Felswand wie ein ungemähtes Feld Kopf an Kopf die Mitglieder der beiden Häuser standen.

»So sei denn Friede!«, rief Rade mit erhobenen Händen. Aber bevor er beim Senken der Hände das Kreuz schlagen konnte, schrie aus dem Lager der Djuranowitschi die alte Andja, die Mutter eines der jüngst Erschlagenen: »Nein! Es wird kein Friede, ehe mein Sohn gerächt ist!«

»Aber er ist gerächt, Mutter!«, sagte ihr jüngster Sohn, der neben der immer noch am Boden Hockenden stand.

»Ist er gerächt, wenn sein Mörder lebt?«, kreischte die Alte. »Ich kenne seinen Mörder. Dort steht er!«

Sie stand auf und zeigte auf einen jungen Mann im Lager der Brajowitschi. Dann hockte sie sich wieder hin und rief, Hohn auf dem faltigen Ziegengesicht, ihrem Sohn zu: »Ein Feigling, wer seinen Bruder nicht rächt! Ein Hundsfott, wer den Tod mehr fürchtet als die Schande!«

Die ganze Versammlung stand noch starr nach diesem plötzlichen Ausbruch der Alten, als der Sohn der Andja blitzschnell die Pistole zog, anlegte, ohne lange zu zielen, und abdrückte.

Der Knall des Schusses wurde von der Felswand zurückgeworfen. Aber der Aufschrei der Menge überdröhnte ihn. Hände fuhren an die Pistolen. Kinder weinten. Frauen packten die Hände ihrer Männer, um sie am Schießen zu hindern.

Ein Augenblick hätte genügt, den kaum gewonnenen Frieden wieder in blutigste Fehde zu verwandeln, wenn nicht Rade abermals die Arme hochgeworfen und – sich gegen seine eigenen Leute wendend – gebrüllt hätte: »Wer ist getroffen?«

Die Frage hatte den beginnenden Tumult überdröhnt und war verstanden worden.

Jetzt wurde es plötzlich still, weil jedermann auf Antwort wartete.

Aber es kam keine Antwort. Die Stille wurde so tief, dass man aus der Ferne ein Schaf blöken hörte.

Da wandte Rade sich den Djuranowitschi zu und sagte: »Wäre einer der Unseren getroffen worden, so lebte auch dein jüngster Sohn nicht mehr, Andja. Willst du, dass es so weitergeht? Willst du niemals Enkelkinder in Schlaf singen? Willst du ohne Nachkommenschaft sterben, als morscher Baumstumpf, der kein Blatt mehr treibt? Dein Sohn ist kein Feigling. Wir alle wissen es. Du hast ihm Krieg befohlen, und er hat geschossen. Nun befiehl ihm den Frieden. Steh auf!«

Mit verschlossenem Gesicht, in dem die kleinen Augen misstrauisch die schweigend um sie versammelten Leute musterten, erhob die alte Frau sich ganz langsam aus ihrer Kauerstellung. Ihr Mund war zusammengepresst. Sie sprach kein Wort. Aber sie stand auf. Als Letzte.

Nun wiederholte Rade, die offenen Handflächen den beiden Lagern hinhaltend: »So sei denn Friede!« Dann schlug er langsam das Kreuz.

Der Frieden war geschlossen. Einige der Versammelten setzten sich wieder. Andere fingen stehend Gespräche an. Viele gingen hin und her, und auch von einem Lager zum anderen gab es Bewegung.

Die alte Andja brach, ohne mit ihrem Sohn ein Wort zu wechseln, als Erste auf. Ihr folgten bald andere, die daheim bei Schnaps oder Wein den ereignisreichen Tag noch einmal besprechen wollten.

Die Familien, die noch Väter hatten, brachen in der vorgeschriebenen Ordnung auf: Der Hausherr ritt, der älteste Sohn führte das Pferd. Die übrige Familie folgte zu Fuß.

In dieser Reihenfolge wollte auch Rade mit seiner Familie

aufbrechen. Er rief seinen Sohn Blascho, dass er das Pferd übernehme. Aber der Junge antwortete. »Ich kann nicht, Vater. Du musst mich aufsitzen lassen.«

»Wie?« Rade fuhr herum und sah erst jetzt seinen Sohn an, der ungewöhnlich blass und nach vorn gekrümmt im Grase saß.

»Was ist denn? Ist dir nicht gut?«, fragte er ungeduldig. Der große Mann hasste Krankheiten, bei anderen ebenso wie bei sich selbst. Aber der Junge sah wirklich schlecht aus. Das Gesicht war blutleer. Die Augen waren fiebrig.

»Was ist denn?«, wiederholte Rade. Diesmal stellte er die Frage weniger barsch. Er beugte sich sogar herab und legte eine Hand auf die Stirn des Knaben. Die glühte. Blascho fieberte. Jetzt wurde Rade unruhig. »Was ist denn geschehen?«, fragte er zum dritten Mal.

Da schlug sein Sohn den Hirtenmantel ein wenig zurück, und Rade sah, dass der Knabe unter dem Mantel seine Hand auf eine Wunde hielt. Die Finger und das Leinenhemd waren blutverschmiert.

Rade richtet sich wieder auf, sah mit großen Augen und halb offenem Mund auf seinen Sohn nieder und fragte: »Bist du etwa ...?«

»Ja«, sagte Blascho. »Ich bin getroffen worden.« Er schloss den Mantel wieder über seiner Wunde und fügte hinzu: »Aber es hat niemand gemerkt. Du brauchst es auch keinem zu sagen. Bring mich weg. Der Militärdoktor von Podgoritza macht mich sicher schnell gesund.«

Der Vater stand fassungslos vor seinem Sohn. Er hatte das dumpfe Gefühl, dass dieser Junge im Grase ein Held sei. Aber Helden, die leiden und schweigen, kannte er nicht. Zorn auf diesen Dulder und Schweiger wuchs in seinem Bauch. Und Zorn auf den Schützen, auf den Sohn der alten Andja. Und Zorn auf die Djuranowitschi. Und Zorn auf diesen Frieden, der ihn hinderte, das Gewehr zu nehmen und Rache zu üben für ein Kind, das getroffen war.

Mit ungewöhnlich rauer Stimme fragte er: »Warum sagst du mir erst jetzt, dass du getroffen bist?«

»Sonst hätte es keinen Frieden gegeben, Vater.«

»Ein Frieden, der mit dem Blut eines Kindes erkauft ist, Blascho, ist das ein Frieden?«

»Der Militärarzt kuriert mich bestimmt, Vater. Und mein bisschen Blut spart so viel anderes Blut.«

Plötzlich merkte Rade, dass der Junge, der schwer atmete, Schmerzen hatte und einer Ohnmacht nahe war. Er merkte, dass der Militärarzt jetzt wichtiger war als Ehre, Rache, Zorn und lange Reden. Ohne ein weiteres Wort hob er Blascho auf, setzte ihn in den Sattel seines Pferdes und fragte: »Kannst du dich mit einer Hand halten?«

Blascho nickte.

Da rief Rade die Frauen heran, die sich in einiger Entfernung mit Nachbarinnen unterhielten, und sagte zu ihnen: »Wir gehen. Achtet mir auf den Jungen. Er muss zum Doktor.«

Ehe die Frauen Zeit zu Fragen hatten, griff Rade in den Zaum des Hengstes und führte ihn von der Wiese.

Wer noch auf dem Versammlungsplatz stand, sah mit Staunen, dass etwas Unerhörtes geschah: Der Älteste eines Hauses, ein großer stolzer Krieger vor dem Herrn, führte seinem Sohn das Pferd, für einen Knaben, dem noch kein Flaum aus Kinn und Wangen spross.

Ein Djuranowitsch, der sich für witzig hielt, rief: »Glaubst du, im Frieden müssen die Wölfe die Lämmer hüten, Rade?«

Rade antwortete im Weitergehen: »Dieses Lamm hat euren Frieden mit seinem Blut bezahlt, Djuranowitsch. Andjas Sohn hat ihn getroffen. Er aber hat keinen Laut von sich gegeben, damit du deinen faulen Frieden hast.«

Jetzt, da sie wussten, was geschehen war, schrien die Frauen auf. Die Männer ringsum aber betrachteten staunend und bewundernd den Knaben auf dem Pferd. Als der alte kinderlose Hirte die Kappe vom Kopf zog, taten alle Männer es ihm nach.

Die Gnade, die teuer ist und doch geschenkt

Dietrich Bonhoeffer

Dietrich Bonhoeffer wurde im Dritten Reich wegen seiner Beteiligung an einem Attentatsversuch auf Adolf Hitler hingerichtet. Er musste für seinen Glauben teuer bezahlen und bezeichnete denjenigen, der ohne wirkliche Kosten Christ sein wollte, als jemanden, der nach billiger Gnade strebte.

Billige Gnade ist Predigt der Vergebung ohne Buße, ist Taufe ohne Gemeindezucht, ist Abendmahl ohne Bekenntnis der Sünden, ist Absolution ohne persönliche Beichte. Billige Gnade ist Gnade ohne Nachfolge, Gnade ohne Kreuz, Gnade ohne den lebendigen, menschgewordenen Jesus Christus.

Teure Gnade ist der verborgene Schatz im Acker, um dessentwillen der Mensch hingeht und mit Freuden alles verkauft, was er hatte; die köstliche Perle, für deren Preis der Kaufmann alle seine Güter hingibt; die Königsherrschaft Christi, um derentwillen sich der Mensch das Auge ausreißt, das ihn ärgert, der Ruf Jesu Christi, auf den hin der Jünger seine Netze verlässt und nachfolgt.

Teure Gnade ist das Evangelium, das immer wieder gesucht, die Gabe, um die gebeten, die Tür, an die angeklopft werden muss.

Teuer ist sie, weil sie in die Nachfolge ruft, Gnade ist sie, weil sie in die Nachfolge *Jesu Christi* ruft; teuer ist sie, weil sie dem Menschen das Leben kostet, Gnade ist sie, weil sie ihm so das Leben erst schenkt; teuer ist sie, weil sie die Sünde verdammt, Gnade, weil sie den Sünder rechtfertigt. Teuer ist die Gnade vor allem darum, weil sie Gott teuer gewesen ist, weil sie Gott das

Leben seines Sohnes gekostet hat – »ihr seid teuer erkauft« –, und weil uns nicht billig sein kann, was Gott teuer ist. Gnade ist sie vor allem darum, weil Gott sein Sohn nicht zu teuer war für unser Leben, sondern ihn für uns hingab. Teure Gnade ist Menschwerdung Gottes.

Teure Gnade ist Gnade als das Heiligtum Gottes, das vor der Welt behütet werden muss, das nicht vor die Hunde geworfen werden darf, sie ist darum Gnade als lebendiges Wort, Wort Gottes, das er selbst spricht, wie es ihm gefällt. Es trifft uns als gnädiger Ruf in die Nachfolge Jesu, es kommt als vergebendes Wort zu dem geängsteten Geist und dem zerschlagenen Herzen. Teuer ist die Gnade, weil sie den Menschen unter das Joch der Nachfolge Jesu Christi zwingt, Gnade ist es, dass Jesus sagt: »Mein Joch ist sanft und meine Last ist leicht.«

Zweimal ist an Petrus der Ruf ergangen: Folge mir nach! Es war das erste und das letzte Wort Jesu an seinen Jünger (Markus 1,17; Johannes 21,22). Sein ganzes Leben liegt zwischen diesen beiden Rufen. Das erste Mal hatte Petrus am See Genezareth auf Jesu Ruf hin seine Netze, seinen Beruf verlassen und war ihm aufs Wort nachgefolgt. Das letzte Mal trifft ihn der Auferstandene in seinem alten Beruf, wiederum am See Genezareth, und noch einmal heißt es: Folge mir nach! Dazwischen lag ein ganzes Jüngerleben in der Nachfolge Christi. In seiner Mitte stand das Bekenntnis zu Jesus als dem Christus Gottes. Es ist dem Petrus dreimal ein und dasselbe verkündigt, am Anfang, am Ende und in Cäsarea Philippi, nämlich dass Christus sein Herr und Gott sei. Es ist dieselbe Gnade Christi, die ihn ruft: Folge mir nach! und die sich ihm offenbart im Bekenntnis zum Sohne Gottes.

Es war ein dreifaches Anhalten der Gnade auf dem Wege des Petrus, die Eine Gnade dreimal verschieden verkündigt; so war sie Christi eigene Gnade, und gewiss nicht Gnade, die der Jünger sich selbst zusprach. Es war dieselbe Gnade Christi, die den Jünger überwand, alles zu verlassen um der Nachfolge willen, die in ihm das Bekenntnis wirkte, das aller Welt eine Lästerung scheinen musste, die den untreuen Petrus in die letzte Gemeinschaft des Martyriums rief und ihm damit alle Sünden vergab. Gnade und Nachfolge gehören für das Leben des Petrus unauflöslich zusammen. Er hatte die teure Gnade empfangen.

Die Arbeiter im Weinberg

ROBERT FARRAR CAPON

Der Theologe, Schriftsteller und Journalist Robert Farrar Capon schreibt unter anderem für die New York Times. Seit mehr als zwanzig Jahren leitet er Seminare und kirchliche Konferenzen.

Da ihr ja alle zu Hause den Text gelesen habt ... (etliches Augenverdrehen, einige schuldbewusste Gesichter) ... Na gut, dann werd ich euch die Geschichte einfach mal erzählen.

Wir haben es mit einem Mann zu tun, der einen Weinberg besitzt. Kein Unternehmen in der Größe der Winzerkette E & J Gallo, aber ganz ansehnlich: Sagen wir mal in der Größenklasse von Robert Mondavi, also einem mittleren Unternehmen. Wir lernen diesen Mann am Abend des zweiten Oktobersonntags kennen. Der September ist erstklassig gewesen – heiß und trocken, wodurch die Trauben ordentlich süß geworden sind –, aber jetzt teilt ihm sein Wetterdienst mit, dass der restliche Oktober kalt und nass werden wird. Was macht also unser Freund Robert? Er steht Montag in aller Herrgottsfrühe auf, fährt zur örtlichen Jobvermittlung und holt sich so viele Tagelöhner, wie er kriegen kann. Leider bedienen sich sämtliche Winzer in der Umgebung derselben Wetterberichte. Von daher ist er gezwungen, bessere Bezahlung zuzusagen, um die benötigten Arbeiter zu ködern: 120 Dollar muss er schließlich bieten, dann hat er seine Leute zusammen.

Da meldet sich jemand. Ja bitte, Virginia?

Nein, Virginia, 120 Dollar sind nicht grotesk. Tageslohn war ein *denarius*. Ich bin lediglich so frei gewesen, daraus einen guten Tageslohn zu machen. Ein Silbergroschen pro Tag hat vielleicht für die Zeitgenossen Luthers gelangt, aber wir leben schließlich im Jahr 1989.

Gut. Robert packt also seine Leute in ein paar alte Schulbusse und karrt sie damit zur Arbeit. Aber um kurz vor neun kriegt er einen neuen Wetterbericht. Der Beginn der erwarteten dreiwöchigen Regenzeit ist von Mittwoch auf Dienstag vorverlegt worden: Statt zwei Tage hat er nur noch einen Tag Zeit für die Weinlese. Also macht er sich um neun – und noch mal um zwölf und um drei – auf den Weg, um noch mehr Arbeiter anzuheuern. Es gelingt ihm jedes Mal, sämtliche zur Verfügung stehenden Aushilfen zu bekommen, und er kann den Spruch, den er ihnen dafür erzählt, schon auswendig – dass er Robert Mondavi ist, der berühmte Spitzenlohnbezahler, der außerdem noch Mr. Fairness höchstpersönlich ist: Jeder wird angemessen entlohnt.

Die Lese ist allerdings gigantisch und eine Stunde vor Einbruch der Dunkelheit merkt Robert, dass er sie ohne noch mehr Helfer unmöglich bewältigen kann. Also fährt er noch mal los, doch die Jobvermittlung ist inzwischen zu und auf dem Dorfplatz hängen, von einer dicken Rauchwolke umgeben, nur die üblichen Looser. Ihr wisst schon, welche Sorte: viel Leder, ein paar Mädchen (samt ihren Freunden) mit mehr Gel in den

Haaren als Grips im Kopf, überall Sixpacks und Musik, die einem das Trommelfell zerreißt. Auch egal, denkt sich Robert, versuchen kostet nichts. Also geht er zu den Leuten hin, schaltet demonstrativ den scheußlichen Gettoblaster ab und rattert seinen üblichen Spruch runter: Dass er Robert Mondavi sei, dass er berühmt sei und fair, dass sie bestimmt ein paar Scheinchen gebrauchen könnten, und also wie sieht's aus? Wie soll's wohl aussehen? Lange kann's ja nicht sein. Und egal, was er bezahlt – auf jeden Fall können sie sich davon noch ein paar Sixpacks leisten. Also ab.

Gut: Lasst euch die Geschichte bis hierhin noch mal durch den Kopf gehen. Ihr wisst bestimmt ganz genau, was jedes Mal passiert, wenn eine neue Ladung Arbeiter am Weinberg aus dem Bus steigt. Bevor sie auch nur die erste Traube gepflückt haben, erkundigen sie sich erst mal bei den anderen Arbeitern, mit welcher Summe pro Tag genau Robert Mondavi ins Guinnessbuch der Rekorde zu kommen gedenkt. Und da sie – wie alle anderen Menschen auch – eingefleischte Buchhalter sind, nehmen sie die 120 Dollar, teilen sie durch zwölf und multiplizieren sie mit der Zahl der Stunden, die sie arbeiten werden. Erst dann stürzen sie sich auf die Trauben, in der Gewissheit, dass sie 100, beziehungsweise 70, 40 oder 10 Dollar bekommen werden.

Robert hat allerdings noch eine Überraschung für sie in petto. Als es dunkel ist, ist er ein glücklicher Mensch. Die beste und größte Weinlese, die er je gehabt hat, ist auf dem Weg zur Kelter und er fühlt sich ausgelassen – und sogar ein bisschen frivol. Also sagt er zu seinem Vorarbeiter: »Ich hab 'ne verrückte Idee. Ich mach die Lohntüten selber voll; ich möchte aber, dass du beim Austeilen von hinten anfängst, bei denen, die ich als Letzte angeheuert habe.«

Ihr wisst ganz sicher wieder, was jetzt passiert. Als das erste Mädchen mit lila Haaren seinen Umschlag kriegt und geht und ihn dabei aufmacht, findet sie da sechs funkelnagelneue Zwanziger drin. Und jetzt?

Nein, Virginia, nimm die Hand runter. Sie geht *nicht* zurück und meldet, dass sie zu viel Geld bekommen hat; sie geht einfach weiter – und zwar ganz eilig.

Aber als ihre Freunde mit den bis zum Gürtel offenen Hemden sie einholen und ihr erzählen, dass sie auch 120 Dollar bekommen haben – nun ja, die gute alte menschliche Natur triumphiert erneut: Sie können es sich nicht verkneifen zurückzugehen und allen anderen zu erzählen, was sie für Schwachmaten waren, dass sie den ganzen Tag in der Sonne malocht hatten, wenn sie das gleiche Geld auch in einer Stunde hätten verdienen können.

Die Arbeiter, die länger geschuftet hatten, boten natürlich prompt ein weiteres Beispiel für menschliches Verhalten in der Tradition Adams nach dem Sündenfall: Als sie hören, dass Robert Mondavi 120 Dollar die *Stunde* bezahlt, legen sie bei ihrer geistigen Rechenmaschine den Rückwärtsgang ein und geben Vollgas. Und was kam dabei heraus? Freude, schöner Götterfunken! Sie schließen daraus, dass sie in Kürze stolze Besitzer von 480, 840 oder gar – Gott segne dich, Robert Mondavi! – 1440 Dollar sind.

Doch Robert Mondavi ist, wie Gott, nur verrückt, aber nicht dumm! Wie Gott hat er es eingerichtet, dass ihr Lohn nur auf der seltsamen Güte, für die er berühmt ist, basiert, nicht aber auf der Kadavergerechtigkeit, die sie für sich zusammenphantasiert haben: In jeder Tüte sind sechs (6) Zwanziger, wie sie feststellen müssen; nicht mehr für jene, die den ganzen Tag gearbeitet haben, und nicht weniger für die, die nicht den ganzen Tag geschuftet haben.

Was dem Haufen der zuletzt Angeheuerten natürlich runtergeht wie Gatorade, den Vorletzten wie Spülwasser, den Fast-Ersten wie Essig, und den Allerersten wie kochende Schwefelsäure. Wie unschwer vorherzusehen – nach dem idiotischen Grundprinzip, dass die am meisten Betrogenen für jene eintreten sollen, die es weniger sind (eine innere Stimme hätte ihnen zugeflüstert: »Antworte lautstark verärgert und du wirst die beste Rede halten, die du je bereuen wirst«) –, beschließen die Verschwitztesten und Erschöpftesten, Robert anständig die Hölle heiß zu machen. »Hee, Chef«, sagen sie, »so willst du der berühmte Robert sein? Die Punks da drüben haben nur eine Stunde gearbeitet und wir haben uns den ganzen Tag kaputt geschuftet. Wieso hast du sie uns gleichgestellt?«

Robert aber hat seine Rede schon fix und bereit: »Pass auf, mein Freund«, sagt er zum Wortführer aller Buchhalter, die zweitausend Jahre lang an dem Gleichnis Jesu zu würgen hatten, »bring mich nicht auf die Palme. Ihr habt euch mit 120 Dollar pro Tag einverstanden erklärt und ich hab euch 120 Dollar gegeben. Nehmt das Geld und verschwindet, bevor ich die Polizei hole. Wenn ich einem Kiffer mit Gucci-Schlappen den gleichen Lohn geben möchte wie euch – bitte, was soll's? Wollt ihr mir etwa erzählen, was ich mit meinem Geld anzustellen habe? Nur weil ihr eins auf die Nase bekommen habt, soll ich ein Stinker sein? Ich hatte lediglich einen lustigen Einfall. Ich beschloss, die Letzten an die erste Stelle zu setzen und die Ersten an die letzte – um euch zu zeigen, dass hier niemand ausgeschlossen wird: Wenn ich glücklich bin, sind alle glücklich, egal was sie getan haben oder auch nicht. Ich verlange nicht von dir, mich zu mögen, Freundchen; ich sage dir, du sollst dich an mir freuen. Wenn du schmollen möchtest, dann ist das deine Sache. Aber da du davon nur schlechte Laune kriegst, warum hältst du nicht den Mund, gehst ins Verkostungszimmer und nimmst dir ein kostenloses Glas Chardonnay? Es liegt ganz allein an dir, mein Freund: Trink aus oder verschwinde; mit besten Empfehlungen des Hauses oder fahr zur Hölle. Such's dir aus.«

Der verlorene Sohn

Helmut Thielicke

Der verlorene Sohn konnte überhaupt nur heim und kam wieder zurecht, weil für ihn der Himmel und der Vater bereitstanden. Sonst hätte er sich im besten Falle (das heißt, wenn er nicht vollends verstockt oder Nihilist geworden wäre) nur aufrappeln und ein bisschen Haltung annehmen können. Aber die inneren Qualen wären geblieben. Das Gewissen hätte ihn unter der Decke seiner Haltung weiter verklagt.

Jesus aber will uns zeigen, dass es eben anders ist und dass uns eine *ganze* Befreiung geschenkt werden soll. »Ihr habt Recht«, sagt er, »ihr seid verloren, wenn ihr auf *euch* blickt. Wer hat denn *nicht* gelogen, gemordet, die Ehe gebrochen? Wem liegt das *nicht* als lauernde Möglichkeit im Herzen? – Ihr habt Recht, wenn ihr euch verloren gebt. Aber seht: Nun ist etwas geschehen, was nichts mit diesem eurem Herzen zu tun hat, was euch einfach bereitet ist. Nun ist das Reich Gottes mitten unter euch, nun ist das Vaterhaus weit geöffnet. Und ich – ich bin die Tür, ich bin der Weg, ich bin das Leben, ich bin die Hand des Vaters. Wer mich sieht, der sieht den Vater. Und was seht ihr denn, wenn ihr mich seht? Ihr seht jemanden, der zu euch in die Tiefe gekommen ist, wo ihr nicht in die Höhe konntet. Ihr seht, dass Gott ›also‹ die Welt geliebt hat, dass er mich, seinen Sohn, in diese Tiefe hineingab, dass er sich's etwas kosten ließ, euch zu helfen, dass es durch Schmerzen Gottes ging, dass Gott etwas gegen sich selbst unternehmen musste, um mit eurer Schuld fertig zu werden, um den Abgrund zwischen euch und sich ernst zu nehmen und ihn doch zu überbrücken. Das alles seht ihr, wenn ihr mich anschaut!«

So also weist Jesus Christus, der dies Gleichnis erzählt, zwischen allen Zeilen und hinter allen Worten auf sich selbst hin.

Und er *erzählt* uns nicht von diesem Vater, sondern in ihm *ist* der Vater. Er macht uns keine Lichtbilder vor von einem angeblichen Himmel, der den Sündern offen steht, sondern in ihm *ist* das Reich Gottes mitten unter uns. Sitzt er nicht mit den Sündern an einem Tisch? Geht er nicht den Verlorenen nach? Ist er nicht bei uns, wenn wir sterben müssen und die anderen alle zurückbleiben? Ist er nicht das Licht, das in der Finsternis scheint? Ist er nicht die Herzstimme des Vaters, die uns mitten in der Fremde überfällt, überfällt mit jener fröhlichen Nachricht: Du darfst heimkommen?

Das letzte Thema dieser Geschichte heißt also nicht: vom verlorenen Sohn, sondern: vom Vater, der uns findet. Das letzte Thema heißt nicht: von der Untreue der Menschen, sondern es heißt: von der Treue Gottes.

Daher klingt die Geschichte auch in ein rauschendes Freudenfest aus: Wo Vergebung gepredigt wird, da ist Freude, und da sind Feierkleider. Man muss diese evangelische Geschichte wirklich so lesen und hören, wie sie gemeint ist: als eine frohe Nachricht, an die wir gar nicht gedacht haben, ja, die uns verblüffen müsste, wenn wir sie zum ersten Male hören könnten, als eine Nachricht, dass mit Gott alles so ganz und gar anders ist, als wir es dachten oder auch fürchteten; dass er seinen Sohn zu uns geschickt hat und uns zu unbeschreiblicher Freude lädt.

Das letzte Geheimnis dieser Geschichte heißt: Es gibt für uns alle eine Umkehr, weil es eine Heimat gibt.

Der, welcher unter die Räuber fiel

Rudolf Otto Wiemer

Ich bin der, welcher unter die Räuber fiel. Mein Name tut nichts zur Sache. Nur den anderen Namen wüsste ich gern. Ich meine den, der mir geholfen hat. Möchte mich nämlich bedanken. Wahrhaftig, das habe ich nicht getan, denn niemand kann sich erinnern, wie der Mann heißt. Und der Wirt »Zum Mandelbaum«, den ich ausfragte, kratzte sich hinter dem Ohr und sagte: »Na ja, einer von diesen Fremden. Die sieht man sich nicht so genau an. Wer weiß schon, an wen die glauben.« Doch ich will der Reihe nach erzählen. Vielleicht kann mir dann jemand sagen, wie ich den Mann finde.

Also, ich gehe den Weg von Jerusalem hinab nach Jericho. Besitze nämlich in Jericho ein Haus, da wollte ich nach dem Rechten sehen. Angst? Nein, hatte ich nicht, obwohl es da ziemlich einsam ist. Irgendetwas Kostbares trug ich nicht bei mir. Nur einen Beutel mit wenigen Silbermünzen.

Na, und dann? Ich hatte die Hälfte des Weges schon hinter mir, da tauchte plötzlich so ein Kerl auf. Er kommt auf mich zu und sagt: »Den Beutel her!« Ich antworte: »Wenn du nichts zu essen hast, will ich dir gern ein paar Groschen schenken.« Der aber schüttelt den Kopf: »Nee, nee, das Ganze will ich. Und alles, was du sonst noch versteckt hast.« Dann schiebt er zwei Finger in den Mund und stößt einen schrillen Pfiff aus. Im Handumdrehen sind noch drei andere da. Sie reißen mir den Beutel weg. Und als sie merken, dass ich sonst nichts bei mir trage, schlagen sie mich zusammen, reißen mir die Kleider vom Leib und verschwinden.

Da lag ich nun und konnte mich nicht rühren. Blut lief über mein Gesicht. Die Beine schmerzten. Unbarmherzig brannte die Sonne. Ich reckte den Kopf ein wenig, da sah ich jemanden kommen. Einen Pfarrer, wie es schien, ich erkannte ihn an seinem Rock. Ob er mich bemerkt hat, weiß ich nicht. Vielleicht war er in Eile. Jedenfalls ging er vorüber. Als ich den zweiten näher kommen sah, einen Kirchendiener, versuchte ich zu rufen. Doch ich röchelte nur. Der Mann blickte scheu zu mir her. Womöglich hatte er Angst, weil er ein kostbares Gerät trug. Und auch er ging vorüber.

Den dritten habe ich dann gar nicht bemerkt. Als ich wieder zu mir kam, hockte ich auf einem Esel. Und ich hörte eine Stimme, die sagte: »Sei ganz ruhig. Ich helfe dir.« Es dauerte ziemlich lange, bis wir zum Gasthof kamen. Ich merkte noch, wie der Fremde mit dem Wirt sprach, wie er ihm Geld gab und sagte, er solle mich gut versorgen. Dann schlief ich wie ein Toter.

Als ich erwachte, lag ich im Bett. Die Wunden waren mit Öl bestrichen und verbunden. Der Wirt brachte mir Brot und Wein. »Damit du bald wieder zu Kräften kommst«, sagte er. »Ist auch alles bezahlt.«

Tja, das ist die Geschichte. Sogar einen Arzt hat mir der Fremde geschickt. Und ich? Ich kenne nicht mal seinen Namen. Nur, dass es ein Samariter war, weiß ich. Und ich schäme mich, weil ich diese Leute stets verachtete. Denn sie sind anders als wir. Das stimmt. Aber jetzt, jetzt würde ich ihn gern meinen Bruder nennen.

Kampf, nicht Gemütlichkeit

Billy Graham

Jesus Christus sprach zu seinen Jüngern über die Zukunft frank und frei. Er hielt nichts vor ihnen verborgen. Niemand hätte ihm je Täuschung oder falsche Versprechungen vorwerfen können.

Mit unmissverständlichen Worten machte er ihnen klar, dass die Jüngerschaft ein Leben voller Selbstverleugnung bedeutete. Sie hieß, ein Kreuz zu tragen. Er bat sie, die Kosten genau abzuwägen, andernfalls würden sie kehrtmachen, sobald sie sich Leid und Entbehrung gegenüber sahen.

Jesus erklärte seinen Jüngern, dass die Welt sie hassen werde. Sie würden verhaftet werden, misshandelt und vor Herrscher und Könige gestellt. Selbst von denen, die sie liebten, würden sie verfolgt. Wie die Welt ihn hasste, so werde sie auch mit seinen Knechten umgehen. Es werde der Tag kommen, »in der jeder, der euch tötet, meint, er tue Gott einen Dienst damit« (Johannes 16,2).

Der Christ muss daher mit Streit und Auseinandersetzungen rechnen, nicht mit einem gemütlichen, einfachen Leben. Er ist ein Soldat und, wie einmal jemand gesagt hat, sein Hauptmann hat ihm keine Unverwundbarkeit in den Gefahren des Kampfes versprochen.

Viele seiner ersten Jünger waren von Jesus enttäuscht, denn sie erwarteten von ihm, trotz seiner Warnungen, dass er ihre Feinde unterwerfen und ein weltliches Königreich errichten würde. Als sie der ganz anderen Realität ins Gesicht sehen mussten, »zogen sich viele Jünger zurück und wanderten nicht mehr mit ihm umher« (Johannes 6,66). Doch die wahren Jünger Jesu litten später alle für ihren Glauben.

Uns wird erzählt, dass die frühen Christen voller Freude in den Tod gingen, so als ob es eine Hochzeit wäre. Sie hielten ihre

Hände in das lodernde Feuer, das für sie entzündet worden war, und stießen dabei Freudenschreie aus. Ein früher Geschichtsschreiber, der ihren Mut sah, schrieb: »Als der Tag des Sieges heraufdämmerte, marschierten die Christen in einer Prozession aus dem Kerker in die Arena, so als ob sie in den Himmel marschierten, mit freudigen Mienen, die weniger von Angst denn von Freude bewegt waren.«

Heinrich

Gina Ruck-Pauquèt

Gina Ruck-Pauquèt war unter anderem Zahnarztassistentin, Fotomodell, Akkordeonvertreterin, Mannequin und Bildreporterin. Sie veröffentlichte 160 Kinder- und Jugendbücher und hat eine psychologische Praxis in München.

Der Heinrich war unwichtig, den sahen die anderen kaum. Wenn man Mick noch vor einiger Zeit gefragt hätte, wie der Heinrich aussieht, – er hätte es nicht sagen können.

Das war jetzt anders. Weil er neben ihm saß. Mick war nicht begeistert davon, dass der Lehrer Heinrich neben ihn gesetzt hatte. Da saß er nun, kaute Fingernägel und hatte die Augen zu nah am Buch. Stinken tat er auch, nach ungewaschenen Kleidern.

Der Heinrich war ein bisschen kleiner als die anderen in der Klasse. Blond war er. Wenn man ihn ansprach, riss er die Augen auf, und es war, als ob er erstarre. Als ob er innerlich strammstehe, so war es.

Aber außer dem Lehrer sprach den sowieso keiner an. Die Hausaufgaben machte er einfach nicht. Nie hatte er die Hausaufgaben. Und im Aufsatz war er eine Niete. Vier, fünf Sätze brachte er aufs Papier, mehr nicht.

»Kann denn nicht einer mal dem Heinrich ein bisschen helfen?«, sagte der Lehrer eines Tages. »Und wenn's 'ne halbe Stunde am Nachmittag wäre. Mit wem bist du denn befreundet?«, fragte er.

Sie drehten sich alle nach dem Heinrich um. Der kaute Nägel. Schwieg. Damals saß er noch ganz hinten, allein an einem Tisch.

»Bring mal deine Sachen mit und komm her«, sagte der Lehrer.

Und dann sagte er, dass der Django sich nach hinten setzen solle. Und dafür kam nun der Heinrich neben den Mick.

»Es ist eine Sauerei«, sagte Mick in der Pause.

Der Django war einer seiner besten Freunde. Und außerdem schrieben sie voneinander ab.

»Warum hast du dann nichts gesagt?«, fragte die Babs.

Mick wusste es selber nicht. Er hatte was sagen wollen. Protestieren hatte er wollen. Dann stand der Heinrich da so neben ihm, und Mick sah, dass ihm die Nase lief und dass ihm das peinlich war. Dass er es verbergen wollte. Er hatte kein Taschentuch, machte sich mit der Hand an der Nase rum. In dem Moment hatte der Mick nichts gegen ihn machen können. Weil der Heinrich sowieso schon in Schwierigkeiten war.

So'n Blödsinn, dachte er jetzt. Bloß, weil dem im richtigen Moment die Nase läuft, sitzt der nun neben mir auf ewig!

Der Heinrich. Mit dem Namen war das auch so eine Sache. Der war der einzige, der seinen richtigen Namen trug. Da hatte keiner eine Abkürzung erfunden. Und einen Spitznamen schon gar nicht. Der hieß Heinrich. Basta. Da müsste er einen schon interessieren, wenn man ihn Henry nennen würde, oder Hein, oder sonstwie.

Nachmittags sahen sie ihn manchmal. Da kam er mit zwei Plastiktüten vom Supermarkt. Oder er hatte seine kleine Schwester an der Hand. Schaute kaum zu ihnen hin.

»Dem seine Mutter ist wieder abgehauen«, hatte Su mal gesagt. »Weil der Alte säuft.«

Su musste es wissen. Sie wohnte im gleichen Häuserblock. Mick hatte es so nebenher aufgefangen. Er hatte sich nichts gedacht.

Mick dachte sich überhaupt nicht viel. Er war auch keiner von denen, die Bücher lasen. Er spielte lieber Fußball. Nur wenn sein Vater Zeit für ihn hatte und so richtig mit ihm redete, dann kamen ihm auch Gedanken. An seinem Geburtstag zum Beispiel, da hatte er fernsehen dürfen bis spät. Sie hatten eine Geschichte gezeigt von einem, den sie zu Unrecht verfolgten. Ein paar von denen, die früher seine Kumpel gewesen waren, hätten ihm schon helfen können. Aber sie halfen ihm nicht, weil sie sonst selber in Gefahr gekommen wären. Und der Junge war dann tot am Schluss.

»So ein Scheiß!«, sagte Mick.

Im letzten Bild standen die Kumpel mit gesenkten Köpfen.

»Das denken die auch«, sagte der Vater. »Sie hätten halt was tun müssen.«

»Sie waren eigentlich nicht mehr seine Freunde«, sagte Mick. »Er ging sie nichts mehr an. Aber trotzdem«, sagte er. »Nicht wahr?«

»Trotzdem«, sagte der Vater, »weil er ein Mensch war. Alles, was einem Menschen geschieht, geht die anderen mit an.«

Es war selten, dass der Vater so mit Mick sprach. Meist war er nervös, wenn er von der Arbeit kam. Und oft ging er mit der Mutter abends noch aus.

Micks Mutter sagte solche Dinge nie. Aber sie war fröhlich und lachte mit ihm. Wenn er es wollte, gab sie ihm nichts als saure Gurken mit in die Schule. Obschon die keine Vitamine hatten und auch sonst nicht nahrhaft waren. Bloß, weil Mick sie gerne mochte.

Einmal hatte Mick aber Leberwurstbrote mit. Er packte sie wieder ein und beschloss, sie in den Papierkorb zu versenken, als ihm Heinrich einfiel. Mick hatte nie gesehen, dass Heinrich in der Pause etwas aß.

Ist ja auch kein Wunder, dachte er, wenn seine Mutter abgehauen ist! Er überlegte, ob Heinrich wohl die Leberwurstbrote essen mochte. Aber Heinrich kam nicht. Der Platz neben Mick blieb leer.

Ein paar Tage später war das mit der Turnstunde. Dass der Mick den Heinrich ohne sein T-Shirt sah. Nur der Mick sah ihn. »Was hast du denn da?«, fragte er.

Heinrichs Schultern waren voll schwarzer, blauer und grüner Flecke.

»Nichts«, sagte Heinrich.

Er würgte sich sein T-Shirt über und sein Kopf kam hochrot wieder zum Vorschein.

»Mensch!«, sagte Mick und blickte in die weit aufgerissenen Augen des anderen.

Irgendwas war dem Heinrich passiert. Aber in dem Augenblick rief Django und Mick vergaß es. Später fiel es ihm wieder ein.

Später, das war an dem Tag, an dem er einen anderen Weg nach Hause nahm, um an der Baustelle in der Neubergerstraße ein bisschen zuzusehen. Der Bagger hob mit seinen Riesenkrallen die Erde aus.

Für den ist das ein Händchen voll Sand, was er da auf den Lastwagen rieseln lässt, dachte Mick. So ein Ding zu dirigieren, das muss ein duftes Gefühl sein.

Mick schloss die Augen und stellte es sich vor. Als er die Augen wieder aufmachte, sah er Heinrich. Heinrich war nicht in der Schule gewesen.

»He!«, sagte Mick und trat zu ihm hin.

Der Heinrich machte einen Satz rückwärts, als sei Mick der Leibhaftige und wollte ihm an den Kragen.

»Was ist denn?«, sagte Mick. »Hast wohl'n Heuhüpfer zum Frühstück gegessen!«

Dann sah er Heinrichs Gesicht.

»Was ist denn?«, sagte er noch einmal, diesmal leiser.

Heinrichs Gesicht war um die Augen kreisrund dreckverschmiert. So sahen ganz kleine Kinder aus, wenn sie geweint hatten und sich mit schmutzigen Fäusten die Augen rieben.

»Wo kommst'n her?«, fragte Mick.

Heinrich drückte seine Fingerspitzen gegen die Nase, die wieder zu tropfen begann wie damals.

»Vom Fluss«, sagte er. »Ich war auf einem Schiff. Seit gestern«, sagte er. »Ich wollte weg. Aber heut morgen haben sie mich entdeckt.«

»Du warst die ganze Nacht nicht daheim?« Mick starrte Heinrich an.

»Wenn ich komme, schlägt er mich tot«, sagte Heinrich. »Ich muss heim wegen meiner Schwester«, sagte er dann.

»Aber wenn du mit dem Schiff weggefahren wärst ...?«, sagte Mick.

»Ich muss sie doch wieder in den Kindergarten bringen«, sagte Heinrich. »Wenn er mich erwischt, schlägt er mich tot.«

»Sag einfach, du warst bei mir«, fiel es Mick ein.

»Bei dir«, sagte Heinrich. »Ich sag, ich habe den Schlüssel verloren gehabt. Er ist ja abends sowieso nie da. Da bin ich zu dir. – Der schlägt mich trotzdem tot«, sagte er dann. »Der hört ja gar nicht erst hin.«

Mick biss wie verrückt auf seinem Kaugummi herum. Dann spuckte er ihn aus.

»Ich geh rein«, sagte er. »Du wartest draußen und ich geh rein zu ihm.«

Jetzt starrte der Heinrich wieder so.

»Dich verprügelt er auch«, sagte er.
»Ich bin kräftiger als du«, sagte Mick.
Sein Hals war ganz trocken. Eigentlich musste er ja auch heim. Aber jetzt konnte er nicht mehr zurück. Jetzt nicht mehr.
Als sie vor der Haustür standen, war Mick vor Furcht schwindelig.
»Bleib hier«, sagte er und schob Heinrich zurück.
Er fühlte die Schulterblätter des Jungen und erschrak, wie mager er war. Mick ging die Treppe hinauf. Er drückte auf die Klingel. Zeit verging, in der nichts war als sein pochendes Herz. Er starrte auf die braun gestrichene Tür, bis die Kratzer in der Farbe vor seinen Augen verschwammen. Dann sah Mick überhaupt nichts mehr, sah nichts und hörte nichts, war blind und taub vor Angst, bis der Mann vor ihm stand.
Und auch den Mann roch er mehr, als er ihn mit Augen und Ohren wahrnahm. Roch den Alkoholmief, das schweißverklebte Hemd, roch die Ausdünstung der ungewaschenen Haut dieses aufgequollenen, kranken Gesichtes.
Mick redete. Er versuchte zu erklären, wie das gewesen war, warum Heinrich nicht heimgekommen war, die ganze Nacht nicht. Dass er bei ihm geschlafen hatte, sagte er. Weiter kam er dann nicht mehr. Der Mann schlug ihm den Handrücken ins Gesicht, einmal, zweimal. Mick spürte, dass seine Lippe platzte. Dann wurde er die Treppe hinuntergestoßen.
Micks Vater war zum Mittagessen zu Hause.
»Musstest du dich da einmischen?«, fragte er.
Mick blickte ihn an.
Die Mutter legte ihm ein kühles, feuchtes Tuch auf sein Gesicht.
»Hast Recht«, sagte der Vater.
»Wirst du ihm helfen?«, fragte Mick.
Er konnte schlecht sprechen.
»Wo ist er?«, fragte der Vater.
Heinrich hockte im Treppenhaus. Micks Vater öffnete die Tür und holte ihn herein.

VII

JESUS:

SEIN KREUZ

Das Kreuz ist das Schlüsselsymbol des Christentums. Kathedralen sind in Kreuzform erbaut worden. Das Symbol steht zudem auf ihren Turmspitzen. In jedem Gottesdienst wird an den gekreuzigten Jesus erinnert. Wohin man auch sieht, erblickt man in vielen Ländern der Erde das Kreuz: auf Hügeln, Kirchen oder in Gestalt eines Schmuckstücks. Das universale Symbol kennt praktisch jeder. Sein Anblick ruft die Hinrichtung Jesu ins Gedächtnis zurück.

Die Kreuzigung war eine Hinrichtungsmethode, die bei den Römern weit verbreitet war. Sie war eine besonders grausame, demütigende Form der Todesstrafe. Jesus war nicht der Erste, der am Kreuz starb. Man nimmt an, dass die Kreuzigung von den

Persern erfunden wurde. Das Verfahren war in der Antike weit verbreitet. Alexander Jannäus, König und Hoherpriester von Judäa, ließ 76 v. Chr. zum Entsetzen des jüdischen Volkes achthundert Pharisäer kreuzigen. Alexander der Große bediente sich auf seinen Eroberungszügen dieser Strafe und auch unter einigen seiner Nachfolger ist sie bezeugt. Nach dem Spartakusaufstand war die Via Appia in Rom links und rechts von 6000 Kreuzen gesäumt. Gegen römische Bürger durfte diese Strafe jedoch nur im Falle von Hochverrat angewendet werden.

Durch Kreuzigung wurde zur Zeit Jesu nach dem immer gleichen grausigen, brutalen Ritual gerichtet. Die Verurteilten wurden für gewöhnlich mit einer Peitsche geschlagen, die aus Lederriemen mit scharfen Knochen- oder Metallsplittern bestand. Nachdem sie fast zu Tode gepeitscht worden waren, wurden die Blutüberströmten dazu gezwungen, ihr eigenes Kreuz – oder zumindest den Querbalken – zum Hinrichtungsort zu tragen. Am Kreuz wurde ein Schild befestigt, auf dem das Verbrechen, für das sie getötet wurden, festgehalten war. Ans Kreuz genagelt oder geknüpft starb das Opfer einen langsamen Tod, der gewöhnlich als Folge von Ersticken, Blutverlust und Herzversagen eintrat.

Die vier Evangelien berichten aus verschiedenen Blickwinkeln von der Kreuzigung Jesu. Markus und Matthäus schildern besonders den Verrat und den grausamen Schrecken des Kreuzes. Sie weisen zudem darauf hin, dass Jesus tatsächlich der lange verheißene Messias ist, auf den die Juden warteten. Lukas zeigt besonders die Zuwendung und Liebe Jesu zu den Elenden wie auch die Liebe zu seinen Feinden, denen er vergibt. Johannes zeigt Jesus in seiner Hoheit, der das Geschehen in seiner Hand behält.

Der Gekreuzigte und Auferstandene zerstört die Macht des Todes. Der Tod hat keine endgültige Gewalt mehr über die Menschen. Die Kreuzigung ist *die* Erlösungstat Christi; mehr noch, der endgültige Akt der Versöhnung zwischen der Menschheit und Gott.

Sie nahmen Jesus aber und er trug sein Kreuz und ging hinaus zur Stätte, die da heißt Schädelstätte, auf Hebräisch Golgatha. Dort kreuzigten sie ihn und mit ihm zwei andere zu beiden Seiten, Jesus aber in der Mitte. Pilatus aber schrieb eine Aufschrift und setzte sie auf das Kreuz; und es war geschrieben: Jesus von Nazareth, der König der Juden.

Diese Aufschrift lasen viele Juden, denn die Stätte, wo Jesus gekreuzigt wurde, war nahe bei der Stadt. Und es war geschrieben in hebräischer, lateinischer und griechischer Sprache. Da sprachen die Hohenpriester der Juden zu Pilatus: Schreib nicht: Der König der Juden, sondern dass er gesagt hat: Ich bin der König der Juden.

Pilatus antwortete: Was ich geschrieben habe, das habe ich geschrieben. (Johannes 19,16-22)

Aslans einsamer Weg

C. S. Lewis

Lewis' Bild von Christus als dem großen Löwen steht im Mittelpunkt seiner Narnia-Geschichten für Kinder. Im folgenden Ausschnitt – der Ermordung des Löwen Aslan – wird Jesus gar nicht erwähnt, doch ist er von den Lesern ohne weiteres zu erkennen.

»Es hat mit Aslan zu tun«, setzte Lucy fort. »Entweder steht ihm etwas Grässliches bevor oder er selbst tut etwas Schreckliches.«

»Heute Nachmittag war etwas mit ihm nicht in Ordnung«, flüsterte Suse. »Ach, Lucy, was meint er damit, dass er nicht mit uns sein wird, wenn der Kampf losgeht? Glaubst du am Ende, er will heimlich fort und lässt uns im Stich?«

»Wo ist er nur?«, fragte Lucy. »Hier im Zelt?«

»Ich glaube kaum.«

»Suse, gehen wir hinaus und schauen wir uns um. Vielleicht sehn wir ihn.«

»Meinetwegen, das ist genauso gut, wie wenn wir hier wach liegen.«

Recht behutsam suchten sich die beiden kleinen Mädchen ihren Weg zwischen den andern Schläfern und schlichen hinaus. Der Mond war hell, und alles war sehr still, bis auf den Fluss, der über die Steine plätscherte.

Da packte Suse Lucys Arm. »Schau!«

Weit vom Lager, genau dort, wo der Wald begann, sahen sie im Mondschein den Löwen, wie er langsam hinschritt, weg von ihnen, in das Dickicht hinein. Wortlos folgten sie ihm. Er verließ das Flusstal, stieg einen steilen Abhang hinauf und wählte anscheinend denselben Weg, den sie nachmittags hügelabwärts vom Steintisch aus gekommen waren.

Weiter und immer weiter folgten sie ihm, durch dunklen Schatten in helles Mondlicht hinein. Der Tau nässte ihre Füße. Es war nicht mehr der Aslan, den sie kannten. Kopf und Schweif waren gesenkt, und er schritt so langsam, als sei er sehr, sehr müde. An einer lichten Stelle, wo keinerlei Schatten die Kinder verbarg, blieb Aslan stehn und blickte sich um. Es war nicht mehr möglich wegzulaufen, so traten sie auf ihn zu.

»Oh, Kinder, Kinder, warum folgt ihr mir?«

»Wir konnten nicht schlafen«, antwortete Lucy. Es war sicher nicht notwendig, Aslan mehr zu sagen. Er wusste immer alles, was sie dachten.

»Willst du uns nicht erlauben, mit dir zu gehn, wohin du auch gehn magst?«, bat Suse.

»Mm«, sagte Aslan und schien nachdenklich. »Ich wäre froh, diese Nacht nicht allein zu sein. Gut, kommt mit, aber ihr müsst mir versprechen, mich meinen Weg allein weitergehn zu lassen, sobald ich es euch sage.«

»Oh, danke schön, oh, vielen Dank«, sagten die Mädchen. »Wir versprechen es.«

Sie gingen wieder weiter, die eine auf der einen, die andere auf der andern Seite des Löwen. Aber wie gar langsam ging er!

Plötzlich stolperte er und stöhnte tief auf.

»Aslan, lieber Aslan«, sagte Lucy. »Was hast du nur? Kannst du es uns nicht sagen?«

»Bist du krank, lieber Aslan?«, fragte Suse.

»Nein«, sagte Aslan. »Legt eure Hände auf meine Mähne, damit ich fühle, dass ihr da seid, und dann wollen wir weitergehen.«

Ohne Aslans Erlaubnis hätten sie nie gewagt, ihn zu berühren, aber von der ersten Begegung an hatten sie sich gewünscht, ihn zu streicheln und mit den Händen in seine prachtvoll wallende Mähne zu greifen. Nach einer Weile gewahrten sie, dass sie den Hang zum Steintisch hinaufstiegen.

Sie gingen bis dorthin, wo die Bäume fast bis zur Anhöhe wachsen, und als sie den letzten Baum erreicht hatten – er war von Unterholz umgeben –, blieb Aslan stehn und sprach:

»Kinder, liebe Kinder, hier müsst ihr zurückbleiben. Und was auch immer geschieht, lasst euch nicht blicken. Lebt wohl!«

Die beiden Mädchen weinten bitterlich, obgleich sie kaum wussten, warum. Sie umschlangen den Löwen, streichelten seine Mähne, seine Pfoten und blickten in seine großen, traurigen Augen. Dann wandte er sich von ihnen ab und trat auf die

Rasenfläche hinaus. Suse und Lucy kauerten im Gebüsch und schauten ihm nach.

Dies ist, was sie sahen:

Um den Steintisch herum stand ein dichtes Gewimmel seltsamer Wesen, und obgleich der Mond schien, trug manch einer von ihnen Fackeln, die mit düster roten Flammen und schwarz schwelendem Rauch flackerten.

Aber ach, was für Wesen waren das: Menschenfresser mit ungeheuren Hauern, riesige Wölfe und stierköpfige Männer, die Geister unguter Bäume und giftiger Pflanzen, Wüteriche und Hexen, Nachtmahre, Gespenster, Lemuren und Furien, Unholde, Albe, Kobolde, Schwarzelben, Schrate, Dämonen, Vampire und anderes Gewese, das ich aber nicht beschreiben kann, sonst würden euch die Erwachsenen das Buch nicht weiterlesen lassen. Das waren die Anhänger der Hexe, und sie waren auf ihr Geheiß vom Wolf herbeigerufen worden. Mitten unter ihnen, aufrecht neben dem Tisch, stand die Hexe.

Als sie den großen Leu herankommen sahen, hob zuerst ein bestürztes Heulen und Jaulen an, und einen Augenblick lang schien sogar die Hexe vor Schreck erstarrt zu sein. Dann riss sie sich zusammen und stieß ein grimmig wildes Lachen aus.

»Der Narr«, schrie sie, »der Narr ist gekommen! Fesselt ihn!«

Lucy und Suse hielten den Atem an. Sie warteten auf Aslans Donnergegroll, sie hofften, dass er auf seine Feinde zuspränge, aber nichts dergleichen geschah. Vier grinsende, schielende Hexen nahten ihm. Zuerst zauderten sie, immer noch von Angst erfüllt, und wussten nicht, wie sie sich verhalten sollten.

»Vorwärts! Fesselt ihn!«, wiederholte die Weiße Hexe. Die Hexen sprangen mit kurzen Sätzen auf ihn zu, sie kreischten und jubelten, denn sie stießen auf keinen Widerstand. Dann eilten böse Zwerge und Affen herbei, um den Hexen zu helfen. Sie wälzten gemeinsam das Riesentier auf seinen Rücken und banden ihm die vier Pfoten zusammen. Dabei johlten und grölten sie, als vollbrächten sie Heldentaten. Es wäre ihr Tod gewesen, hätte der Löwe auch nur eine Pfote gegen sie erhoben. Doch alles ertrug er lautlos, sogar als seine Feinde ihn an den Stricken rissen und zerrten und sie so straff anzogen, dass sie ihm ins Fleisch schnitten. Dann schleppten sie ihn zum Steintisch.

»Halt!«, befahl die Weiße Hexe. »Er soll erst geschoren werden!«

Unter ihrem Gefolge erhob sich gemeines Gelächter, als ein ekelhafter Menschenfresser mit einer großen Schere herbeikam und sich neben Aslans Kopf hinkauerte.

»Schnipp, schnapp, schnipp, schnapp«, machte die Schere, und eine Fülle goldener Locken fiel zur Erde. Dann trat der Menschenfresser zurück, und die Kinder konnten aus ihrem Versteck Aslans Antlitz sehn. Nun sah er ganz mager und ganz anders aus als mit seiner wogenden Mähne. Auch seine Gegner merkten den Unterschied.

»Heh, heh, zu guter Letzt ist er bloß eine große Katze!«, schrie einer von ihnen.

»Und vor der haben wir uns gefürchtet!«, brüllte ein anderer.

Alle umdrängten Aslan und verspotteten ihn. »Miau, miau, wie viel Mäuse hast du heute gefangen, du armes Miezekätzchen?«

»Willst du ein Schälchen Milch, Mieze-Muze?«

»Ach, wie können sie nur«, klagte Lucy – Tränen strömten über ihre Wangen. »Diese Rohlinge!«

Das geschorene Antlitz Aslans sah schöner und geduldiger aus denn je zuvor.

»Legt ihm einen Maulkorb an!«, befahl die Hexe. Sogar jetzt, wo sie an ihm herumarbeiteten und ihm den Maulkorb anzwängten, hätte ein einziger Biss seines Rachens sie mehrere Gliedmaßen kosten können. Doch er regte sich nicht. Das aber schien das Gesindel zu ärgern. Alle stürzten sich nun auf ihn, selbst diejenigen, die sich bisher noch gefürchtet hatten. Aber nachdem er so gefesselt und mit einem Maulkorb vor ihnen lag, wurden sie mutiger, und eine Weile lang konnten die beiden Mädchen Aslan nicht einmal mehr sehn, so dicht war er umringt von diesem scheußlichen Gewimmel, das ihn mit Füßen trat, ihn stieß, ihn bespuckte und üblen Spott mit ihm trieb. Dann fesselten sie ihn enger und zogen die Stricke immer stärker an. Er war so gefesselt, dass er nun tatsächlich nur noch einem Knäuel von Stricken glich.

»Oh, diese Feiglinge, diese Feiglinge«, schluchzte Suse. »Sogar jetzt haben sie noch Angst vor ihm.«

Endlich hatte das Gesindel seine hässlichen Späße satt. Sie schleppten den gefesselten Löwen mit seinem Maulkorb zum Steintisch. Einige zogen, andere schoben nach, er war zu gewaltig, und sie erschöpften alle ihre Kräfte, um ihn auf die Steintafel zu heben.

Sobald Aslan auf dem flachen Tisch lag, erstarrte die Menge in Stille. Vier Furien, vier Fackeln in den Händen, standen an den vier Ecken des Tisches. Die Hexe entblößte wieder ihre Arme, genau wie in der vergangenen Nacht, als es um Edmund und nicht um Aslan ging. Dann wetzte sie ihr Messer, die Kinder sahen das Messer im Fackelschein. Es schien nicht von Stahl, sondern von Stein zu sein und sah unheimlich und seltsam böse aus.

Endlich trat sie nahe an ihn heran und stand ihm zu Häupten. Ihr Gesicht zuckte krampfhaft und war von Wut verzerrt. Das seine blickte still zum Himmel empor, ohne Groll, ohne Furcht. Da beugte sie sich nieder und rief, ehe sie zum Schlag anhob, mit bebender Stimme:

»Wer ist nun obenauf? Hast du, mit all deinem Getue, geglaubt, dass du den verräterischen Menschen retten kannst? Nun hast du zu sterben, so wie wir abgemacht haben, auf dass der Urzauber befriedigt werde. Aber wenn du erst einmal tot bist, wer will mich hindern, auch ihn umzubringen? Begreifst du, dass du mir Narnia für immer ausgeliefert hast? Dein eigenes Leben hast du verloren und seines nicht gerettet. In diesem Bewusstsein magst du verzweifeln und sterben.«

Die Kinder sahen nicht, wie sie ihn tötete. Sie konnten den Anblick nicht ertragen und hatten ihre Augen verhüllt.

Sonst keine Vorkommnisse

Gertrud Fussenegger

In ihrem Buch Sie waren Zeitgenossen *schildert die Schriftstellerin Gertrud Fussenegger, wie sich die Geschichte Jesu in den Augen einflussreicher Juden seiner Zeit zugetragen haben könnte.*

Handzettel des Mardochai an die Angehörigen des Synhedrions

Seine Heiligkeit, der Hohepriester, gibt kund: Heute Nacht um die fünfte Stunde versammeln sich alle Hohen Räte im Palast. Eine Gerichtsverhandlung ist anhängig. Kleine Festkleidung.

Anweisung des Privatsekretärs Seiner Heiligkeit an den Hauptmann der Tempelwache

Seine Heiligkeit der Hohepriester befiehlt: In den Ölgärten des Kidron ist heute eine Verhaftung vorzunehmen. Da mit Gegenwehr zu rechnen, Bewaffnung geboten. Eine römische

Abteilung wird ebenfalls ausrücken. Zeit, Ort und Person bezeichnet ein Individuum namens Judas Iskariot.

Bericht des Mardochai an Seine Heiligkeit, den Hohenpriester, über die Vorgänge am Morgen des Rüsttages und über den Verlauf der Dinge bis zum Anbruch des Passah-Sabbats

Eurer Heiligkeit gebe ich Folgendes kund: Bei Sonnenaufgang erfolgt die Überstellung des Jeschua in die Zitadelle.

Der Procurator erschien. Er war nach durchzechter Nacht müde und entschlossen, den Prozess so rasch wie möglich abzuführen. Selbstverständlich war es sein Wille, den Barabbas kreuzigen zu lassen. Von Jeschua nahm er wie auch Eure Heiligkeit an, er werde durch die Volksmenge im Sinne des *privilegiums passchae* freigebeten werden.

Schon bei der Überstellung des Jeschua fiel mir auf, dass sich vor der Burg Antonia nicht die erwartete, zu Jeruschalaim heimische und mit den Verhältnissen vertraute Menge versammelt hatte. Vielmehr konnte ich an den Trachten der Leute feststellen, dass sich Scharen von Ortsfremden aus Syrien, Antiochien und vom Bosporus vor dem Portal gelagert hatten.

Man hat sie sprechen hören, dass sie hinbestellt und dafür bezahlt worden seien. Man sprach von zwei oder drei Denaren in Silber, doch war, wie in solchen Fällen zumeist, nur unsicheres Geschwätz zu hören und keine klare Auskunft zu erhalten.

Der Procurator ließ den Jeschua in seinen Gerichtssaal bringen und begann das Verhör.

Es dauerte länger als erwartet. Ein Läufer, den ich um Nachricht bat (denn ich hatte ja natürlich das Haus des Heiden nicht betreten, um mich vor dem Fest nicht zu verunreinigen), sagte mir, der Procurator habe den Jeschua in ein Gespräch verwickelt und zeige sich ihm gnädig.

Um so sicherer war ich, dass Barabbas noch heute hängen werde.

Ich verließ den Schauplatz, um mich nach der langen durchwachten Nacht in einer nahen Schenke zu stärken. Als ich zurückkehrte, erwartete ich, dass der Prozess unterdessen so weit gediehen sein werde, dass Jeschua freigebeten und der Verbrecher Barabbas zur Kreuzigung geführt werde.

Stattdessen war aus der versammelten Menge verworrenes Geschrei nach Barabbas zu hören. Die Leute hatten sich zusammengeknäuelt und vor das Tor der Burg gedrängt, dass nicht mehr durchzukommen war. Sie schrien wie besessen: Gib uns Barabbas, Barabbas! – Die Wachen begannen ihre Schlagstöcke zu gebrauchen.

Der Procurator erschien auf dem Balkon und sprach zu der Masse. Er gestikulierte heftig und schien erbittert. Am Ende ließ er die beiden Angeklagten in die Loggia treten. Jeschua zeigte er vor und wollte ihn offenbar empfehlen. Doch die Menge ließ sich nicht beirren und schrie weiter nach dem Verbrecher.

Einige Minuten später hieß es, der Prozess sei zu Ende.

Pilatus habe dem Wunsch der Menge nachgegeben, das heißt er habe sich dem *privilegium passchae* gebeugt und den Barabbas freigelassen, Jeschua hingegen werde zur Kreuzigung abgeführt.

Ich war entsetzt über die Wendung der Dinge.

Als ich freilich kurz darauf mit ansah, wie Barabbas entlassen wurde (man schleifte ihn aus dem unteren Durchlass), wurde mir klar, dass auch er durch die Behandlung der Römer nicht viel mehr ist als ein toter Mann: mit zertrümmertem Kiefer, zerfleischtem Nacken, ausgekegelten Gelenken und – eine Fersensehne durchtrennt ... So wird er weder uns noch sonst jemandem in Zukunft gefährlich werden können.

Protokoll des Synhedrion am Vortag des Passahfestes zu Jeruschalaim im 3790. Jahre der Weltschöpfung

Das Synhedrion findet, der Heiligkeit des Festes gemäß, im Palast des Hohenpriesters statt.

Von den 74 Ratsherren sind 72 erschienen.

Zwei lassen sich entschuldigen: Seine Liebden Eljakim ben Joseph wegen plötzlicher Erkrankung.

Seine Liebden Nikodemus ohne Angabe eines Grundes.

Um die zwölfte Stunde (sechs Uhr abends) wird Seiner Heiligkeit die Ankunft Seiner Altheiligkeit, des Alt-Hohenpriesters Annas angekündigt. Um die zweite Stunde (acht Uhr abends) Empfang höchstdero Seiner Altheiligkeit am oberen Tor. Vorgeschriebene Zeremonien samt großem Halel-Gesang. Eröffnung der Sitzung. Übliche Begrüßungen, Danksagungen. Zweiter Halel-Gesang.

Seine Altheiligkeit beantragt, als ersten (und wie er sich ausdrückt) einzigen und wichtigsten Punkt das Verschwinden des Korban (des Tempelschatzes) auf die Tagesordnung zu setzen. Seine Heiligkeit, der regierende Hohepriester Kaiphas ben Joseph erklärt sich einverstanden, erbittet aber Aufschub, angeblich weil Zeugen geladen werden müssen.

Unterdessen befiehlt er, den Jeschua festzunehmen. Annas besteht darauf, die *causa Korban* sogleich zu behandeln.

Seine Heiligkeit beschwört, die *causa Jeschua* vorzuziehen, da selbiger an Pilatus weiter überstellt werden soll.

Vorführung des Jeschua. Bei Befragung desselben zeigt sich Annas auch über selbigen aufgebracht. Die Befragung zieht sich bis nach Mitternacht hin.

Seine Heiligkeit legt dem Alt-Hohenpriester eine Liste der Gegenstände vor, welche sich weiterhin im Gewahrsam der Tempelbehörde befinden. Die Liste ist sehr lang. Die Zeugen werden vereidigt, die die Liste bestätigen. Unruhe unter den Ratsherren, die die Liste nachprüfen wollen.

Jeschua wird zu Pilatus überstellt. Der regierende Hohepriester nutzt die Gelegenheit, über römische Übergriffe zu berichten. Seine Altheiligkeit Annas zeigen Zeichen von Ermüdung. Seine Tochter Deborah lässt ihn bitten, in ihre Gemächer zu kommen, um da zu ruhen. Seine Altheiligkeit spricht lange und verbittert über die allgemeine Verrottung der Sitten und verlangt am Ende nach Rechnungslegung über das neue Projekt, die Aufführung eines Aquädukts nach Jeruschalaim. Seine Heiligkeit, der regierende Hohepriester verspricht, die Rechnungen öffentlich zu machen.

Darüber Unruhe bei etlichen Ratsherrn. Andere beantragen, die Sitzung wegen vorgeschrittener Stunde zu unterbrechen. Die Gattin des regierenden Hohenpriesters lässt Annas von neuem bitten, sich in ihre Gemächer zu begeben, da er gewiss der Ruhe bedürfe. Seine Altheiligkeit fährt fort zu schelten. Erst der Hinweis darauf, dass die Zeit für die morgendlichen Reinigungsrituale gekommen sei, veranlasst eine Unterbrechung. Es sind nur noch wenige Ratsherrn gegenwärtig. Die Sitzung wird geschlossen.

Die Herren Hohenpriester gehen zur Ruhe.

Zu Mittag verbreitet sich die Nachricht, dass Pilatus den Jeschua verurteilt, den Barabbas aber freigegeben habe.

Große Verwunderung.

Um die neunte Stunde drei schwere Erdstöße. Zugleich schwere Verfinsterung des Himmels. Durch die Erdstöße soll der alte Vorhang im Tempel Schaden und in der Mitte einen Riss erlitten haben.

Sonst keine Vorkommnisse.

Er kam als Mensch
Athanasius von Alexandria

Der Kirchenvater Athanasius erklärte im 4. Jahrhundert, dass Jesus zur Überwindung des Todes diesen erleiden musste. Daher kann niemand auf Jesus weisen und sagen, er wisse, wie es ist, auf Erden zu leben, aber nicht, dort zu sterben. Jesus kam als Mensch und lebte unser Leben. Und als er ans Kreuz ging, zeigte er: »Ich lebe dieses harte Leben mit euch, ganz gleich, was es mich kostet!«

Wenn sie nun sagen: Warum erschien er denn nicht in anderen schöneren Teilen der Schöpfung, und warum hat er sich denn nicht eines herrlicheren Werkzeuges, etwa der Sonne, des Mondes, der Sterne, des Feuers oder des Äthers bedient, sondern nur eines Menschen? – so mögen sie wissen, dass der Herr nicht herniederkam, um zu prunken, sondern um die Leidenden zu heilen und zu lehren. Denn es wäre Ostentation (Schaustellung) gewesen, nur zu erscheinen und die Augenzeugen perplex zu machen. Wer aber heilen und lehren will, hat nicht einfach zu kommen, sondern auf das Wohl der Notleidenden bedacht zu sein und sich bei der Ankunft nach ihrem Bedürfnis und Befinden zu richten, um nicht durch überflüssigen Aufwand für die Notleidenden eben die Bedürftigen zu verwirren, und ihnen so die Erscheinung Gottes unnütz würde.

Nun gab es unter den Kreaturen keine, die sich in ihrem Denken über Gott verirrt hatte als allein der Mensch. Sonne, Mond, Himmel, Sterne, Wasser, Äther waren doch wahrhaftig nicht von der Ordnung abgewichen, sondern dank ihrer Erkenntnis des Logos, ihres Schöpfers und Königs, verblieben sie, wie sie geschaffen worden sind. Nur die Menschen kehrten sich vom Guten ab, bildeten sich dann das Nichtseiende ein anstatt der Wahrheit und übertrugen die Gott gebührende Ehre und den Begriff von ihm auf Dämonen und Menschen in Steinfiguren. Da es nun der Güte Gottes nicht entsprach, solch schwere Verirrung ruhig mit anzusehen, anderseits aber auch die Menschen ihn als Ordner und Lenker im Weltall nicht erkennen konnten, deshalb nimmt er billig einen Teil vom Ganzen als Werkzeug an, den menschlichen Leib, geht in ihn ein, damit die Menschen ihn, den sie im Ganzen nicht hätten erkennen können, wenigstens im Teile erkennten, und damit sie ihn, dessen unsichtbare Macht sie nicht schauen konnten, wenigstens aus Gleichartigem erschließen und erkennen könnten.

Kurze Worte: Was das Kreuz bedeutet

»Warum hängt der Mann an dem Balken?«, fragte Achmed und zeigte auf das Kreuz.

»Das ist Jesus«, sagte Tilla.

»Wer ist das?«, fragte Achmed.

»Der hat gesagt, dass Gott alle Kinder lieb hat«, sagte Tilla.

»Und warum hängt er da?«, fragte Achmed.

»Weiß auch nicht«, sagte Tilla.

»Komisch«, sagte Achmed.

Hans May

Die Botschaft vom Tod Christi ist der Kern des Evangeliums. *Stephen Charnock*

Ecce homo – sehet welch ein Mensch:
In ihm geschah die Versöhnung der Welt mit Gott.
Nicht durch Zertrümmerung
wird die Welt überwunden.
Nicht durch Ideale, Programme,
nicht Gewissen, Pflicht,
Verantwortung, Tugend,
sondern ganz allein
die vollkommene Liebe Gottes
vermag der Wirklichkeit zu begegnen
und zu überwinden.
Diese Liebe Gottes zur Welt
zieht sich nicht aus der Wirklichkeit
zurück in weltentrückte edle Seelen,
sondern sie erfährt und erleidet
die Wirklichkeit der Welt aufs härteste.
Am Leibe Jesu Christi tobt sich die Welt aus.
Der Gemarterte aber
vergibt der Welt ihre Sünde.
So geschieht die Versöhnung.
Ecce homo. *Dietrich Bonhoeffer*

Jesus Christus ist nicht die Verklärung hohen Menschentums, sondern das Ja Gottes zum wirklichen Menschen, nicht das leidenschaftslose Ja des Richters, sondern das barmherzige Ja des Mitleidenden. In diesem Ja ist das ganze Leben und die ganze Hoffnung der Welt beschlossen. *Dietrich Bonhoeffer*

Das letzte Geheimnis der Liebe ist das Kreuz.
Unbekannter Verfasser

Wenn nur ein einziger Mensch auf der ganzen Welt einen Erlöser gebraucht hätte – Jesus wäre für ihn ans Kreuz gegangen. *Eugenia Price*

Der Mensch kann aus eigener Kraft niemals das Böse aus der Welt schaffen. *Martin Luther King*

Nur eins ist wichtig: Ob wir tapfer oder feige sind, immer dort zu sein, wo Gott uns haben will, und im Übrigen ihm zu vertrauen. *Georges Bernanos*

Die rechte Nachfolge kommt nicht dadurch zustande, dass man predigt: »Du sollst Christus nachfolgen!«, sondern dadurch dass man davon predigt, was Christus für mich getan hat. Fasst und fühlt dies ein Mensch recht tief und wahr, wie unendlich viel Christus für ihn getan hat, so folgt die rechte Nachfolge von selber. *Sören Kierkegaard*

König der Juden

Bo Giertz

Der Landsknecht verfluchte sein Pech. Immer musste er unangenehme Kommandos haben, wenn einmal etwas richtig Lustiges in der Kaserne geschah. Er konnte die Lachsalven der Kameraden dort drinnen in der Wachstube hören, wo sie sich mit dem Judenkönig vergnügten. Und hier musste er nun allein hinter ihm sauber machen.

Widerwillig nahm er die Geißel vom Steinpflaster hoch und schlug sie auf den Boden, damit das Blut und die Fleischfetzen abfielen. Die breiten Lederriemen knallten hart, und die Bleistücke, die in die Enden eingeknüpft waren, prasselten auf die Steine. Er sah sie prüfend an, fand sie annehmbar und trug sie an ihren Platz unter der Treppe. Dann begann er den Pfeiler abzuwaschen, an dem der Gefangene gestanden hatte, und schließlich hatte er noch den ganzen Hof zu kehren. Er steckte den Schwamm an einen Stock und zog ihn auf den Steinplatten hin und her. Es war merkwürdig, wie weit das spritzen konnte, wenn jemand eine Geißel mit dem rechten Nachdruck schwang. Endlich hatte er alles zusammengefegt und füllte die Schaufel mit einem schmutzigen Brei von Sand, Wasser, Blut und Hautfetzen, die er in die Ablaufrinne kippte. Dann schleuderte er die Putzgeräte in die Rumpelkammer, strich sich die Schweißtropfen aus der Stirn und eilte zu den anderen in die Wachstube.

Da drinnen war ein unbeschreibliches Juchhe. Sie lagen bäuchlings auf dem Boden und huldigten dem Judenkönig, während sie vor Lachen brüllten. Sie hatten ihm einen alten Offiziersmantel übergeworfen, eine Krone aus dornigem Unkraut gewunden und ihm ein Schilfrohr als Zepter in die Hand gegeben. Er saß auf der Steinbank wie auf einem Thron, und sie machten ihm ihre höfische Aufwartung. Sie spuckten ihn an und warfen sich zu seinen Füßen nieder und spien ihn erneut an.

Merkwürdigerweise saß er ganz gerade. Das Blut hatte den Mantel an den Schultern getränkt und sickerte in dicken Tropfen auf die Erde herab, aber er hatte das Bewusstsein nicht verloren. Er hatte feuchte Flecken von Geifer und Spucke an den nackten Händen, der Stirn und im Bart. Seine Augen waren geschlossen, sein Gesicht von Qual erfüllt, aber er saß dennoch aufrecht. Er beugte sich nicht und wich nicht aus ... ein König ...

Die Lachsalven ermatteten. Die spöttischen Bemerkungen begannen sich in Schimpfworte zu verwandeln. Dieser Judenkönig, der auch noch unter der Dornenkrone königlich blieb, hatte etwas Aufreizendes. Es wäre ja noch schöner, wenn man diesen elenden Wurm nicht zwingen sollte, sich zu winden, wenn man ihn trat. Sie traten näher und ließen die Schläge direkt in das offene Gesicht fallen. Sie rissen den Stab an sich und schlugen ihn aufs Neue. Sie würden ihn doch wenigstens dahin bringen, zu fluchen oder zu verwünschen ...

»Halt, Burschen!«

Es war der Centurio. Mit klirrendem Gerassel fuhren sie hoch und grüßten. Der Strick war zu Boden gefallen. Stramm hoch gereckt standen sie um ihren Judenkönig.

»Der Gefangene soll zurück zu Pilatus. Die gleiche Wache wie zuvor. Marsch ...«

Am Abend aber

Bo Giertz

Er biss die Zähne zusammen und riss aufs Neue. Der Nagel saß im Balken wie festgemauert. Er war nahe daran, herabzusteigen und den Soldaten eine Münze zu geben, damit sie ihm halfen. Aber er hatte gesehen, wie sie die Hände der Verbrecher zerschnitten, wenn sie sie herunternahmen, und er wollte nicht, dass sie in gleicher Weise mit Jesus verfuhren.

Der Nagel knarrte und gab ein kleines Stück nach. Es dämmerte bereits, aber heute Abend gingen keine Sterne auf, und er wollte nicht sehen, wann der Sabbat anfing.

Dort unten stand jemand und grüßte. Er erkannte Nikodemus und stieg herab. Scheu sahen sie einander an. Sie hatten nicht viel miteinander gesprochen und kaum gewusst, was sie voneinander zu halten hätten. Nun war es klar.

Nikodemus ging zu seinem Esel und hob vorsichtig die Last herunter. Er öffnete eins der Gefäße und zeigte den Inhalt.

»Du kannst nehmen, so viel du willst«, sagte er.

Es duftete nach Myrrhen und Aloe. Josef nickte. Sein erster Gedanke war, dass derartige Massen der kostbaren Salbe völlig unnötig seien. Aber er begriff Nikodemus. Auch er hatte seinen Geldkasten geleert, als er zu Pilatus ging. Er würde jede beliebige Summe gezahlt haben, um den toten Leib vor dem Feuer auf dem Abfallhaufen im Tale Hinnon zu retten.

Merkwürdig, dass Pilatus so nachgiebig gewesen war ... Mit einem Herzen, das ihm bis an den Hals herauf schlug, war er zu ihm gegangen. Er glaubte, Leben und Freiheit aufs Spiel zu setzen, wenn er zeigte, dass er mit einem hingerichteten Aufrührer Verbindung gehabt habe. Aber Pilatus war nur nachdenklich geworden und hatte gefragt, ob der Verurteilte schon tot sei. Dann hatte er nach dem Centurio geschickt und, als er mit dem gesprochen hatte, ohne weiteres seine Zustimmung gegeben und beinahe eine Art scheue Rücksichtnahme an den Tag gelegt.

Es war gut, dass Nikodemus seinen Diener bei sich hatte. Der musste die Zange übernehmen und sich an den Nägeln versuchen. Schweigend arbeiteten sie weiter, während die Dämmerung heraufzog.

Als der Körper auf dem Boden lag, kam die Mutter des Toten und einer seiner Jünger.

Sie halfen einander, den toten Leib in den Garten hinunterzutragen. Mit leichtem Schaudern fasst er den kalten Arm mit den schwarzen Streifen von geronnenem Blut an. Er war bereits hart und steif. Es war unbegreiflich, dass diese schwere, leblose Masse, die schlaff auf das ausgebreitete Leinentuch herabglitt, noch bei Tagesgrauen ein Mensch gewesen war, der gerade und aufrecht vor seinen Richtern gestanden hatte.

Nun war es also zu Ende. Nichts war mehr übrig als Enttäuschung und Schmach und dann ihre hilflose Ergebenheit, die außer diesem entstellten, toten Leib nichts hatte, worauf sie sich richten konnte. Sie wuschen das Blut ab, so gut sie konnten. Ihre ungeübten Hände fassten mit scheuer Ehrfurcht die kalten Glieder an. Dann streckten sie ihn aus, blickten noch einmal auf das Antlitz mit den steifen, geborstenen Lippen und hüllten ihn in das Leintuch. Darauf nahmen sie die Binden und begannen die mühsame Arbeit des Salbens und Wickelns. Es musste gehen, so gut es eben ging. Vielleicht war Gelegenheit, es besser zu machen, wenn der Sabbat vorüber war.

Es war fast dunkel, sie mussten aufhören. Josef zündete seine Laterne an und ging als Erster ins Grab hinein. Es war gerade zurechtgemacht, und der Fels leuchtete hell und blank mit all seinen tausend Spuren von den Meißeln der Steinhauer. Zur Rechten wölbte sich der Bogen über die einzige Grabbank, die im Fels fertig gehauen war. Er blickte in die längliche Nische, die in die Bank entlang der Felswand eingesenkt worden war und den ganzen Raum unter dem Bogen füllte. Er hatte gedacht, dass einmal dort sein eigener Leib ruhen sollte.

Die anderen kamen herein. Vorsichtig hoben sie den Toten durch die niedrige Graböffnung. Dann senkten sie die weiße Hülle in die Steinnische und legten den schlaffen Körper auf dem Felsbett zurecht. Wie ein gefallener Fürst lag er da in den reinen, weißen Binden. Die feuchte Kühle der Grabkammer wurde von dem schweren Duft der Salben erfüllt.

Sie hatten getan, was sie konnten, und hatten doch nichts getan. Ohne viele Worte gingen sie wieder hinaus. Mühsam wälzten sie die große Steinplatte heran. Es gelang ihnen, sie aufzurichten. Mit Hilfe von ein paar Brettern hoben sie sie über den Steinfalz der Tür und ließen sie in ihr Loch fallen. Mit einem dumpfen Aufschlag verschloss sie den Fels.

Schweigsam gingen sie heimwärts. Die Frau weinte ein stilles, verborgenes Weinen. Josef wünschte, er könnte weinen wie sie. Was sollte er nun tun? Das Osterlamm konnte er nicht essen, nachdem er sich mit dem Toten verunreinigt hatte. Morgen war Sabbat. Und dann?

Es blieb wohl das Beste, nach Arimathäa zu reisen und nachzusehen, ob die Blüten an den Olivenbäumen unter der entsetzlichen Hitze Schaden gelitten hatten. Dann brauchte er seinen Kollegen im Hohen Rat nicht zu begegnen und auf ihre höhnischen Fragen nicht zu antworten.

Und dann musste er wohl versuchen, weiter zu leben. Ein Prophet war tot, eine große Hoffnung erloschen. Aber Gott lebte ja. Es war nichts aus alledem geworden, was sie erwartet hatten. Aber es blieb noch immer zu erwarten. Das Reich war nicht gekommen, die Verheißungen hatten sich nicht erfüllt. Aber die Verheißungen waren doch noch da …

Christ gelangt zum Kreuz

John Bunyan

Der folgende Ausschnitt stammt aus Bunyans Klassiker Die Pilgerreise *und schildert den Weg des jungen Christ in der Welt.*

Die Straße, auf der sich Christ nun befand, wurde auf beiden Seiten von einer Mauer begrenzt; die hatte den Namen Heil, und so gut es die Last auf seinen Schultern zuließ, ging Christ auf dieser Straße eine Anhöhe hinauf.

Dort oben stand ein Kreuz, und ein wenig unterhalb des Kreuzes sah er ein Grab.

Und nun sah ich in meinem Traum, dass gerade, als Christ vor dem Kreuz stand, sich seine Last von seinen Schultern löste und bis an die Grabesöffnung rollte und dort hineinfiel. Ich konnte sie nicht mehr sehen.

»WARUM HAST DU MICH VERLASSEN?«

C. S. LEWIS

Der verrwirrendste Ausruf Jesu am Kreuz ist für mich »Eli, Eli, lama asabtani«, was bedeutet: »Mein Gott, mein Gott, warum hast du mich verlassen?« (Matthäus 27,46). In der Stunde seiner höchsten Not betete Jesus den zweiundzwanzigsten Psalm. C. S. Lewis weist darauf hin, dass Institutionen häufig damit sündigen, dass sie genau das Bekenntnis ersticken, zu dessen Verkündigung sie gegründet worden sind. So ist dieser Schrei der letzte Aufschrei des unwillkommenen Messias, auf den sein Volk so lange gewartet hat.

Wir alle versuchen unsere Leiden, wenn sie uns ereilen, mit einer gewissen Demut hinzunehmen. Das Gebet im Garten Gethsemane aber zeigt, dass die Angst vorher zu gleichen Teilen Gottes Wille und Teil unserer menschlichen Bestimmung ist. Selbst der vollkommene Mensch erlitt sie. Und der Knecht ist nicht größer als sein Herr. Wir sind Christen und nicht Stoiker.

Streicht nicht jeder Schritt des Leidenswegs Jesu irgendein gemeinsames Element bei den Leiden der Menschheit heraus? Zuerst das angsterfüllte Gebet. Es bleibt unerhört. Dann wendet er sich an seine Freunde. Diese schlafen – so wie unsere oder wir selbst so häufig schlafen, nicht da sind oder anderweitig beschäftigt. Dann tritt er seiner Gemeinde gegenüber, derselben Gemeinde, die durch ihn ins Leben gerufen wurde. Sie verdammt ihn. Auch das ist typisch. In jeder Kirche, jeder Einrichtung gibt es etwas, das früher oder später dem Zweck, für den sie ins Leben gerufen wurde, entgegenarbeitet.

Doch es scheint noch eine Chance zu geben. Den Staat. In

diesem Falle der römische Staat. Seine Ansprüche sind weitaus geringer als die der jüdischen Religionsgemeinschaft, doch aus eben diesem Grunde gehen ihm vielleicht lokale Fanatismen ab. Er behauptet von sich, auf einer groben, weltlichen Ebene gerecht zu sein. Ja, aber nur so weit, wie diese Gerechtigkeit mit der Staatsraison übereinstimmt und dem politischen Eigennutz dient. Man wird zur Figur in einem komplizierten Spiel.

Doch selbst jetzt ist noch nicht alles verloren. Es gibt immer noch die Berufsinstanz des Volkes – jene armen, einfachen Menschen, die er gesegnet hatte, geheilt, genährt und gelehrt, zu denen er selbst gehörte. Doch das Volk war über Nacht (auch nichts Ungewöhnliches) zu einem mordgierigen Mob geworden, der seinen Tod forderte. Also bleibt einzig noch Gott übrig. Und an Gott gerichtet sind Gottes letzte Worte: »Warum hast du mich verlassen?«

Rauch auf dem Berg

Joy Davidman

Die Amerikanerin Joy Davidman, die C. S. Lewis heiratete, war eine bemerkenswerte Schriftstellerin. Rauch auf dem Berg *war ihre fesselnde Auslegung der Zehn Gebote, geschrieben in der Mitte des 20. Jahrhunderts.*

Unsere Generation kennt Gekreuzigte höchstens als süßliche religiöse Kunst. Doch der Anblick war alles andere als schön und nur wenige von uns würden es wagen, sich ein richtiges Bild einer Kreuzigung übers Bett zu hängen. Ein gekreuzigter Sklave am römischen Straßenrand schrie, bis ihm die Stimme versagte; anschließend blieb er manchmal noch tagelang hängen, eine dreckige, verwesende Ansammlung von Fliegen – ein Mann, dessen Hände und Füße dickgeschwollene Klumpen brandigen Fleisches waren. Das war es, was unser Herr auf sich nahm, »um durch seinen Tod den zu vernichten, der über den Tod verfügt, nämlich den Teufel. So hat er die Menschen befreit, die durch ihre Angst vor dem Tod das ganze Leben lang Sklaven gewesen sind.« (Hebräer 2,14-15)

Die Weisheit beginnt mit »Du sollst nicht«; ihr Ende aber, das neue Gebot, lautet: »Du sollst«. Christ sein heißt alt sein? Keine Spur! Christ sein heißt wiedergeboren sein und frei, furchtlos und ewig jung.

Das Tragen des Kreuzes

Charles H. Spurgeon

Jesus zu folgen bedeutet, auch seinen Lebensstil der Hingabe zu teilen. Jesus warnte seine Bewunderer vor Illusionen. Das Leben mit ihm sei kein lockerer Spaziergang: »Wer mir folgen will, der verleugne sich selbst und nehme sein Kreuz auf sich täglich und folge mir nach.« (Lukas 9,23)

»Folge mir nach und nimm das Kreuz auf dich.«

Es steht nicht bei dir, dein eigenes Kreuz zu machen, obgleich der Unglaube es darin zur größten Meisterschaft bringt, Kreuze zu zimmern. Es ist dir auch nicht gestattet, dein Kreuz selber auszuwählen, obgleich der Eigenwille gern Herr und Meister wäre. Nein, dein Kreuz wird dir bestimmt und bereitet von der göttlichen Liebe, und du musst es dankbar aus ihrer Hand nehmen. Du musst das Kreuz auf dich nehmen als deine dir zugeteilte Würde und Bürde und darfst dich nicht mit spröden Vernunftgründen dagegen wehren. Schlage nicht in deinem Trotz dagegen aus. Tritt es nicht im Mutwillen mit Füßen. Lass dich nicht bis zur Verzweiflung davon niederdrücken. Fliehe nicht in törichter Furcht aus seinem Bereiche. Nimm es auf dich als ein wahrhafter Nachfolger Christi. Der Herr Jesus war ein Kreuzträger. Und wenn er ein Kreuz trägt, wie möchtest du dich nach einer anderen Last sehnen? Der Weg des Kreuzes ist der Weg der Seligkeit. Fürchte dich nicht, auf seinen dornigen Pfaden zu wandeln.

Das Kreuz ist weder aus Federn gemacht noch mit Samt überzogen. Es ist schwer und drückt hart. Auch der Mann der Schmerzen hat seine Last gefühlt. Bedenke das, dann wird es dir süß schmecken. Bedenke, dass ihm bald die Krone nachfolgt, so wird der Gedanke an den verheißenen Schmuck der Herrlichkeit dir die gegenwärtige Last der Trübsal mächtig erleichtern. Der Herr stehe dir bei, dass du deinen Geist in Demut unter den göttlichen Willen beugen kannst, bevor du an diesem Abend einschläfst, damit du, wenn du morgen mit der Sonne erwachst, dich erheben kannst zu deinem täglichen Kreuz mit geheiligtem und demütigem Geist und als ein Jünger dem Gekreuzigten nachfolgst. Je mehr Kreuz, desto mehr Herrlichkeit!

Das Kreuz

CALVIN MILLER

Es gibt eine Legende von Jesus und dem Erzengel Gabriel. Sie handelt vom Sohn, wie er die Reinheit der Gegenwart Gottes verlässt, um sich in die Geschichte zu stürzen. Jesus wird am letzten der sieben Himmelstore von Gabriel angehalten und von ihm gefragt, wohin er will. »Nach Bethlehem in Judäa«, antwortet Jesus. Gabriel scheint sich darüber zu ärgern, dass jemand aus irgendeinem Grunde freiwillig die himmlische Stadt zu verlassen gedenkt, und fragt daher: »Wieso?« Jesus entgegnet, dass der Vater die Welt liebe und er ihn zu ihrer Erlösung aussende.

Da er ihn von seiner Sendung abbringen kann, beobachtet Gabriel vom äußeren Tor aus, wie Jesus sich in Fleisch hüllt und von einer glücklichen jungen Mutter in eine Wiege gelegt wird, inmitten blökender Schafe und muhender Rinder. Gabriel verliert bald das Geschehen aus den Augen, doch er wartet geduldig. Aus Monaten werden Jahre und Jahrzehnte. Gespannt sucht er mit den Augen die Wege ab, die zum Haus des Vaters führen, und erwartet freudig das Wiedersehen mit Jesus. Dann, schließlich, nach dreiunddreißig Jahren geduldigen Ausharrens, trifft Gabriel Jesus, als er durch die himmlischen Säulen zurückkommt. Voller Entsetzen begrüßt er Jesus: »Herr, was ist dir dort unten zugestoßen? Woher diese Narben? Welche Barbaren haben den Sohn des Vaters so zugerichtet? Und die Welt, die du erlösen wolltest? Hast du sie erlöst, Herr?«

Daraufhin sagt Jesus: »Nein, Gabriel, ich habe die Menschheit nicht erlöst, nur einige wenige, und ich habe sie durch diese Wunden erlöst.«

»Aber, Herr«, erhebt der Erzengel Einspruch, »wie ist es um den Rest der Menschheit bestellt? Wird sie nie erlöst werden?«

»Gabriel, wenn die anderen je erlöst werden, dann durch eben diese Wunden – einen anderen Weg gibt es nicht!«

VIII

JESUS:

SEINE AUFERSTEHUNG

Der auferstandene Jesus ist die Mitte des Christentums. Durch die Auferstehung werden aus Suchenden Jünger. Sie ist derart zentral für den christlichen Glauben, dass Paulus schrieb, es sei ohne den Glauben daran unmöglich, Christ zu sein (Römer 10,9). Von Paulus haben wir die ersten Berichte über die Auferstehung. Er schrieb, dass Jesus nach seiner Grablegung ins Leben zurückkehrte und zuerst Petrus erschien, dann den zwölf Jüngern zusammen, dann fünfhundert Menschen auf einmal, dann seinem Halbbruder Jakobus, dann abermals den Aposteln und schließlich (zwei Jahre darauf) Paulus selbst (1. Korinther 15,3-8).

Die Evangelien berichten von diesen ersten Begegnungen mit dem auferstandenen Jesus auf unterschiedliche Weise.

Johannes schreibt, dass Jesus sich zuerst Maria Magdalena allein zeigte. Matthäus schrieb, dass am Ostermorgen Maria Magdalena und »die andere Maria« (die Frau des Klopas und wahrscheinlich Mutter des Jüngers Jakobus) Jesu Grab leer vorfanden. Markus schreibt, dass drei Frauen zum Grab kamen, und Lukas, dass eine noch größere Gruppe von Frauen zum Grab kam.

Warum ist die Auferstehung Jesu so ein unerhörtes, ja einmaliges Ereignis?

Jesus ließ doch während seines dreijährigen Wirkens wenigstens drei Menschen von den Toten auferstehen. Diese drei Auferstehungen aber sind eigentlich nicht mehr als Wiederbelebungen. Jene, die Jesus auferweckte, starben irgendwann wieder. Doch bei Jesu Auferstehung endet sein wiedererlangtes Leben nicht mit einem zweiten Tod. Vielmehr geht er bald darauf zu seinem Vater im Himmel. Die Vorstellung, dass Jesus sich nun leiblich im Himmel befindet, ist Kern aller großen christlichen Bekenntnisse. Weiterhin bedeutet die Auferstehung: Der Tod, der Jesus nicht im Grab halten konnte, wird auch die, die an ihn glauben, nicht halten.

Beim Untertauchen in der Taufe, so schreibt Paulus (Römer 6,4-6), werden wir symbolisch in Jesu Tod mit hineingenommen. Wenn die Taufe vollzogen war und der Gläubige aus dem Wasser stieg, war das ein Symbol dafür, dass er mit Jesus aus dem Grab stieg.

Paulus bricht angesichts der Macht des Auferstandenen über den Tod in ein Triumphlied aus (1. Korinther 15,55):

> »Der Tod ist vernichtet!
> Der Sieg ist vollkommen!
> Tod, wo ist dein Sieg?
> Tod, wo ist deine Macht?«

Die Auferstehung Jesu schenkt die größte Hoffnung. Jesus sagt bei der Auferstehung des Lazarus: »Ich bin die Auferstehung und das Leben« (Johannes 11,25). Die größte Angst des Menschen ist zu allen Zeiten der Tod gewesen. Deshalb ist die Ostergeschichte die Botschaft der Hoffnung.

Seit alter Zeit haben auch die Kirchenlieder diese Hoffnung ausgedrückt:

Wir wollen alle fröhlich sein
in dieser österlichen Zeit;
denn unser Heil hat Gott bereit'.

Halleluja, halleluja,
halleluja, halleluja,
gelobt sei Christus, Marien Sohn.

Es ist erstanden Jesus Christ,
der an dem Kreuz gestorben ist,
dem sei Lob, Ehr zu aller Frist.

Er hat zerstört der Höllen Pfort,
die Seinen all herausgeführt
und uns erlöst vom ewgen Tod.

Es singt der ganze Erdenkreis
dem Gottessohne Lob und Preis,
der uns erkauft das Paradeis.

Des freu sich alle Christenheit
und lobe die Dreifaltigkeit
von nun an bis in Ewigkeit.

Halleluja, halleluja,
halleluja, halleluja,
gelobt sei Christus, Marien Sohn.

Als der Sabbat vorüber war, kauften Maria aus Magdala, Maria, die Mutter des Jakobus, und Salome wohlriechende Öle, um damit zum Grab zu gehen und Jesus zu salben.

Am ersten Tag der Woche kamen sie in aller Frühe zum Grab, als eben die Sonne aufging. Sie sagten zueinander: Wer könnte uns den Stein vom Eingang des Grabes wegwälzen?

Doch als sie hinblickten, sahen sie, dass der Stein schon weggewälzt war; denn er war sehr groß. Sie gingen in das Grab hinein und sahen auf der rechten Seite einen jungen Mann sitzen, der mit einem weißen Gewand bekleidet war; da erschraken sie sehr.

Er aber sagte zu ihnen: Erschreckt nicht! Ihr sucht Jesus von Nazareth, den Gekreuzigten. Er ist auferstanden, er ist nicht hier. Seht, da ist die Stelle, wo man ihn hinlegt hatte. Nun aber geht und sagt seinen Jüngern, vor allem Petrus: Er geht euch voraus nach Galiläa; dort werdet ihr ihn sehen, wie er es euch gesagt hat. (Markus 16,1-7)

JESUS: DER BARMHERZIGE GOTT

HENRI J. M. NOUWEN

Immer wieder ist die Auferstehung von Malern und Bildhauern der abendländischen Kulturgeschichte dargestellt worden. Der bedeutende geistliche Autor unserer Zeit, Henri Nouwen, ein Amerikaner holländischer Abstammung, schreibt über eine Begegnung mit einem Bild von Matthias Grünewald.

Montag, 17. Februar 1986

Lieber Marc,

gestern bin ich mit Freunden in Colmar gewesen. Colmar liegt, eine knappe Autostunde von Freiburg entfernt, auf der anderen Seite des Rheins im unteren Elsass. Wir fuhren dorthin, um den Isenheimer Altar zu sehen. Vielleicht hast du schon einmal von ihm gehört, oder ihn gar gesehen. Für mich war es ein tiefes Erlebnis.

Der Isenheimer Altar wurde zwischen 1513 und 1515 gemalt, und zwar für die Kapelle des Pestkrankenhauses in dem kleinen Dorf Isenheim, in der Nähe von Colmar. Der Maler führte ein so zurückgezogenes Leben – manche Fachleute sagen, er war sehr melancholisch –, dass sich die Kunsthistoriker über seine Person noch immer nicht einig sind. Die meisten Kenner sind jedoch der Ansicht, dass Matthias Grünewald der Schöpfer dieses Meisterwerkes ist, das die ganze Malkunst des späten Mittelalters zusammenfasst und zu einem Höhepunkt führt. Für viele ist es nicht nur der größte, sondern auch der ergreifendste Altar, der je geschaffen wurde. Es ist ein mehrteiliger Flügelaltar.

Auf dem ersten Flügel ist die Kreuzigung Christi dargestellt; auf dem zweiten zeigt uns Grünewald die Verkündigung der Menschwerdung Jesu, seine Geburt und seine Auferstehung. Auf dem dritten – der in Wirklichkeit aus zwei Flügeln besteht zu jeder Seite aus einer geschnitzten Gruppe von Figuren – sind die Versuchung des heiligen Antonius und dessen Besuch beim Einsiedler Paulus dargestellt.

Obwohl ich mich auf unseren Besuch vorbereitet und zwei Bücher von Wilhelm Nyssen über diesen Altar gelesen hatte, übertraf die Wirklichkeit meine Vorstellung und jede Beschreibung oder bildliche Wiedergabe. Der Anblick Jesu am Kreuz, gequält, ausgemergelt, den Leib mit Eiterbeulen übersät, ließ mich erahnen, was in den sterbenden Pestkranken des

Isenheimer Hospitals vorgegangen sein muss. Sie sahen ihren Gott vor sich mit den gleichen eiternden Geschwüren, die ihren eigenen Leib bedeckten, und es wurde ihnen schockartig klar, was Menschwerdung wirklich heißt. In dieser leidenden Gestalt sahen sie Solidarität, Mitleid, Vergebung und eine endlose Liebe vereint. Ihnen wurde deutlich, dass sie in ihrer Todesangst nicht allein gelassen sind.

Wenn dann der vordere Flügel zurückgeschlagen wurde, sahen sie aber auch, dass der gemarterte Leib Jesu – geboren aus Maria – nicht nur für sie gestorben, sondern auch in aller Herrlichkeit für sie vom Tod erstanden war. Derselbe schwärende Leib, den sie tot am Kreuz hängen sahen, erstrahlt auf diesem Altarflügel in blendendem Licht und steigt empor in die göttliche Herrlichkeit – eine Herrlichkeit, die auch uns erwartet.

Die beiden Antoniustafeln mit ihren dramatischen Darstellungen erinnerten die Pestkranken daran, dass die Teilnahme an der göttlichen Herrlichkeit Jesu die Bereitschaft verlangt, auch seine Versuchungen mit ihm zu teilen. Der heilige Antonius war der Schutzpatron des Ordens, der die Pestkranken betreute. Sein Leben zeigt – ohne jede billige Sentimentalität –, dass diejenigen, die Jesus nachfolgen wollen, auf einem schmalen und oft steinigen Weg gehen müssen.

Ich verweilte über drei Stunden vor dem Isenheimer Altar. Während dieser Zeit habe ich mehr über das Leiden und die Auferstehung gelernt als durch tagelanges Lesen. Der gekreuzigte und auferstandene Christus von Matthias Grünewald hat sich so tief in mein Gedächtnis und in mein Vorstellungsvermögen eingeprägt, dass ich mir dieses Bild vergegenwärtigen kann, wo immer ich gehe oder stehe. Ich weiß jetzt wieder auf ganz neue Weise, dass ich mit Jesus verbunden bleiben muss, um mein Leben in all seinen schmerzlichen, aber auch herrlichen Augenblicken ganz leben zu können.

Aslans Auferstehung

C. S. LEWIS

In seinen Narnia-Geschichten *umschreibt C. S. Lewis im Bild, wie Jesus von den Toten auferstand.*

Der Sonnenaufgang hatte alle Farben und Schatten verändert, so dass sie zunächst das Wichtigste nicht bemerkten. Plötzlich sahen sie es: Der Steintisch war bei dem lauten Krachen in zwei Teile geborsten, und ein klaffender Sprung lief quer durch. Aslan war nicht mehr da.

»Oh, oh, oh«, klagten die beiden Mädchen und rannten zum Tisch zurück.

»Das ist zu grässlich«, schluchzte Lucy. »Seinen Leichnam hätten sie doch in Frieden lassen können.«

»Wer hat das getan?«, schrie Suse. »Was bedeutet das? Noch mehr Zauber?«

»Jawohl«, sprach eine volle Stimme hinter ihrem Rücken. »Ein noch tieferer Zauber!«

Sie schauten sich um. Leuchtend in der aufgehenden Sonne, gewaltiger denn je vorher, stand Aslan da. Er selbst! – Und er schüttelte seine Mähne, die anscheinend wieder gewachsen war.

»Oh, Aslan!«, schrien die Kinder und starrten ihn beglückt und erschrocken an.

»Du bist also nicht tot, lieber Aslan?«, fragte Lucy.

»Nicht mehr«, antwortete er.

»Und du bist kein Ge … Ge …?«, fragte Suse mit zitternder Stimme. Sie brachte das Wort »Gespenst« nicht über die Lippen.

»Sehe ich so aus?«, fragte Aslan. Er neigte sich und berührte mit den Lippen ihre Stirnen.

»Oh, du bist, du bist ganz wirklich, Aslan!«, rief Lucy.

Und die beiden Mädchen umarmten ihn und bedeckten sein mächtiges Haupt mit Küssen.

Sobald sie sich etwas beruhigt hatten, fragte Suse: »Aber was bedeutet das?«

»Es bedeutet, dass die Hexe vom Urzauber wohl Kenntnis hatte, aber keine Ahnung von jenem tieferen Zauber, der noch weit hinter dem Urzauber waltet. Ihre Kenntnis reicht nur bis zum Anfang der Zeit; hätte sie ein wenig weiter dahinter schauen können, in das Schweigen und in die Finsternis vor der Zeiten Dämmerung, dann hätte sie den andern Zauberbann erspäht und hätte erkannt: wenn sich einer, der nichts verbrochen hat, freiwillig für einen Schuldigen opfert, dann bricht der Steintisch entzwei, und der Tod weicht zurück. Und nun...«

»Oh, fein«, rief Lucy. »Und was nun?« Sie sprang auf und klatschte in die Hände.

»Oh, Kinder«, rief der Löwe, »ich fühle meine Kräfte wieder! Fangt mich, wenn ihr könnt!« Seine Augen strahlten auf und seine Glieder erbebten. Er schlug mit dem Schweif um sich. Dann duckte er sich, sprang hoch über ihre Köpfe und landete auf der andern Seite des Tisches.

Jauchzend, ohne recht zu wissen, warum, rannte Lucy zu ihm hinüber und versuchte ihn zu fassen, aber Aslan sprang wieder hoch, und eine tolle Jagd begann. Er hetzte sie rings um den Hügel herum. Es war aussichtslos, ihn zu fangen, nur seinen Schweif erwischten sie beinahe. Dann war er plötzlich dicht bei ihnen, schleuderte sie mit seinen mächtigen und schönen Samtpfoten in die Luft und fing sie wieder auf, und ebenso unvorhergesehen hielt er plötzlich inne, so dass sie übereinanderpurzelten. Ach, es war ja ein solch glücklich lachendes Durcheinander von Armen und Beinen, eine Ausgelassenheit, wie es sie eben nur in Narnia gibt. Und das Merkwürdigste dabei war: Die Mädchen fühlten keinerlei Müdigkeit mehr, und als sie bald darauf schnaufend in der Sonne lagen, waren ihnen auch Hunger und Durst vergangen.

Noli me tangere

Geno Hartlaub

Die deutsche Schriftstellerin Geno Hartlaub (geboren 1915) veröffentlichte viele Erzählungen, Romane und Novellen. In der folgenden Erzählung schildert sie einen entscheidenden Tag für Maria Magdalena.

Die Dunstschleier über dem Kidrontal hatten sich aufgelöst. Nackt, weiß und blendend stand die Sonne zwei Handbreit über dem Stadttor am Morgenhimmel, der mit seiner Bläue prunkte. Die Gasse wand sich wie das Bett eines ausgetrockneten Flusses zwischen Mauern und fensterlosen Häuserwänden dahin: Geröll, verdorrtes Gras, ausgewaschene Stufen. Kein Eselkarren, kein Melonenverkäufer, kein Kindergeschrei, nicht einmal die schwankenden Schritte eines Legionärs, der von einem nächtlichen Gelage in die Kaserne heimkehrt. Schliefen denn alle? Aber die Sonne steht schon zwei Handbreit über dem Stadttor, Leute! Es ist Zeit, dass ihr aufwacht, damit sich das Räderwerk der großen Stadt widerwillig knarrend in Bewegung setzt wie an jedem Morgen. Seit Tausenden von Tagen und Nächten hatte Maria Magdalena die Stundenuhr im Kopf, nach der die Nachbarn in der Gasse die Türen schlugen, die Treppenstufen hinabliefen, mit dem Geschirr klirrten, keiften und lachten. Und heute auf einmal diese unnatürliche Stille, so als habe ein gewaltiger Sturm über Nacht die Stadt leergefegt! Sie allein in dem hellen Trauergewand schwankend, nein schwebend, unterwegs, heimkehrend von draußen. Ihr Fuß spürte die Unregelmäßigkeiten des Bodens nicht, keinen Pflasterstein, keine Stufe. Sollte sie an alle Türen klopfen, laut rufen oder singen, um die dumpfen Morgenschläfer aus ihren Träumen aufzurütteln: kommt mit mir hinaus, vor die Stadt, in den Garten. Dort bewegen die Ölbäume ihre Lichtfinger in einem kühlen Lufthauch, von dem hier in den engen Gassen mit dem aufgehäuften Unrat vor den Türen nichts zu spüren ist. Kommt mit, ihr alle, die ihr gleich Asseln im Keller im Halbdunkel eurer Häuser haust. Kommt und seht, wie die Welt sich über Nacht verändert hat. Tag und Nacht müssten aus ihrem Gleichgewicht fallen. Aber die Sonne ist auch an diesem Morgen aufgegangen, sie steht zwei Handbreit über dem Stadttor.

Magdalena musste sich für Minutenfrist an eine Hauswand lehnen. Sie war atemlos vom raschen Laufen, sie schloss die Augen, um ein Schwindelgefühl zu überwinden: Nur das nicht, nur kein Aufruhr, kein lärmender Haufen, keine Fußspuren im Sand der geheiligten Pfade. Es war genug gelärmt, gegafft, geschrien und gejammert worden in den letzten Tagen. Sie hatten ihr Schauspiel gehabt, ihr Hunger war gestillt worden. Noch während sie an der Wand lehnte, kam ihr ein Gedanke, der trotz seiner Ungeheuerlichkeit kaum Wellen der Unruhe in ihr aufstörte.

Vielleicht, dachte sie, hat der Glanz da draußen mich blind, hat seine Stimme mich taub gemacht, und ich kann nicht mehr das Gleiche hören und sehen wie die anderen. Und ich bewege mich durch diese stille, helle und ausgestorbene Welt, während das Leben mich von allen Seiten umzingelt hält, mit Geschrei bewirft, mit Steinen und Kot, mit Blicken und grellem Gelächter. Nur ich bin ausgespart aus dem wilden Tumult, mit dem hier der Tag losbricht, von dem höllischen Getöse, mit dem die Menschen die Sonne begrüßen. Die Welt um mich herum ist ein hauchzartes Gewebe geworden, zu durchstoßen mit den Fingerspitzen, auffliegend bei jedem Atemzug.

Sie streckte die Hand aus nach dem körnigen Mauerwerk, tastete sich vorwärts wie eine Blinde. Gewiss, das war noch ein wenig rau und hart und heiß von der Sonne, die sich schon zwischen den Steinen einnistete. Es war nicht vom gleichen Stoff wie das aus Licht gesponnene Gewand des Gärtners, das sie nicht anrühren durfte. Aber schon schmolz der Widerstand der Mauer, an der sie entlang ging, unter ihren Händen dahin.

Was für einen Abscheu sie auf einmal empfand gegen die tausend harten und weichen, klebrigen und glatten, kalten und warmen Dinge, die man den ganzen Tag über anfassen muss, was für einen Widerwillen vor der Berührung der Menschen. Die Erinnerung an ihr früheres Leben war noch nicht ausgebrannt. Sie lag auf der Lauer, ein Wachhund, der allerlei längst vergessenes Zeug aus den Winkeln eines allzu lange bewohnten Hauses herbeischleppt: Seidengewänder, Juwelen, Salben und Wohlgerüche, Stimmengewirr und schwere Schritte vor der Tür, betrunkenes Lachen, Liebkosungen, Zärtlichkeiten – weder Feuer noch Wasser der großen Reinigung löschte das von der Tafel des Gedächtnisses aus.

Maria Magdalena sah ihre Hand an und sie entsetzte sich. Von Kind auf hatte man sie die Verrichtungen des Alltags, das Greifen, das Zupacken und die falschen Zärtlichkeiten gelehrt. Keine größere Sünderin als so eine Hand! Sie gleicht dem Söldner, der den Mordbefehl ausführt, während der Hauptmann, der Weisung gibt, sich vornehm im Hintergrund hält. Hatte sie ihn deshalb nicht anrühren dürfen?

Sie lief eine lange Treppe zu der Gasse hinunter, in welcher das Haus der Mutter des Jakobus lag. Noch immer war sie allein, der Zauber der Leere und des stillen Glanzes hielt an. Aber der Grundriss der Straßen und Häuserquadrate im Viertel der armen Leute hatte sich nicht verändert, jede Mauer stand an ihrem Platz, den sie wiedererkannte. Sie war also noch nicht verklärt. Aus dem feindlich starrenden Jerusalem, vor dessen Häschern sie in alle Winkel fliehen mussten, war noch nicht die himmlische Stadt geworden. Der Posaunenklang des Gerichtes erfüllte noch nicht die Morgenluft, obgleich die Stille in Marias Ohren immer wieder zu tönen anfing. Aber der Gang die Treppe hinunter dauerte nicht ewig, und unten in der Gasse war das Hoftor zu dem Haus, in dem die Mutter des Jakobus mit einigen Jüngern auf ihre Rückkehr wartete. Würde man ihr die Botschaft glauben?

Und auf einmal wusste sie: Jeder Mensch hat seine Stunde, und sie, Maria Magdalena war nur für diesen einen einzigen Augenblick von Äonen her ausgewählt. Bis zu diesem Tag war alles nichts als ein wüstes, wirres Vorspiel gewesen, ein Husten und Kriechen durch labyrinthische Gänge, ein Drängen und Wüten gegen das eigene Fleisch, ein Durst, der niemals gestillt werden konnte. Was von nun an noch kommen sollte, würde nichts als selige Erschöpfung nach dem Augenblick der Erfüllung sein, das Ausschwingen eines Pendels, den jemand anstieß und anzuhalten vergaß. Sie klopfte am Holztor an, gab mit zitternder Hand das verabredete Zeichen.

Als sie die übernächtigten Schritte der Mutter des Jakobus über den Steinboden des Hofes schlurfen hörte, erschien ihr das, was sie zu verkünden hatte, einfach, klar und mühelos zu begreifen. Ebenso gut hätte sie sagen können: Kommt, liebe Brüder und Schwestern. Seht, die Sonne ist aufgegangen, auch an diesem Tag ist sie aufgegangen. Aber der Glaube ist immer wieder ein Sprung über die Hürden, welche der Mensch aus dem bröckligen Gestein der Jahrtausende errichtet hat, ein Sprung, zu dem man Atem und Kraft braucht, die den trägen Geist über diese Hürden treibt wie der Reiter ein widerwilliges Pferd. Als die Mutter des Jakobus die Tür öffnete, raffte Maria ihre Röcke zusammen und nahm einen Anlauf, als müsse sie ein unsichtbares Hindernis überwinden.

Ihre Augen gewöhnten sich nur langsam an die bräunliche Dämmerung, die das Haus erfüllte. Sie sah die Männer auf Schemeln vor einem leeren Holztisch um eine Öllampe sitzen: erdfarbene, vom Schlaf gedunsene Gesichter, in die Hände gestützt, schwere Schultern und ungeschlachte Glieder, bärtig, stumpfäugig, ein Geschlecht zwergenhafter Riesen, von der Arbeit eines Lebens verkrümmt. Nach der Wärme draußen schlug ihr die Feuchtigkeit aus den Wänden des Gewölbes wie Grabeskühle entgegen. Ja, hier drinnen saßen sie in einem Grab, lebendig eingemauert, vom Geruch der Leichentücher und Spezereien umgeben. Die Bitterkeit von Golgatha zerfurchte noch ihre Mienen, der Nachhall des Erdbebens betäubte ihre Sinne, der aufgewühlte Staub der Schädelstätte beschmutzte ihre Füße in den Sandalen und nistete in den Falten ihrer Gewänder. Maria Magdalena jedoch trug in ihrem Haar den Geruch der Zypressen aus dem Garten, ihre Stirn hatte der Tau der Morgendämmerung benetzt. Als sie eintrat, hoben alle die Lider auf und blickten sie verwirrt und geblendet an, so wie man ins Licht sieht, wenn der Fensterladen in einem dunklen Zimmer geöffnet wird.

Die Armen, dachte Maria, sie haben hier viele Stunden eingeschlossen im Keller gesessen wie Kinder, wenn die Mutter das Haus verlassen hat, sie haben gehungert und gedürstet und sich gesehnt nach Luft und Licht. Aber jetzt bin ich wieder da, dachte sie, überwältigt von einem Ansturm mütterlichen Erbarmens, jetzt endlich, Kinder, kann ich euch Nahrung geben, jetzt dürft ihr ins Freie hinaus. Sie sagte – aber ihre Stimme schien keine Verbindung mit ihrem Körper zu haben, sie kam irgendwo aus der Höhle – sie sagte: »Der Stein war vom Grabe gewälzt. Er lebt. Ich habe ihn gesehen.« Sie sagte es, und sie hörte sich selbst dabei zu mit dem Argwohn, dem Zweifel und Misstrauen der anderen. Aus diesem Grunde sprach sie mit dieser zweiten Stimme, die irgendwo aus der Höhe zu kommen schien. Es war alles auf einmal so weit weg, so ferngerückt diese Kammer mit den scharfen, bitteren Gerüchen und der schweren Menschenfracht. Es war nur für sie, Maria Magdalena, nicht für die anderen bestimmt. Sie hätte es gern für sich behalten wie ein Kindergeheimnis, das man bis zur Stunde des Todes nicht vergisst. Sie hatte die Szenerie des Gartens mit den Zypressen an der Pforte und dem gewundenen Sandpfad vor dem Eingang zum Grab heute nicht zum ersten Mal gesehen. Als Kind war sie dort oft in ihren Träumen umhergegangen, um etwas zu suchen. Niemand begleitete sie, sie war immer allein. Später hatte sie nur auf die eine Stunde zugelebt, in der sich das, was sie als Kind vorausgeahnt hatte, erfüllen sollte.

Maria fuhr zusammen. Die Mutter des Jakobus, hager, dunkel, groß, stand auf einmal vor ihr. Ihr Gesicht konnte sie kaum erkennen, sie sah nur ein wenig feuchten Glanz von den Augen und Lippen, aber sie roch den trockenen Atem, den Atem einer Frau, die über Nacht aus Sorge und Gram alt geworden ist. »Du hast dich getäuscht«, sagte sie, »wir glauben dir nicht. Dir kann man nicht glauben.« Und ihre Stimme klang heiser, ein Bodensatz von Ärger war in ihr aufgerührt, Neid und Eifersucht, weil sie, Maria Magdalena, die so lange außerhalb der Ordnung der Menschen gelebt hatte, die erste Zeugin der ungeheuerlichen Begebenheit sein sollte. Maria fror in einer scharfen Zugluft, die plötzlich den Raum erfüllte, ihr Bewusstsein drohte zu erlöschen wie eine Kerze im Wind. »Geht selbst hinaus«, sagte sie mit versagender Stimme, die aber wieder die eigene war. »Seht nach dem Grab. Es ist leer. Er ist auferstanden.«

Da verhüllte die Mutter des Jakobus ihr Gesicht vor Schmerz und Scham, sie beugte sich zu Maria herab und sagte: »Vergib mir, Schwester.« Die Jünger standen von ihren Schemeln auf. Schwerfällig, schwankend, wie Männer, die von der Arbeit des Tages zurückkehren, verließen sie, einer nach dem andern, den Raum. Maria Magdalena ließ sich auf der Matte am Herd, in der Nähe der erkalteten Asche nieder. Überwältigt von Müdigkeit schlief sie ein, noch bevor die Mutter des Jakobus, die mit den Jüngern zum Garten hinausging, das Tor hinter sich abgeschlossen hatte.

Talleyrands Rat

C. H. Robinson

Bringen Wunder Glauben hervor oder schafft sich der Glaube Wunder? Liebten die Jünger Jesus so sehr, dass sie behaupteten, er sei auferstanden, obwohl das vielleicht nie passiert war? Oder brachte das Wunder den Glauben hervor? Eines ist klar: Die Auferstehung hat die Jünger dermaßen überrascht und überwältigt, dass sie ihr Leben umkrempelte. Irgendetwas spornte gewöhnliche Fischer und bekehrte Prostituierte dazu an, Wortführer einer neuen Bewegung zu werden. Die einfachen und ungebildeten Männer verkündeten auch hunderte Kilometer von ihrer Heimat entfernt ihren Glauben mit Leidenschaft und starben für diesen Jesus den Märtyrertod. Die Auferstehung Jesu ruft den Glauben ins Leben; sie ist nicht das erste Wunder Jesu, doch sie ist das Ursprungswunder der Christenheit.

M. Lepeaux offenbarte einmal dem Diplomaten Talleyrand seine Enttäuschung über den Misserfolg, den er bei seinem Versuch erlebt hatte, eine neue Religion in Mode zu bringen, die er für eine Verbesserung gegenüber dem Christentum hielt. Er erklärte, dass seine Propaganda trotz aller Anstrengungen durch ihn und seine Anhänger nichts fruchtete, und bat Talleyrand um Rat, was er dagegen unternehmen könne. Talleyrand erwiderte, dass es in der Tat schwierig sei, eine neue Religion zu gründen, so schwierig, dass es eigentlich nicht vorstellbar sei, so schwierig, dass er kaum einen Rat wüsste. »Dennoch«, sagte er nach längerem Nachdenken, »es gäbe eine Methode, die Sie zumindest versuchen könnten. Ich empfehle Ihnen, sich kreuzigen zu lassen und am dritten Tage von den Toten aufzuerstehen.« (…)

Ganz gleich, ob wir bereit sind, die Auferstehung als geschichtliche Tatsache zu akzeptieren oder nicht – wir können dennoch den Einfluss nicht bestreiten, den ein Glaube daran in der Welt ausgeübt hat. Wir können nicht bestreiten, dass er Leben und Unsterblichkeit an den Tag hat treten lassen, wie wohl kein anderer Glaube es vermocht hätte; dass er für einen großen Teil der Menschheit die Angst vor dem Tod ersetzt hat durch die Gewissheit eines Gottes, der das ewige Leben ist; dass er unsere Sitten und Gebräuche, unsere Literatur, unsere Sprache mit einer Hoffnung und einer Herrlichkeit durchdrungen hat, die aus keiner anderen Quelle hätten stammen können.

OSTERN

JOHN UPDIKE

Der zeitgenössische amerikanische Schriftsteller John Updike hat ein bemerkenswertes Gedicht geschrieben: Sieben Strophen zu Ostern.

Täusche dich nicht: Wenn überhaupt, so ist Er
auferstanden
als Sein Leib. Hätte nicht die Auflösung der Zellen
sich umgekehrt, hätten nicht wieder sich verstrickt
die Moleküle, die Amino-Säuren wieder sich entzündet,
dann stürzte die Kirche.

Es war nicht so wie bei den Blumen,
die jeden zarten Frühling wiederkehren;
es war nicht wie Sein Geist im Munde seiner Jünger
und in ihren trunknen Augen,
es war Sein Fleisch: das unsere.

Dieselben Zehen und derselbe Daumen, so gelenkig,
dasselbe Herz mit seinen Klappen,
das – durchbohrt – starb, verdorrte, innehielt und dann
aus ew'ger Allmacht wieder Kraft gewann,
uns zu umarmen.

Lasst uns nicht Gottes spotten mit Metaphern,
Vergleichen, Ausflüchten, mit Transzendentem,
macht dies Ereignis nicht zur Parabel, zum blassen Zeichen der
Glaubenseinfalt früh'rer Zeiten:
Durchschreiten wir die Tür.

Der Stein ward weggewälzt und kein Papiermaché,
kein legendärer Stein,
nein, der gewalt'ge Fels, der, langsam mahlend in der Zeit,
jedem von uns des Tages Helle
verdunkeln wird.

Wenn wir am Grab denn einen Engel wollen,
so lasst es einen Engel sein, der wirklich ist,
schwer von Plancks Quanten, munter mit Haar,
opak im Dämmerlicht, in echtem Linnen,
von wohlbekanntem Webstuhl.

Versuchet nicht, es weniger monströs zu machen,
nach eigenem Belieben, eignem Schönheitssinn,
sonst werden wir, erweckt in unfassbarer Stunde, vom Wunder
jäh erschreckt, und dann zermalmt uns
der Beweis der Wahrheit.

Das Kreuz

CALVIN MILLER

Durch das Kreuz sind wir ohne Angst. Denn nach seinem grausamen Tod kehrte Jesus zu seinem Vater zurück. Wirklich und wahrhaftig sagte er, bevor er starb, zu einem Dieb: »Heute wirst du mit mir im Paradies sein.« Es ist der herrliche Sieg des Kreuzes. Er sagt uns: den Leib zu verlassen heißt, bei dem Herrn zu Hause zu sein. Der Tod ist die Tür, die zum Himmel führt. Jetzt kennen wir die Wahrheit in dieser Angelegenheit. Wir tauschen nur den Herzschlag gegen die Herrlichkeit ein und es wird höchst aufregend sein. Wir werden vom unmittelbaren Schmerz unseres Sterbens in die volle Gegenwart des Herrn gelangen und ihn »von Angesicht zu Angesicht« kennen lernen.

IX

Jesus:

Seine fortdauernde Herrschaft

Ein Kernsatz des christlichen Glaubens lautet: Gott hält die Welt in seiner Hand (Psalm 24). Ein sehr bekanntes Spiritual drückt es so aus: »He's got the whole world in his hand ... He's got you and me ... in his hand.« Er hat die Regie, auch wenn das unseren Augen oft verborgen bleibt. Christen glauben, dass sie nicht allein durchs Leben gehen (Hebräer 13,5). Er ist durch jede Facette des irdischen Lebens gegangen, durch die auch wir gehen müssen (1. Korinther 10,13). Selbst jene Ereignisse unseres Lebens, die uns zufällig und planlos erscheinen, haben einen Sinn. Manches, was uns jetzt undurchschaubar und dunkel erscheint, werden wir erst verstehen, wenn wir nach unserm Tod bei Gott sind (1. Korinther 13,12). Denen, die Gott lieben, dienen alle Dinge zum Besten (Römer 8,28). Für Christen bekommen selbst Verfolgung und Tod einen Sinn, weil der Herr sie zulässt, dem alle Mächte dienen müssen und der ein Ziel mit unserem Leben und mit der Geschichte hat.

Immer wieder sagte Jesus seinen Jüngern, dass Gott uns nicht vergisst, dass seine Augen mit Liebe auf seiner Welt ruhen: Die Haare auf unserem Kopf sind alle gezählt (Matthäus 10,30). »Kauft man nicht zwei Sperlinge für einen Groschen?«, sagte er. »Dennoch fällt keiner von ihnen auf die Erde ohne euren Vater« (Matthäus 10,29).

Für unsere Worte, Taten und Unterlassungen werden wir zur Rechenschaft gezogen (Matthäus 25,44). In der Offenbarung des Johannes sagt Jesus: »Ich kenne deine Werke« (3,15). Jesus hört niemals auf, die Welt anzusehen.

Jesus ist der Herr über seine Kirche und schenkt allen, die an ihn glauben, was sie zum Leben brauchen (Philipper 4,19). Er ist der souveräne Herrscher über alles Leben, zu allen Zeiten. Jesus sorgt für uns, und seine Kirche kann ganz fest wissen, dass er in jeder Situation bei ihr sein wird.

Schließlich ist er auch Herrscher über den Tod. In seiner Auferstehung bahnte er für uns den Weg des neuen Lebens. Seit er den Tod besiegt hat, gibt es keine hoffnungslosen Fälle mehr. Dieser Sieg ist die größte Hoffnung für alle, die ihm nachfolgen.

> Und warum sorgt ihr euch um die Kleidung? Schaut die Lilien auf dem Feld an, wie sie wachsen: sie arbeiten nicht, auch spinnen sie nicht. Ich sage euch, dass auch Salomo in aller seiner Herrlichkeit nicht gekleidet gewesen ist wie eine von ihnen.
>
> Wenn nun Gott das Gras auf dem Feld so kleidet, das doch heute steht und morgen in den Ofen geworfen wird:

sollte er das nicht viel mehr für euch tun, ihr Kleingläubigen? (Matthäus 6,28-30)

Kauft man nicht zwei Sperlinge für einen Groschen? Dennoch fällt keiner von ihnen auf die Erde ohne euren Vater. Nun aber sind auch eure Haare auf dem Haupt alle gezählt. Darum fürchtet euch nicht; ihr seid besser als viele Sperlinge. (Matthäus 10,29-31)

Die Bekehrung des Boris Kornfeld

Charles Colson

Wegen seiner Verwicklung in den Watergate-Skandal wurde der Berater von Präsident Nixon, Charles Colson, zu einer Gefängnisstrafe verurteilt. Inzwischen hatte er sich dem christlichen Glauben zugewandt, was in den USA für Furore sorgte. Er gab seine Schuld offen zu. Nach seiner Entlassung gründete er eine Gefangenenhilfsorganisation. Im folgenden Text schildert er die Bekehrung eines russischen Arztes.

Kein Reporter hat die Straflager Sowjetrusslands je besucht – es sei denn als Gefangener. Darum haben wir bis heute wenig Informationen über die Millionen, die dort gelebt und gelitten haben, die dort, besonders unter Stalins Terrorregime, gestorben sind. Die meisten werden namenlos bleiben und lediglich in der Erinnerung derer fortleben, die sie kannten und liebten. Von Zeit zu Zeit jedoch sind Bruchteile von Informationen über wenige Menschen nach draußen gelangt. Einer dieser wenigen hieß Boris Nikolajewitsch Kornfeld.

Kornfeld war Arzt. Davon können wir etwas über seine Herkunft rekonstruieren, denn im nachrevolutionären Russland blieb eine solche Bildung unmöglich für Familien, die irgendwie mit dem zaristischen Russland zusammenhingen. Wahrscheinlich gehörten seine Eltern zu den Sozialisten, die ihre Hoffnung auf die Revolution gesetzt hatten. Sie waren auch Juden, aber sehr wahrscheinlich keine Juden, die auf den Messias hofften, denn der Name Boris und der Patenname Nikolajewitsch weisen auf Generationen russischer Namen. Wahrscheinlich gehörten Kornfelds Vorfahren zu den *Haskalah*, den sogenannten aufgeklärten Juden, die sich der Philosophie des Rationalismus geöffnet hatten, naturwissenschaftliches Denken kultivierten und der Kunst dienten. In Sprache, Kleidung und gesellschaftlichen Formen passten sie sich soweit wie möglich ihren russischen Mitmenschen an.

Für diese Juden schien es ganz natürlich, Lenins Revolution zu unterstützen, denn der bösartige Antisemitismus der Zaren hatte das Leben in den vergangenen zweihundert Jahren fast unerträglich werden lassen. Der Sozialismus versprach ihnen Besseres als das »christliche« Russland. Das »christliche« Russland hatte Juden grausam umgebracht; vielleicht würde das atheistische Russland sie retten.

Offensichtlich folgte Kornfeld den Spuren seiner Eltern und glaubte an den Kommunismus als eine geschichtliche Notwendigkeit, denn politische Gefangene waren damals keine Gegner des Kommunismus oder Befürworter eines erneuten Zarenregimes. Solche Leute wurden einfach erschossen. Politische Gefangene glaubten damals zwar an die Revolution, waren aber Sozialisten oder Kommunisten, deren Linientreue im Blick auf das Stalinregime irgendwo einen Makel aufwies.

Wir wissen nicht, welches Verbrechen Dr. Kornfeld beging. Lediglich, dass es sich um ein politisches Verbrechen handelte. Vielleicht deutete er einem Freund eines Tages an, Stalin könne möglicherweise doch fehlbar sein. Vielleicht wurde er lediglich beschuldigt, solche Gedanken zu hegen. Das genügte bereits, um im Russland der frühen 1950er Jahre ins Gefängnis zu wandern. Viele starben aus nichtigerem Anlass. Jedenfalls wurde Kornfeld in einem Konzentrationslager für politisch Subversive in Ekibastuz gefangen gehalten.

Ironischerweise kurierten ihn ein paar Jahre hinter Stacheldraht vom Kommunismus. Die sinnlose Brutalität, die vergeudeten Leben, die Verbrechen genannten Trivialitäten ließen Männern wie Kornfeld Zweifel an der Herrlichkeit des Systems aufkommen. Ohne Beziehung zur Vergangenheit und den Dingen, die sie beschäftigt und ausgefüllt hatten, konnten die Gefangenen hinter Stacheldraht nachdenken. An einem solchen Ort konnten nachdenkliche Männer wie Boris Kornfeld ihre seit Kindesbeinen gepflegten Überzeugungen überprüfen.

Und so verwarf dieser russische Arzt alle seine sozialistischen Ideale. Er ging noch weiter. Er tat etwas, das seine Vorfahren entsetzt haben würde.

Boris Kornfeld wurde Christ.

Für keinen Juden auf der Welt ist es leicht, Jesus Christus als wahren Messias anzunehmen. Für einen russischen Juden ist es noch schwerer. Zwei Jahrhunderte sahen sich diese Juden dem unversöhnlichen Hass der Leute ausgesetzt, die, wie man ihnen sagte, als die christlichsten von allen galten. Jede Bemühung der Juden zur Versöhnung oder Anpassung an die Russen wurde durch neuen Hass und Verfolgungen zunichte gemacht. So äußerte der Präsident der russisch-orthodoxen Kirchenleitung, er hoffe, dass als Ergebnis der russischen Pogrome »ein Drittel der Juden konvertiert, ein Drittel stirbt und ein Drittel aus dem Lande flieht«.

Aber nach der Revolution geschah eine eigentümliche Abgrenzung. Josef Stalin forderte ungeteilte, nicht hinterfragte Loyalität. Aber Juden und Christen wissen um ihre eigentliche Loyalität Gott gegenüber. Darum litten Menschen aus beiden Religionen um ihres Glaubens willen, und oft in denselben Lagern.

So kam Boris Kornfeld in Kontakt mit einem frommen Christen, einem gebildeten und freundlichen Mitgefangenen, der von einem jüdischen Messias sprach, der gekommen war, um die Verheißungen des Herrn an Israel zu erfüllen. Dieser Christ – seinen Namen kennen wir nicht – wies darauf hin, wie Jesus fast ausnahmslos zu Juden gesprochen und ihnen erklärt hatte, dass er zuerst zu den Juden gekommen sei. Dies stand im Einklang mit Gottes besonderer Hinwendung zu den Juden, dem erwählten Volk. Die Bibel, so erklärte dieser Christ, verhieß ein neues Königreich des Friedens. Er sprach oft laut das Vaterunser und Kornfeld hörte in diesen einfachen Worten den Klang der Wahrheit.

Das Straflager hatte Kornfeld alles genommen – seinen Glauben an Erlösung durch den Sozialismus eingeschlossen. Jetzt bot dieser Mann Hoffnung an – aber auf welche Weise?

Jesus Christus anzuerkennen – einer von denen zu werden, die seine Leute verfolgt hatten –, schien ein Verrat an seiner Familie, an allen seinen Vorfahren. Kornfeld wusste um das unschuldige Leiden der Juden. Juden trugen keine Schuld zur Zeit der Kosaken! Unschuldig waren sie zur Zeit der Zaren! Er selbst war des Betrugs an Stalin nicht schuldig, er saß unschuldig ein.

Aber Kornfeld dachte über die Worte des gläubigen Mitgefangenen nach. Über eines verfügte der Arzt reichlich: Zeit.

Ganz unerwartet sah er dann starke Parallelen zwischen den Juden und diesem Jesus. Es war ja schon immer ein Skandal gewesen, dass Gott sich auf solch einzigartige Weise einem Volk, nämlich den Juden, zuwandte. Trotz jahrhundertelanger Verfolgungen blieb ihre Existenz unter denen, die sie vernichten wollten, ein Zeichen von Kraft, die die Unterdrücker überwand. So war es auch mit Jesus – Gottes Selbstoffenbarung durch die Menschwerdung hatte schon immer die Weisheit dieser Welt herausgefordert. Den Stolzen und Mächtigen zeigte Jesus ihre Begrenzungen und Sünde. So mussten sie ihn umbringen, wie die Mächtigen auch die Juden umbrachten, um ihren Allmachtswahn aufrechtzuerhalten. So musste auch Stalin, die neue Gottheit der tapferen, neuen Welt der Revolution, Juden und Christen verfolgen. Beide bedeuteten eine lebendige Anklage seiner Selbstanmaßung.

Erst im Gulag erkannte Boris Kornfeld diese Wahrheit. Und je länger er darüber nachdachte, umso tiefer griff eine innere Veränderung.

Trotz allem hatte Kornfeld bessere Lebensbedingungen als die meisten Menschen hinter Stacheldraht. Andere Gefangene galten als überflüssig, aber Ärzte gab es zu wenig in den abgelegenen, isolierten Lagern. Die Behörden konnten es sich nicht leisten, einen Arzt zu verlieren, denn Aufseher und Gefangene brauchten medizinische Betreuung. Gleichzeitig wollte kein Lageraufseher den Händen eines Arztes ausgeliefert sein, den er grausam misshandelt hatte.

Vielleicht fing Kornfelds Widerstand dem Christenglauben gegenüber an, schwächer zu werden, während einer Operation an einem der verhassten Wärter. Bei einer Messerstecherei war diesem Mann eine Arterie durchtrennt worden. Beim Abbinden der Blutgefäße erwog der Arzt, seine Arbeit so auszuführen, dass die Blutungen bald nach der Operation wieder beginnen mussten. Der Wärter würde schnell sterben, und niemand konnte Verdacht schöpfen.

Der Gedanke an diese Möglichkeit der Rache ließ den brennenden Hass gegen diesen Aufseher und seinesgleichen noch stärker hochsteigen. Wie er seine Verfolger verachtete! Er würde sie am liebsten alle umbringen!

Plötzlich schrak Boris Kornfeld vor dem Hass und der Grausamkeit in seinem eigenen Herzen zurück. Ja, er war ein Opfer des Hasses, wie seine Vorfahren. Aber dieser Hass hatte in ihm selbst einen unstillbaren Hass gesät. Welch eine tödliche Sackgasse! Das Böse, das er so verachtete, hielt ihn selbst gefangen. Welcher Freiheit konnte er sich überhaupt noch erfreuen mit diesem mörderischen Hass im Herzen? Die ganze Welt wurde so zu einem Konzentrationslager.

Als Kornfeld die Naht nun erneut und richtig legte, bemerkte er plötzlich, wie er fast unbewusst die Worte vor sich hinsprach, die er von seinem Mitgefangenen gelernt hatte: »Vergib uns unsere Schuld, wie wir vergeben unseren Schuldigern.« Seltsame Worte aus dem Munde eines Juden. Aber er musste einfach so beten. Nachdem er sein eigenes böses Herz erkannt hatte, musste er um Reinigung bitten. Und er wollte zu einem Gott beten, der gelitten hatte wie er selbst: Jesus.

In der kommenden Zeit betete Boris Kornfeld bei der ermüdenden und hoffnungslosen Arbeit des Lagerarztes schlicht das Vaterunser. Ermüdend, weil es immer zu viele Patienten gab. Hoffnungslos, weil das Lager dazu bestimmt war, Menschen zu töten. Er stemmte sich wirkungslos gegen die Flut des Todes, die mit Krankheit, Kälte, Überarbeitung, Schlägen und Unterernährung immer höher schwappte.

Die Ärzte im Krankenrevier des Lagers wurden auch herangezogen, um die Einweisungen in die Strafbaracke zu unterschreiben. Jeder Gefangene, den die Behörden aus dem Weg haben wollte, wurde zu dieser Baracke geschickt – einer Einzelhaft in einer winzigen, dunklen, alten Folterkammer von Zelle. Die Unterschrift eines Arztes auf dem Formular bestätigte, dass ein Gefangener stark und gesund genug für eine solche Strafmaßnahme war. Das war natürlich eine Lüge. Nur wenige überlebten.

Wie alle anderen Ärzte hatte auch Kornfeld solche Formulare unterzeichnet. Was sollte es schließlich? Die Behörden brauchten die Unterschrift letztlich ja nicht. Sie hatten andere Möglichkeiten, diese Strafe zu »legalisieren«. Und ein Arzt, der hier Zusammenarbeit verweigerte, würde sich nicht lange halten können, auch wenn Ärzte gebraucht wurden. Aber bald nachdem Dr. Kornfeld um Vergebung zu beten begann, verweigerte er diese Form der Zuarbeit, unterschrieb keine weiteren Formulare. Obwohl er Hunderte davon unterschrieben hatte, konnte er es jetzt nicht mehr. Was war nur in ihm geschehen, das es ihm jetzt unmöglich machte?

Diese Rebellion war schlimm genug, aber Kornfeld ließ es nicht dabei bewenden. Er zeigte einen Krankenwärter an.

Diese Wärter wurden aus einer Gruppe Gefangener ausgewählt, die mit den Behörden zusammenarbeiteten. Als Belohnung für ihre Hilfswilligkeit bekamen sie Aufgaben im Lager zugewiesen, die das Todesurteil in etwas weitere Ferne rückten. Sie wurden Köche, Bäcker, Schreibhilfen und Krankenwärter. Die anderen Gefangenen hassten diese Leute fast noch mehr als die eigentlichen Aufseher, denn diese Gefangenen galten als Verräter, man konnte ihnen niemals vertrauen. Sie stahlen Lebensmittel von anderen Gefangenen und töteten bedenkenlos jeden, der ihnen Schwierigkeiten bereitete. Die offiziellen Aufseher übersahen geflissentlich diesen Machtmissbrauch. Schließlich starben jeden Tag Menschen in den Lagern, und die Behörden brauchten diese Quislinge, damit das System glatt funktionierte.

Auf seinem Rundgang kam Kornfeld eines Tages zu einem seiner vielen Patienten, der an einer Art Aussatz litt, einer ganz alltäglichen Krankheit im Lager. Durch Unterernährung ausgelöst, behinderte die Krankheit die Verdauung. Die Opfer verhungerten buchstäblich.

Der Körper dieses Mannes zeigte tiefe Spuren dieser Krankheit. Sein Gesicht glich einem einzigen dunklen Flecken. Von den Händen schälte sich die Haut; sie mussten bandagiert werden, um die Blutungen einzudämmen. Kornfeld hatte dem Patienten Kalk zugeführt, gutes weißes Brot und Hering, um den Durchfall aufzuhalten und dem Blut Nährstoffe zuzuführen, aber die Krankheit war zu weit fortgeschritten. Als der Arzt den Sterbenden nach seinem Namen fragte, konnte sich der Mann nicht einmal daran erinnern.

Da entdeckte Kornfeld einen großgewachsenen Krankenwärter, der gerade die Reste eines Laibes Weißbrot verzehrte, der für diesen Patienten bestimmt gewesen war. Der Mann sah ihn unverschämt an, den Mund voller Brot. Kornfeld kannte das Problem der Diebstähle, wusste, dass sich aus diesem Grund seine Patienten nicht erholten. Aber die Erinnerung an den sterbenden Mann versetzte ihm nun einen Stich. Er konnte nicht einfach darüber hinweggehen.

Natürlich ließen sich die Todesfälle nicht einfach dem Diebstahl von Lebensmitteln zuschreiben. Es gab zahllose andere Gründe, warum die Patienten sich nicht erholten. Der Gestank von Exkrementen lag über dem Krankenrevier. Es mangelte an Ausrüstung und Medikamenten. Er musste unter derart primitiven Bedingungen arbeiten, dass die Operationen manchmal nur auf Sterbehilfe aus Barmherzigkeit hinausliefen. Es blieb schlicht eine Ungeheuerlichkeit, in dieser Situation auf Prinzipien zu bestehen, besonders darum, weil er ja wusste, was der Krankenwärter ihm antun konnte. Aber der Arzt musste seinem neuen Glauben gehorchen. Wieder einmal beeinflusste seine Lebensänderung sein Verhalten.

Als Kornfeld den Krankenwärter beim Kommandanten meldete, fand der diese Beschwerde außerordentlich seltsam. Es hatte in letzter Zeit eine Reihe von Morden im Lager gegeben. Ausnahmslos alle Opfer hatten Beschwerde geführt. Es war töricht, ja lebensgefährlich, sich über irgendjemanden zu beschweren. Aber der Kommandant steckte den Krankenwärter für drei Tage in die Strafbaracke und empfand offenbar eine perverse Freude an der Beschwerde. Kornfelds Weigerung, die Strafformulare zu unterschreiben, wurde schließlich langsam lästig. Diese Sache würde dem Kommandanten einige Mühe ersparen. Der Arzt hatte seine eigene Hinrichtung vorbereitet.

Boris Kornfeld zählte nicht zu den besonders Tapferen. Er wusste, dass sein Leben in Gefahr war, sobald der Krankenwärter aus der Strafzelle kam. In den Baracken zu schlafen, die nachts von den kollaborierenden Gefangenen bewacht wurden, würde den sicheren Tod bedeuten. So blieb der Arzt im Krankenrevier und versuchte, hier und da etwas zu schlafen, lebte in einem eigenartigen Zustand, wo jeder Augenblick sein letzter sein konnte.

Paradoxerweise erfüllte ihn trotz aller Anspannung das Gefühl einer ungeheuren Freiheit. Nachdem er die Möglichkeit des Todes akzeptiert hatte, konnte Boris Kornfeld nun frei leben. Er unterschrieb keine Formulare mehr, die Männer in den Tod schicken würden. Er wandte sich nicht mehr ab, wenn er Grausamkeit und Ungerechtigkeit beobachtete, er sagte, was er wollte, und tat, was er konnte. Bald schon erkannte er, dass Zorn, Hass und Gewalt aus seinem eigenen Herzen verschwunden waren. Er fragte sich, ob es wohl noch einen weiteren Menschen in Russland gebe, der solche Freiheit kannte!

Jetzt wollte Boris Kornfeld jemandem von seiner neuen Entdeckung erzählen, von seinem neuen Leben in Gehorsam und Freiheit. Der Christ, der ihm von Jesus erzählt hatte, war in ein anderes Lager verlegt worden. So wartete der Arzt auf die richtige Person und den richtigen Augenblick.

An einem grau verhangenen Nachmittag untersuchte er einen Patienten, der gerade an Darmkrebs operiert worden war. Dieser junge Mann, mit einem melonenförmigen Kopf und einem verletzlichen, jungenhaften Ausdruck im Gesicht, berührte den Arzt. Die Augen dieses Mannes blickten besorgt und misstrauisch. Sein Gesicht trug die tiefen Spuren der Jahre in Lagern, reflektierte eine Tiefe spirituellen Elends und eine Leere, wie sie Kornfeld kaum je gesehen hatte.

Der Arzt fing an, mit dem Patienten zu reden, und beschrieb, was ihm widerfahren war. Als er einmal damit begonnen hatte, konnte Kornfeld nicht wieder aufhören.

Den ersten Teil der Geschichte bekam der Patient nicht mit, denn immer wieder überflutete ihn die Bewusstlosigkeit. Aber der Eifer des Arztes fesselte schließlich seine Aufmerksamkeit, obwohl er vom Fieber geschüttelt wurde. Den ganzen Nachmittag und bis spät in die Nacht hinein redete der Arzt, beschrieb seine Bekehrung zu Christus und seinen neu gewonnenen Frieden.

Sehr spät, als das helle Licht der Kontrollturmlampen schmerzhaft durch die Fensterscheibe stach, bekannte Kornfeld dem Patienten: »Wissen Sie, im Großen und Ganzen bin ich zu der Überzeugung gekommen, dass es für uns in diesem Leben auf der Erde keine wirklich unverdiente Strafe gibt. Oberflächlich gesehen mag das nichts zu tun haben mit unserer tatsächlichen Schuld, aber wenn Sie Ihr Leben fein durchkämmen und tief darüber nachdenken, werden Sie immer die Übertretung entdecken können, der dieser Schicksalsschlag gilt.«

Und das von einem Mann wie Kornfeld! Von einem verfolgten Juden, bisher von seiner völligen Unschuld überzeugt! Nun bekannte er, dass jeder Mensch sein Leiden verdient.

Der Patient empfand, dass er einem ungeheuerlichen Bekenntnis lauschte. Trotz der schweren nachoperativen Schmerzen, die wie geschmolzenes Blei über ihm lagen, hing er an den Lippen des Arztes, bis er einschlief.

Der junge Patient wurde am nächsten Morgen von dem Geräusch aufgeregter Unruhe im Bereich des Operationsraumes geweckt. Sein erster Gedanke galt dem Arzt, aber sein neuer Freund kam nicht. Die geflüsterten Worte eines Mitpatienten enthüllten ihm dann Kornfelds Schicksal.

In der Nacht, als der Arzt schlief, hatte sich jemand zu ihm herangeschlichen und ihm mit einem Maurerhammer acht Schläge auf den Kopf versetzt. Obwohl sich die anderen Ärzte leidenschaftlich um ihn bemühten, wurde er am Morgen von den Krankenwärtern hinausgetragen. Ein stiller, zerbrochener Körper.

Aber Kornfelds Bekenntnis starb nicht.

Der Patient dachte über die letzten, leidenschaftlichen Worte des Arztes nach. Sie führten dazu, dass auch er schließlich Christ wurde. Er überlebte das Gefangenenlager, um der Welt zu berichten, was er dort erfahren hatte.

Der Name des Patienten: Alexander Solschenizyn.

Aufzeichnungen eines Irrsinnigen

Leo Tolstoi

Neben Fjodor Dostojewski war Leo Tolstoi sicher der größte russische Schriftsteller des 19. Jahrhunderts. Seine folgende – gekürzte – Erzählung spiegelt den Weg eines Menschen zum Glauben an Jesus.

(...) Ich erinnere mich eines Vorfalls, der sich ereignete, als ich etwa fünf oder sechs Jahre alt war. Ich sollte zu Bett gebracht werden; die Kinderfrau Jewpraksia, eine hochgewachsene, hagere Person in einem braunen Kleide, mit einer Kappe auf dem Kopfe und großen Hautfalten unter dem Kinn, hatte mich ausgezogen und wollte mich ins Bett bringen.

»Nein, ich will ganz allein ins Bett steigen, ganz allein!«, rief ich und kletterte über den Bettrand.

»Nun, legen Sie sich schon hin, legen Sie sich hin, Fedenka – auch Mitja liegt schon im Bettchen, der artige Junge«, sagte sie, mit dem Kopfe nach dem Bruder hinnickend.

Ich kletterte in mein Bett, wobei ich beständig ihre Hand festhielt. Dann ließ ich sie los, strampelte ein Weilchen unter der Decke mit den Beinen und wickelte mich fest ein. Wie wohl mir da war! Ich wurde plötzlich still und dachte: ich liebe die Kinderfrau; die Kinderfrau liebt mich und Mitenka, den auch ich liebe; und Mitenka wieder liebt mich und die Kinderfrau. Und die Kinderfrau liebt auch Taras. Auch ich liebe Taras, und Mitenka liebt ihn nicht minder. Taras aber liebt mich und Mitenka und die Kinderfrau. Und Mama liebt mich, liebt Mitenka, liebt die Kinderfrau und Papa, und alle lieben sich überhaupt untereinander und befinden sich wohl dabei.

Und plötzlich hör' ich, wie die Wirtschafterin in unser Zimmer hineinstürzt und wütend drauflos schreit, dass jemand Zucker aus der Dose genommen habe, und wie die Kinderfrau ihr ebenso wütend antwortet, sie habe nichts genommen. Und ich bekomme einen solchen Schreck und verstehe gar nicht, wovon sie reden; ein Schauer läuft mir über den Rücken und ich stecke den Kopf unter die Decke. Doch auch unter der Decke wird mir nicht leichter ums Herz. Ich erinnerte mich, wie einmal ein kleiner Knabe in meiner Gegenwart Prügel bekommen hatte, wie er schrie, und wie schrecklich Fokas Gesicht sich verzerrte, als er den Knaben schlug. »Wirst du es noch einmal tun?«, fragte er, während er ihn schlug, und der Kleine schrie: »Nein, ich tu's nie wieder!« Er aber fragte immer wieder: »Wirst du es noch einmal tun?«, und schlug immer von neuem auf ihn los.

Und da befiel mich eben diese Verrücktheit. Ich begann bitterlich zu weinen und konnte mich lange nicht beruhigen. Und dieses Weinen, diese Verzweiflung war das erste Anzeichen meines jetzigen Wahnsinns.

Ein zweites Mal geschah mit mir etwas Ähnliches, als die Tante uns von Christus erzählte. Sie wollte fortgehen, als sie ihre Erzählung beendet hatte, aber wir sagten: »Erzähl uns noch mehr von Jesus Christus.« – »Nein, ich habe jetzt keine Zeit.« – »Oh, bitte, bitte, erzähl doch!«, sagte Mitenka zu ihr. Und die Tante erzählte uns noch einmal, was sie uns bereits vorher erzählt hatte. Sie erzählte, wie sie ihn gepeinigt, gegeißelt und ans Kreuz geschlagen hätten und wie er ihnen gar nicht gezürnt und für sie gebetet hätte. – »Aber, Tantchen, warum haben sie ihn denn so gepeinigt?« – »Sie waren eben böse Menschen.« – »Aber er war doch gut!« – »Nun, lasst schon gut sein – es geht auf neun, hört ihr?« – »Warum haben sie ihn denn gepeinigt und gegeißelt? Er hat ihnen doch alles verziehen! Hat es ihm weh getan, Tante – wie? Hat es ihm weg getan?« – »Lasst mich endlich in Ruhe, ich will jetzt Tee trinken.« – »Vielleicht ist's gar nicht wahr, dass sie ihn so gepeinigt haben?« – »Na, lasst schon gut sein ...« – »Nein, Tantchen, geh nicht fort, bleib bei uns!«

Und ich bekam wieder meinen Anfall. Ich weinte, weinte und schlug mit dem Kopf gegen die Wand.

Anfälle dieser Art wiederholten sich öfters in meiner Kindheit. (...)

Im zehnten Jahre meiner Ehe bekam ich zum ersten Mal seit den Tagen meiner Kindheit wieder einen Anfall meines Leidens.

Wir hatten eine größere Geldsumme flüssig, die zum Teil aus einer Erbschaft meiner Frau, zum Teil aus der von den Bauern geleisteten Ablösung stammte, und wir hatten beschlossen, diese Summe zum Ankauf eines neuen Gutes zu verwenden.

Ich hatte natürlich ein großes Interesse an dieser Erweiterung unseres Besitzes, den ich auf klügere und geschicktere Weise als andere zu vergrößern bemüht war. Ich informierte mich damals sehr sorgfältig über alle verkäuflichen Güter und las alle Anzeigen solcher Verkäufe in den Blättern. Ich wollte, wenn möglich, so günstig kaufen, dass ich schon durch die Verwertung des Waldbestandes das aufgewandte Kapital wieder einbrächte, so dass mir der Grund und Boden kostenlos zufiele. Ich suchte einen Narren, der die Sache nicht verstände, und glaubte in der Tat einen solchen gefunden zu haben.

Ich hatte im Gouvernement Pensa ein Gut mit großen Waldungen gefunden, das zum Verkaufe stand. Nach allen Erkundigungen, die ich eingezogen hatte, war der Besitzer des Gutes solch ein Narr, wie ich ihn brauchte. Ich machte mich auf den Weg, um das Gut zu besichtigen. (...)

Auch die Nächte hindurch fuhren wir und schliefen im Wagen, so gut es ging. Ich erwachte plötzlich aus meinem Schlummer mit einem seltsamen Angstgefühl. Ganz erschrocken und aufgeregt war ich, und es war mir, als könnte ich nie wieder einschlafen. Weshalb hatte ich nun diese Reise unternommen? Wohin fuhr ich eigentlich?, ging es mir plötzlich durch den Kopf. Nicht, als ob es mich nicht mehr gereizt hätte, auf billige Weise zu einem schönen Gute zu kommen – aber der Gedanke, dass doch eigentlich für mich gar kein Bedürfnis und Grund vorlag, so in die Ferne zu schweifen, dass ich hier, an dem fremden Orte, sterben würde, ließ mich nicht mehr los. Und es ward mir so seltsam bang zumute. (...)

Wir näherten uns der Stadt Arsamas.

»Sollen wir hier nicht Halt machen und ein wenig ausruhen?«, sagte ich.

»Das wäre ganz ausgezeichnet. Wie weit ist's noch bis zur Stadt?«

»Es werden noch sieben Werst sein.«

Der Postillion war ein schweigsamer Mensch, von ruhigem,

gemessenem Wesen. Er fuhr nicht eben schnell, und seine Art zu fahren hatte etwas Langweiliges.

Wir fuhren weiter. Ich schwieg, und es war mir leichter zumute. Die Aussicht, dass ich in der Stadt Aufenthalt nehmen und meine Stimmung sich dort bessern würde, hatte beruhigend auf mich gewirkt. (...)

Endlich hielten wir vor einem kleinen, säulengeschmückten Häuschen. Es war weiß angestrichen, machte jedoch auf mich einen unsäglich düsteren Eindruck, dass mich fast ein Grauen beschlich. Ich stieg langsam aus dem Wagen. Sergej trug munter und flink alles, was nötig war, aus dem Wagen ins Haus, aber auch der heitere Klang seiner geschäftigen Schritte vermochte meine trübe Stimmung nicht zu vertreiben. Ich betrat das Haus – ein verschlafener Mensch mit einem großen Muttermal auf der Backe empfing mich in dem kleinen Korridor. Dieses Muttermal machte einen unheimlichen Eindruck auf mich.

»Haben Sie kein Zimmer. Ich möchte ein wenig ausruhen«, versetzte ich.

»Ein Zimmer ist wohl da«, lautete die Antwort.

Er wies mich nach einem Zimmer. Es war ein Zimmer wie viele andere. Ich trat ein, und es ward mir noch trauriger zumute. Der Raum war weiß gestrichen und hatte quadratische Form. Ich erinnere mich, dass mir diese quadratische Form ganz besonders peinlich war. Der Tisch war aus karelischem Birkenholz, der Diwan hatte geschweifte Lehnen. Sergej richtete den Samowar und bereitete den Tee. Ich nahm mein Kopfkissen und streckte mich auf dem Diwan aus. Ich schlief nicht und hörte deutlich, wie Sergej mich rief und Tee trank. Es schien mir schrecklich, jetzt aufstehen und in dem Zimmer sitzen zu müssen, und so blieb ich denn liegen und lag im Halbschlummer da. Ich muss schließlich eingeschlafen sein, denn als ich erwachte, war es finster im Zimmer, niemand war darin. Ich war wieder ganz munter, wie vorher, als ich in dem Wagen erwachte. Ich fühlte, dass es mir jetzt ganz unmöglich sein würde, wieder einzuschlafen. Warum war ich nur hier eingekehrt? Warum hatte ich nur diese Reise unternommen? Wohin fuhr ich eigentlich? (...)

Ich war in den Korridor gegangen, um dem zu entgehen, was mich so quälte. Aber es war mir gefolgt und hatte sogleich wieder alles ringsum verdüstert, so dass mir noch qualvoller, noch banger zumute ward als vorher.

»Aber das ist doch alles so töricht«, sprach ich zu mir selbst. »Vor wem fürchte ich mich eigentlich? Vor wem bangt mir so?«

»Vor mir«, antwortete unhörbar die Stimme des Todes. »Ich bin da!«

Ein Frostschauer überlief mich. Ja, mir bangte vor dem Tode. Er wird kommen, er ist da, ist da – und er sollte nicht sein! Wäre der Tod mir in Wirklichkeit erschienen, ich hätte das nicht empfinden können, was ich empfand. Ich hätte dann Furcht gehabt – jetzt aber hatte ich nicht Furcht, sondern das Gefühl, dass der Tod herannahe und dass dies nicht sein dürfe. (...)

Es reißt an meinem Ich und vermag es nicht zu zerreißen. Und das ist so quälerisch grausam, so trocken und boshaft; nicht ein Tropfen Güte ist in mir, nichts als diese gleichmäßige, ruhige Bosheit, der Grimm über mich selbst und über das, was mich ins Leben gerufen.

»Was ist's denn, das mich ins Leben gerufen? Man sagt, es sei Gott. Ja, Gott ... Dann müsste ich eigentlich beten«, fiel mir ein. Schon lange, wohl zwanzig Jahre lang, habe ich nicht gebetet und an nichts geglaubt, obwohl ich anstandshalber alljährlich zum Abendmahl ging. (...)

Ich legte mich ein wenig beruhigt wieder zu Bett. Kaum aber hatte ich mich ausgestreckt und die Augen geschlossen, als von neuem jenes Gefühl der Angst, des Entsetzens mich emportrieb. Ich hielt es nicht länger aus – ich weckte Sergej und den Mann mit dem Muttermale, ließ anspannen und fuhr weiter.

Während der Fahrt in der frischen Luft fühlte ich mich besser. (...)

Ich war von meiner Reise glücklich heimgekehrt, aus dem Gutskauf war nichts geworden. Ich lebte wieder ganz in alter Weise, nur mit dem Unterschiede, dass ich jetzt fleißig betete und in die Kirche ging. Es schien mir jedoch nur, als sei alles so, wie es früher gewesen. Wohl ging es in demselben Gleise und mit derselben Kraft vorwärts, doch das tiefere Interesse, das früher dagewesen, fehlte jetzt; ich empfand Überdruss und Langeweile an meinem Leben. Und ich wurde fromm. Meine Frau, der diese Wandlung auffiel, schalt und verspottete mich ihretwegen. Solange ich daheim blieb, wiederholten sich jene Anfälle nicht.

Einmal jedoch musste ich unerwartet nach Moskau fahren, eines Prozesses wegen. Ich war am Abend abgereist und kam wohlgemut in Moskau an. Unterwegs hatte ich mich mit einem Gutsbesitzer aus der Gegend von Charkow über wirtschaftliche Fragen, über die Banken, die Moskauer Theater und das Gasthaus, in dem wir absteigen wollten, unterhalten. Wir wollten gemeinsam in einem Hotel in der Miasnizkaja Quartier nehmen und uns den »Faust« in der Oper ansehen.

Wir waren angelangt. Den dumpfen Geruch des Korridors noch in der Nase, betrat ich das mir angewiesene kleine Zimmer. (...)

Und plötzlich fühlte ich, dass jenes Gefühl des Entsetzens, das mich damals in Arsamas so beunruhigt hatte, wieder von meiner Seele Besitz ergriff. »Mein Gott«, dachte ich, »wie soll ich hier nur übernachten?«

»Ja, nimm nur alles heraus, mein Lieber«, sagte ich zu dem Hoteldiener, um ihn noch zurückzuhalten. Ich wollte mich so rasch wie möglich anziehen, um noch ins Theater zurechtzukommen. (...)

Alles war gut, ich hatte das schmale Hotelzimmer samt dem Bettschirm darin ganz vergessen. Auch im Theater war es recht nett. Nach der Vorstellung machte der Charkower Gutsbesitzer den Vorschlag, wir sollten gemeinsam zur Nacht speisen.

Das war gegen meine Gewohnheit, aber als wir das Theater verließen und er mir diesen Vorschlag machte, dachte ich an das Hotelzimmer und willigte ein.

Wir kehrten gegen zwei Uhr nachts in das Hotel zurück. Ich hatte zwei Glas Wein getrunken – ich trank sonst gar nicht – und war heiter gestimmt. Kaum aber hatten wir den Korridor mit der düster brennenden, von einem Papierschirm umhüllten Lampe betreten, kaum hatte mich diese Gasthofatmosphäre umfangen, als mir auch sogleich ein Schauer der Furcht über den Rücken lief. Es war jedoch nichts weiter zu machen. Ich wünschte meinem Begleiter gute Nacht und ging in mein Zimmer. (...)

Ich litt die ganze Zeit über entsetzliche Qualen, fühlte wieder jenen furchtbaren Riss durch mein ganzes Wesen, als wollten Leib und Seele sich voneinander trennen. Ich lebe, ich lebte, ich muss leben – und ringsum ist der Tod, die Vernichtung alles Lebenden. Was soll nun das Leben? Ist es nur da, um abzusterben? Soll ich mich nicht gleich jetzt töten? Doch davor fürchte ich mich. Soll ich warten, bis der Tod von selbst kommt? Doch davor fürchte ich mich noch mehr. Also muss ich schon am Leben bleiben. Doch zu welchem Zweck? Um schließlich doch zu sterben? Ich kam nicht heraus aus diesem verhängnisvollen Zirkel. Ich nahm ein Buch zur Hand und begann zu lesen; für einen Augenblick trat jener Gedanke wohl in den Hintergrund, doch alsbald drängte sich wieder die gleiche Frage mit all ihrem Schrecken meiner Seele auf. Ich legte mich ins Bett und schloss die Augen, doch das machte die Sache noch schlimmer.

Und das alles hat nun Gott so eingerichtet – aber weshalb? Man sagt mir: Frage nicht, sondern bete! Gut, ich habe gebetet. Auch jetzt betete ich wieder, wie damals in Arsamas. Aber damals hatte ich, wie auch später zu Hause, in der altgewohnten, kindlichen Weise gebetet. Jetzt hat es keinen Zweck, auf diese Art zu beten. »Wenn Du bist, dann offenbare Dich mir! Wer ich bin, dass ich dies verlange? Nun denn – ich habe mich vor Dir gebeugt, habe alle Gebete hergesagt, die ich kannte, habe selbst Gebete verfasst und die alten Gebete erweitert. Also offenbare Dich mir!« Und ich verstummte und harrte der Antwort. Doch keine Antwort erfolgte – als wenn eben niemand da wäre, der Antwort geben könnte. Ich blieb allein, ganz allein mit mir selbst. Und ich gab mir selbst Antwort auf meine Fragen an Stelle dessen, der mir nicht Antwort gab. Warum lebe ich hier? Damit ich dort, in der Ewigkeit, weiterlebe – so lautete die Antwort, die ich mir gab. Was soll dann aber diese Gewissheit, diese Quälerei? Und kann ich überhaupt an jenes Leben in der Ewigkeit glauben? Nein, ich kann es nicht. Ich glaubte daran, als ich noch nicht im vollen Ernst, aus tiefstem Herzensgrunde, jene Frage stellte. Jetzt aber kann ich nicht daran glauben – nein, auf keinen Fall. »Wenn Du wärest, dann würdest Du es sagen – mir, und allen Menschen. Aber Du bist nicht, nur die Verzweiflung ist!« Und die will ich nicht, die will ich nicht.

Ich empörte mich. Ich hatte Ihn gebeten, Sich mir zu offenbaren. Ich tat alles das, was auch die andern tun – und Er hat Sich mir nicht offenbart. »Bittet, so wird euch gegeben werden« – dieses Wort der Schrift fiel mir ein, und ich bat. Doch auch mein Bitten gewährte mir keinen bleibenden Trost, sondern nur vorübergehende Erleichterung. Vielleicht bat ich auch nicht auf die rechte Weise. Vielleicht lag in meiner Bitte schon der Abfall von Ihm. Ich glaubte nicht an Ihn – und bat doch, Sich mir zu offenbaren. Er aber offenbarte Sich nicht! Ich forderte Rechenschaft von Ihm und verurteilte Ihn. Mit einem Wort: ich glaubte nicht an Ihn.

Am folgenden Tage bot ich alles auf, um sämtliche Geschäfte, die ich in der Stadt hatte, abzuwickeln, damit ich nicht noch eine Nacht im Hotel zuzubringen brauchte. Ich konnte zwar nicht alles erledigen, fuhr aber doch schon am selben Abend nach Hause und verbrachte eine gute, ruhige Nacht. Diese

Moskauer Nacht brachte in meinem Leben eine noch größere Umwandlung hervor als die Nacht in Arsamas. Ich befasste mich fortan noch weniger mit geschäftlichen Dingen, und eine apathische Stimmung bemächtigte sich meiner. Auch mein Gesundheitszustand ließ zu wünschen übrig. Meine Frau redete mir zu, ich solle eine Kur gebrauchen. Sie meinte, alles das, was ich da über Gott und den Glauben rede, lasse auf ein körperliches Leiden schließen. Ich wusste jedoch, dass meine Schwäche und Krankheit einzig davon kam, dass diese ungelösten Fragen betreffs des Glaubens und der Existenz Gottes mich bedrückten. (...)

Eines Tages im Winter besuchte mich ein Nachbar, der gleichfalls ein leidenschaftlicher Jäger war. Er wollte auf die Wolfsjagd gehen und brachte seine Hunde mit. Ich schloss mich ihm an. An Ort und Stelle angelangt, legten wir Schneeschuhe an und näherten uns dem Versteck, in dem wir die Wölfe vermuteten. Unsere Streife blieb jedoch erfolglos, die Wölfe hatten die Kette der Treiber durchbrochen. Ich hörte das schon von weitem, und so bog ich in den Wald ein und nahm alsbald eine frische Hasenspur auf. Die Spur führte mich weitab nach einer Lichtung. Dort scheuchte ich den Hasen auf, doch ehe ich mich's versah, war er mir entwischt. Ich ging nun quer durch den hohen Wald zurück. Der Schnee war tief, die Schneeschuhe versanken darin und verfingen sich in den trockenen Ästen, die unterm Schnee lagen. Immer öder und einsamer wurde es rings um mich. Ich fragte mich, wo ich sei – der Schnee hatte die Örtlichkeit ganz verändert, und ich fand mich nicht zurecht.

Ich hatte plötzlich die Empfindung, dass ich mich verirrt hätte. Ich wollte die Jagdgesellschaft erreichen – aber kein Laut verriet mir, wo sie war. Auch über den Heimweg war ich ganz im Unklaren. Ich war müde und ganz in Schweiß gebadet. Blieb ich stehen, dann lief ich Gefahr zu erfrieren, und zum Weitergehen hatte ich nicht die Kraft. Ich begann zu rufen – doch auch da war ich meiner Sache nicht sicher. Ich schaute ringsum:

überall dichter Wald; wo Osten, wo Westen lag, war nicht zu unterscheiden. Ich ging wieder zurück. Die Beine waren mir schwer geworden. Ein Grauen befiel mich, und ich blieb stehen. Und plötzlich trat der ganze Schrecken von Arsamas und Moskau, nur um das Hundertfache verstärkt, vor meine Seele. Mein Herz begann heftig zu schlagen, meine Arme und Beine bebten. Sollte ich hier den Tod finden? Nein, das wollte ich nicht. Was soll mir der Tod? Was ist er überhaupt? Ich wollte wieder, wie früher, meine Fragen stellen, wollte Gott rufen und Ihm Vorwürfe machen, doch plötzlich fühlte ich, dass ich das nicht wagte, nicht durfte, dass es mir nicht ziemte, von Ihm Rechenschaft zu fordern, dass Er längst alles Nötige gesagt hatte, und dass alle Schuld bei mir allein war. Und ich begann, Ihn um Vergebung zu bitten, und empfand Abscheu vor mir selbst.

Der Schrecken wich bald von mir. Ich stand noch ein Weilchen, kam vollends zur Besinnung, schlug eine bestimmte Richtung ein und kam aus dem Walde heraus. Ich war gar nicht weit vom Rande entfernt gewesen. Meine Arme und Beine bebten noch immer, und mein Herz pochte heftig, doch war es ein freudiges Pochen. Ich erreichte die Jagdgesellschaft und wir traten den Heimweg an. Ich war heiter und vergnügt, in meiner Seele aber barg sich ein Gefühl tiefer Freude, über das ich mir klar werden wollte, sobald ich allein wäre. Und das geschah denn auch. Als ich allein in meinem Zimmer war, begann ich zu beten, bat um Vergebung und gedachte meiner Sünden. Es schien mir, dass ihrer nicht viel seien – aber ich gedachte ihrer doch, und ich empfand Abscheu vor ihnen.

Von dieser Zeit an begann ich eifrig die Heilige Schrift zu lesen. Das Alte Testament erschien mir vielfach unverständlich und anstößig, um so tiefer dagegen ergriff mich das Evangelium. (...)

Immer weniger interessierten mich fortan die wirtschaftlichen und häuslichen Angelegenheiten. Ja, sie stießen mich sogar ab. Das ist alles nicht so, wie es sein sollte, sagte ich mir; wie es in Wirklichkeit sein sollte, wusste ich nicht. Das Leben, was bisher den Inhalt meines Lebens ausgemacht hatte, bildete ihn fortan nicht mehr. Ich fühlte das ganz deutlich, als es sich wieder einmal um einen Gutskauf handelte.

In der Nähe unseres Dorfes stand ein Gutshof unter sehr günstigen Bedingungen zum Verkauf. Ich fuhr hin, um das Gut zu besichtigen, und überzeugte mich, dass es in der Tat sehr vorteilhaft gewesen wäre, das Gut zu kaufen. Ganz besonders vorteilhaft war, dass die Bauern außer ihren Gärten gar kein Land besaßen und dem Gutsbesitzer Dienste leisten mussten, wenn sie Futter für ihr Vieh haben wollten. Alles das stellte ich mit in Rechnung, und ich muss sagen, dass es mir, meiner altgewohnten Denkweise entsprechend, durchaus gefiel. Als ich nach Hause fuhr, traf ich eine alte Frau aus jenem Dorfe, die mich nach dem Wege fragte. Ich ließ mich in ein Gespräch mit ihr ein, und sie klagte mir ihre Not. Ich kam nach Hause, und als ich nun meiner Frau die Vorteile des Gutskaufes zu schildern begann, empfand ich plötzlich ein Gefühl der Scham. Die Sache widerte mich an; ich sagte, ich könnte das Gut nicht kaufen, da der Vorteil, den wir dabei erzielen würden, mit der Not und Armut der Bauern erkauft sein würde. Kaum hatte ich das Wort ausgesprochen, als auch sogleich die Wahrheit dieses Wortes meine Seele durchleuchtete. Ich sagte mir, dass die Bauern ebenso leben wollten wie wir, dass sie Menschen, Brüder, Söhne des Vaters seien, wie es im Evangelium heißt. Und plötzlich war mir, als löse sich etwas, das mich bisher innerlich bedrückt hatte, von meinem Wesen los, als werde in mir etwas geboren. Meine Frau wurde böse und schalt mich. Mir aber wurde so freudig zumute.

Das war der Anfang meiner geistigen Erkrankung. Ganz aber kam mein Irrsinn erst etwa einen Monat später zum Ausbruch.

Es begann damit, dass ich in die Kirche fuhr. Ich hatte dem Hochamt beigewohnt und war in sehr andachtsvoller Stimmung. Man brachte mir geweihtes Brot, dann ging ich mit zum Kreuz, und dann ging es im Gedränge dem von Bettlern umstandenen Ausgange zu. Und plötzlich ward mir klar, dass alles dies nicht sein dürfe und nicht ist, und dass, wenn es nicht ist, auch kein Tod und keine Furcht ist, und keine Zwiespältigkeit und Angst, wie ich sie früher empfunden. Und das Licht erleuchtete mich vollends, und ich wurde eins mit dem, was da ist. Wenn das alles aber nicht ist, dann ist es vor allem nicht in mir. Und ich verteilte dort, im Vorhofe, alles, was ich bei mir hatte – es waren sechsunddreißig Rubel – an die Armen und ging, mit dem Volke redend, zu Fuß nach Hause …

Kurze Worte: Die Herrschaft Christi

Die Rassel ohne Brust wird das Kind nicht sättigen; das Haus ohne Mann wird die Frau nicht zufrieden machen; die Schatulle ohne Stein wird der Jungfrau nicht genügen; die Welt ohne Christus wird die Seele nicht satt machen. *Thomas Brooks*

Der Herr, der sein Grab geräumt hat, hat nicht seinen Thron geräumt. *G. R. Beasley-Murray*

Wo wir aufhören herrenlos zu sein, hören wir auch auf schutzlos zu sein. Wenn irgendetwas die Verlorenheit des Menschen unserer Tage sichtbar macht, so ist es das Ausmaß von Angst und Furcht, die unter uns umgeht. *Gustav Heinemann*

Christus ist entweder Herr und Erlöser, oder er ist weder Herr noch Erlöser. *John R. De Witt*

Die Gaben Christi ohne die Herrschaft Christi ist unmöglich. *A. Lindsay Glegg*

Die Geschichte von Morgen ist bereits geschrieben ... beim Namen Jesu muss jedes Knie sich beugen.

Paul E. Kauffman

Es gibt keinen Daumen breit in diesem Universum, von dem Jesus nicht sagt: »Es gehört mir.« *Abraham Kuyper*

Es ist herrlich, im wilden Sturm auf einem Schiff sein, von dem man weiß, dass es im Hafen ankommt. *Blaise Pascal*

Suche Christus und du wirst ihn finden, und mit ihm noch alles andere als Dreingabe. *C. S. Lewis*

Das Martyrium des Polykarp

JOHN R.W. STOTT

In den Märtyrern zeigt sich die Kraft, die von Jesus, ihrem Herrn, ausgeht. John Stott erzählt die Geschichte eines Menschen, der sich im 2. Jahrhundert zu Christus bekannte.

Es war der 22. Februar, wahrscheinlich im Jahre 156 n.Chr. Der ehrwürdige Bischof Polykarp, der auf das inständige Bitten seiner Gemeinde hin aus der Stadt geflohen war, wurde in seinem Versteck aufgespürt. Er unternahm keinen Versuch zu fliehen. Stattdessen bot er seinen Häschern zu essen und trinken an und bat sie dann um Erlaubnis, sich zum Gebet zurückzuziehen. Er betete zwei Stunden. Als sie in die Stadt zurückfuhren, drängte ihn der befehlshabende Offizier darauf zu widerrufen. »Was kann es denn schon schaden, dem Kaiser zu opfern?«, wollte er wissen. Polykarp weigerte sich.

Bei seiner Ankunft wurde er vom Karren gestoßen und ins Amphitheater vor den Prokonsul gebracht, der zu ihm sprach: »Habe Achtung vor deinem Alter ... Schwöre beim Geist Cäsars ...« Und abermals: »Schwöre und ich werde dich freigeben; schmähe den Christus.« Worauf Polykarp entgegnete: »Achtundsechzig Jahre habe ich ihm gedient und er hat mir kein Unrecht getan; wie soll ich da meinen König, der mir gedient hat, lästern?« Der Prokonsul blieb beharrlich: »Schwöre beim Geiste Cäsars ... Ich habe wilde Tiere; wenn du dich nicht anders besinnst, werde ich dich ihnen vorwerfen lassen ...« »Lass sie nur holen ...« »Da du die wilden Tiere verschmähst, werde ich dich durch die Flammen vernichten lassen, so du dich denn nicht anders besinnst.«

Aufgebrachte Juden und Heiden sammelten Holz für den Scheiterhaufen. Polykarp stand am Pfahl und bat darum, nicht an diesen gefesselt zu werden. Er betete: »O Herr, allmächtiger Gott, Vater deines geliebten Sohnes Jesus Christus, durch den wir von dir Kenntnis erhalten haben – Ich danke dir, dass du mich für wert befunden hast, heute und in dieser Stunde, den Becher mit deinem Christus zu teilen in der Schar deiner Zeugen!« Das Feuer wurde angesteckt. Als aber der Wind die Flammen von ihm wegtrieb und seinen Todeskampf verlängerte, machte das Schwert eines Soldaten seinem Leiden ein Ende.

Ich für mein Teil

DAVID LIVINGSTONE

David Livingstone gehört zu den bemerkenswertesten Missionaren. Er versuchte nicht nur Christus auf den afrikanischen Kontinent zu bringen; es gelang ihm auch unter großem persönlichen Einsatz, Karten zu erstellen und den Weg ins wenig bekannte Herz des »Schwarzen Kontinents« zu bahnen. Er leistete eine bemerkenswerte Forschungs- und Erziehungsarbeit. Sein Herz hing so sehr an Afrika und Gottes Wegen zu schwarzen Menschen, dass er nach seinem Tode auf seinen eigenen Wunsch hin in Afrika begraben wurde.

Ich für mein Teil habe nie aufgehört mich darüber zu freuen, dass Gott mich zu einem derartigen Amt berufen hat. Die Leute sprechen von dem Opfer, dass ich dargebracht hätte, indem ich eine so lange Zeit meines Lebens in Afrika verbracht habe. Kann man das Opfer nennen, was schlicht und einfach zurückgezahlt wird als kleiner Teil einer großen Schuld bei Gott, die wir nie werden begleichen können? Ist das ein Opfer, was seinen eigenen gesegneten Lohn bringt, in Form gesunder Betätigung, der Gewissheit Gutes zu tun, von Seelenfrieden und einer hell strahlenden Hoffnung auf ein herrliches Schicksal danach? Bei dieser Aussicht möchte ich dieses Wort nicht mehr hören! Es handelt sich dabei mit Bestimmtheit nicht um ein Opfer, sondern vielmehr um ein Privileg. Angst, Krankheit, Leid oder Gefahr mögen uns vielleicht hin und wieder bei der Erinnerung an die gewöhnlichen Angenehmlichkeiten des Lebens einhalten lassen; vielleicht sinkt uns der Mut und wird der Geist schwach – doch höchstens für einen Augenblick. Im Vergleich zur Herrlichkeit, die uns hiernach zuteil werden wird, ist all dies nichts. Ich habe niemals ein Opfer dargebracht. Dieses Wort sollten wir angesichts des großen Opfers dessen, der den Thron seines Vaters verließ, um sich für uns zu opfern, nicht gebrauchen.

»Er, der in göttlicher Gestalt war, hielt es nicht für einen Raub,
Gott gleich zu sein,
sondern entäußerte sich selbst und nahm Knechtsgestalt an,
ward den Menschen gleich und der Erscheinung nach
als Mensch erkannt.
Er erniedrigte sich selbst und ward gehorsam bis zum Tode,
ja zum Tode am Kreuz.
Darum hat ihn auch Gott erhöht und hat ihm den Namen
gegeben, der über alle Namen ist,
dass in dem Namen Jesu sich beugen sollen aller derer Knie,
die im Himmel und auf Erden und unter der Erde sind,
und alle Zungen bekennen sollen,
dass Jesus Christus der Herr ist,
zur Ehre Gottes, des Vaters.« (Philipper 2,6-11)

MEMORIAL

BLAISE PASCAL

1654 hatte Pascal ein außergewöhnliches Glaubenserlebnis, über das er zu Lebzeiten kein Wort verlor. Nach seinem Tod wurde im Futter seines Mantels das folgende Schriftstück gefunden.

Im Jahre des Heils 1654.

Montag, 23. November, Tag des heiligen Clemens, des Papstes und Märtyrers, und anderer im Martyrologium.
Vigil des heiligen Chrysogonus, des Märtyrers und anderer.
Seit ungefähr halb elf Uhr abends bis ungefähr eine halbe Stunde nach Mitternacht.

Feuer.
Der Gott Abrahams, der Gott Isaaks und der Gott Jakobs (2. Mose 3,6),
nicht der Philosophen und der Gelehrten.
Gewissheit, Gewissheit, Empfinden, Freude, Frieden
(Der Gott Jesu Christi.)
Der Gott Jesu Christi.
Deum meum et deum vestrum. (»[Ich fahre auf zu meinem Vater und zu eurem Vater, zu] meinem Gott und [zu] eurem Gott.« Johannes 20,17.)
Dein Gott ist mein Gott (Rut 1,16).
Vergessen der Welt und aller Dinge, nur Gottes nicht.
Er ist allein auf den Wegen zu finden,
die im Evangelium gelehrt werden.
Größe der menschlichen Seele.
Gerechter Vater, die Welt kennt dich nicht; ich aber kenne dich (Johannes 17,25).
Freude, Freude, Freude, Freudentränen.
Ich habe mich von ihm getrennt.
Dereliquerunt me fontem aquae vivae. (»Mich, die lebendige Quelle, verlassen sie.« Jeremia 2,13.)
Mein Gott, wirst du mich verlassen?
Möge ich nicht auf ewig von ihm getrennt sein.
Das ist aber das ewige Leben, dass sie dich, der du allein wahrer Gott bist, und den du gesandt hast, Jesum Christum, erkennen (Johannes 17,3).
Jesus Christus.

Jesus Christus.
Ich habe mich von ihm getrennt, ich habe mich ihm entzogen, habe ihn verleugnet und gekreuzigt.
Möge ich niemals von ihm getrennt sein.
Er ist allein auf den Wegen zu bewahren, die im Evangelium gelehrt werden.
Vollkommene und süße Entsagung.
Usw.
Vollkommene Unterwerfung unter Jesus Christus und meinen geistlichen Berater.
Ewige Freude für einen Tag der Mühe auf Erden.
Non obliviscar sermones tuos. (»Ich [habe Lust zu deinen Rechten und] vergesse deiner Worte nicht.« Psalm 119,16.)
Amen.

Deine Gerechtigkeit ist im Himmel

John Bunyan

Doch eines Tages, als ich durch die Felder streifte, und auch dies mit einigen Gewissensbissen, überkam meine Seele plötzlich dieser Satz: *Deine Gerechtigkeit reicht bis zum Himmel*; und mir deuchte obendrein, ich sähe mit den Augen meiner Seele Jesus Christus zu Gottes rechter Seite. Dort war, so sage ich, meine Gerechtigkeit; so dass, ganz gleich wo ich wäre oder was ich täte, Gott nicht von mir sagen könnte, *er will meine Gerechtigkeit,* denn diese war just vor ihm. Ferner sah ich, dass es nicht mein guter Herzensruf war, der meine Gerechtigkeit besser werden ließ, noch mein schlechter Ruf, der sie verschlechterte; denn meine Gerechtigkeit war Jesus Christus selbst, *gestern und heute und auch in Ewigkeit.*

Nun fielen die Ketten von meinen Beinen ab; ich wurde befreit von meinen Eisen und meinen Betrübnissen; auch meine Versuchungen entfleuchten. Frohlockend ob der Gnade und Liebe Gottes kehrte ich heim. Als ich nach Hause kam, schaute ich nach, ob jener Satz *Deine Gerechtigkeit ist im Himmel* zu finden sei, konnte aber keinen dergestalten Ausspruch finden – weswegen mich der Mut wieder zu verlassen begann. Aber etwas anderes wurde mir wieder zur Erinnerung gebracht: *Der uns von Gott gemacht ist zur Weisheit und zur Gerechtigkeit und zur Heiligung und zur Erlösung*; und durch dieses Wort erkannte ich auch den anderen Satz als wahr.

Denn durch diese Stelle sah ich, dass der Mensch Jesus Christus, wie er von uns verschieden ist, unsere Gerechtigkeit und Rechtfertigung vor Gott ist. Daher lebte ich hier für einige Zeit durch Christus im schönsten Frieden mit Gott. Ach, mir deuchte, Christus! Christus! nichts als Christus stand mir vor Augen: Ich betrachtete jetzt nicht nur diese und die anderen Segnungen Christi, seines Blutes, seiner Auferstehung, sondern sah ihn als einen ganzen Christus an: Als ihn, in dem alle diese und all seine anderen Tugenden, Beziehungen, Ämter und Unternehmungen vereint waren und dies, während er zur Rechten Gottes im Himmel saß.

Der Gott der Christen

Blaise Pascal

Der Gott der Christen ist seinem Wesen nach kein Gott, der lediglich ein Schöpfer geometrischer Wahrheiten und der Ordnung der Elemente wäre; das ist den Heiden und Epikureern eigen. Er ist seinem Wesen nach auch nicht lediglich ein Gott, der seine Vorsehung über das Leben und die Güter der Menschen walten lässt, um jenen eine glückliche Folge von Jahren zu geben, die ihn anbeten; das ist den Juden eigen. Aber der Gott Abrahams, der Gott Isaaks, der Gott Jakobs, der Gott der Christen ist ein Gott der Liebe und des Trostes; es ist ein Gott, der Herz und Seele derjenigen erfüllt, die ihm gehören; es ist ein Gott, der sie im Inneren ihr Elend und seine unendliche Barmherzigkeit fühlen lässt, der sich mit ihnen in ihrer tiefsten Seele vereinigt und sie mit Demut, Freude, Vertrauen und Liebe erfüllt, der sie unfähig macht, ein anderes Ziel als ihn selbst zu haben.

All jene, die Gott ohne Jesus Christus suchen und die bei der Natur stehen bleiben, finden entweder keine Erleuchtung, die sie befriedigen kann, oder sie schaffen sich schließlich ein Mittel, Gott zu erkennen und ihm ohne Mittler zu dienen, und dadurch verfallen sie entweder dem Atheismus oder dem Deismus, zwei Dinge, die der christlichen Religion beinahe in gleicher Weise ein Gräuel sind. (...)

Der Gott der Christen ist ein Gott, der die Seele fühlen lässt, dass er ihr einziges Gut ist, dass all ihre Ruhe in ihm ist und dass sie nur Freude finden wird, wenn sie ihn liebt; und zugleich lässt er sie die Hemmnisse verabscheuen, die sie zurückhalten und daran hindern, Gott mit aller Kraft zu lieben. Die Eigenliebe und die Begierde, die sie aufhalten, sind ihr unerträglich. Dieser Gott lässt sie fühlen, dass sie an ihrem Grunde diese Eigenliebe hat, die sie verdirbt, und dass er allein sie heilen kann. (...)

Die Erkenntnis Gottes ohne die Erkenntnis des eigenen Elends führt zu Hochmut.

Die Erkenntnis des eigenen Elends ohne die Erkenntnis Gottes führt zu Verzweiflung.

Die Erkenntnis Jesu Christi steht in der Mitte, weil wir in ihr sowohl Gott wie auch unser Elend finden.

Heimkehren

William Griffin

»Jetzt heißt es Abschied nehmen«, sagte Jesus.

Petrus und die anderen Männer waren aus Jerusalem gekommen. Jesus hatte an einem Berghang auf sie gewartet. Gemeinsam spazierten sie jetzt über die grasbedeckten Hänge.

»Ich gehe heim«, sagte Jesus. »Mein himmlischer Vater wartet auf mich.«

»Geh noch nicht«, sagte Jakobus. »Bleib noch ein bisschen.«

»Wir können was zu essen besorgen, ein Feuer machen, uns gut miteinander unterhalten«, sagte Bartholomäus.

»Wie in alten Zeiten«, sagte Petrus.

»Die alten Zeiten sind vorbei«, sagte Jesus. »Von nun an gibt es nur noch neue Zeiten.«

»Lass uns nicht im Stich«, sagte Johannes.

»Ich gehe zwar«, sagte Jesus, »doch ich werde nie weit weg sein.«

»Wie schaffst du es zu gehen und zugleich doch noch dazubleiben?«, fragte Thomas.

»Ich werde bei euch sein, wenn ihr Brot und Wein so segnet, wie ich es getan habe.«

»Daran hab ich gar nicht mehr gedacht.«

»Ich werde bei euch sein, wenn ihr über mich und meine Taten redet.«

»Aber was sollen wir machen, wenn du fort bist?«, fragte Philippus.

»Arbeiten. Ihr müsst die gute Nachricht verbreiten.«

»Da wusste ich gar nichts von«, sagte Simon.

»Da sind wir bestimmt nicht schlecht drin«, sagte Andreas.

»Ihr müsst die Welt lehren, was ich euch gelehrt habe«, sagte Jesus.

»Ich könnte das alles aufschreiben«, sagte Matthäus.

»Ich auch«, sagte Johannes.

»Die Menschen, die euch zuhören«, sagte Jesus, »sollt ihr taufen im Namen des Vaters, des Sohnes und des Heiligen Geistes.«

»Und was ist, wenn sie nicht zuhören wollen?«, fragte Jakobus der Jüngere.

»Dann kriegen sie eins auf die Nuss«, sagte Thaddäus.

»Nein, nicht«, sagte Jesus. »Dann erzählt ihr es ihnen immer wieder, so lange bis sie zuhören.«

»Aber wenn ...?«

»Keine Fragen mehr.«

»Aber ...«

»Meine letzten Worte an euch sind *geht* und *macht*.«

Er umarmte nacheinander alle und sagte jedem noch leise ein paar Worte.

Dann segnete er sie. Sie warfen sich zu Boden. Er lächelte. Sie weinten.

Nach einer Weile fassten die Männer sich wieder. Sie standen auf und gingen nach Jerusalem, wobei sie sich anfangs unterhielten. Später sangen sie.

Von diesem Augenblick an wussten sie, dass sie in den Fußstapfen von Jesus gehen würden, sagen würden, was er gesagt hatte, tun, was er getan hatte. Sie wussten auch, dass Jesus, ihr Bruder, Freund, Herr und Meister, sie mit offenen Armen empfangen würde, wenn es für sie an der Zeit war, heimzugehen.

Christus ist mein Erlöser

Sadhu Sundar Singh

Der Inder Sundar Singh (1889–1929) wuchs als Sikh im Punjab auf. Als er etwa 15 Jahre alt war, erschien ihm Jesus in einer Vision. Er wurde Christ, ließ sich taufen, gab allen Besitz auf und lebte von da an als Wanderprediger – Sadhu – auf der Straße. Ein Teil seiner Predigten wurde von seinen Freunden aufgeschrieben.

Christus ist mein Erlöser. Er ist mein Leben. Er ist alles für mich im Himmel und auf Erden. Als ich einst in einer Wüstengegend herumreiste, überkamen mich Hunger und Müdigkeit. Von einem Hügel hielt ich Ausschau nach Wasser. Der Anblick eines Sees in einiger Entfernung erfüllte mich mit Freude, denn jetzt glaubte ich, meinen Durst stillen zu können. Ich ging lange auf ihn zu, gelangte jedoch nicht dorthin. Hinterher stellte ich fest, dass es sich um eine Fata Morgana, eine Luftspiegelung gehandelt hatte. Es hatte nie einen See gegeben.

Ähnlich zog ich in der Welt herum, auf der Suche nach dem Wasser des Lebens. Die Dinge dieser Welt – Reichtum, gesellschaftliche Stellung, Ehre und Luxus – wirkten wie ein See, mit dessen Wasser ich meinen geistlichen Durst zu stillen hoffte. Es gelang mir jedoch nie, auch nur einen Tropfen Wasser zu finden, mit dem ich den Durst meiner Seele hätte stillen können. Ich war am Verdursten. Als mir die Augen geöffnet wurden, sah ich die Ströme des lebendigen Wassers, die aus Seiner durchbohrten Seite flossen. Ich trank davon und mein Durst war gestillt. Nie mehr sollte ich Durst leiden.

Seitdem habe ich immer von jenem Wasser des Lebens getrunken und bin in der Sandwüste dieser Welt nie mehr durstig gewesen. Mein Herz ist voller Lob.

X

Jesus:

Seine Wiederkunft

»Bald geht die Welt unter!«, sagte einmal jemand zu Mark Twain. Twain erwiderte trocken: »Schön, es geht auch ohne.«

Ein Fernsehnachrichtensprecher versicherte einmal, wenn am Dienstag die Welt unterginge, würde NBC am Mittwoch alles Wissenswerte darüber berichten.

Die einen machen lockere Sprüche, andere fürchten bestimmte Daten als den Tag, an dem die Welt untergehen werde.

Für Christen ist klar: Wenn die Welt untergeht, steht das in Zusammenhang mit dem zweiten Kommen Jesu, seiner Wiederkunft. Seit seiner Himmelfahrt, als er nach seiner Auferstehung zum Vater zurückging, gilt sein Versprechen, dass er wiederkommen und eine neue Welt bringen werde.

Am Tag seiner Himmelfahrt war er mit seinen Jüngern zusammen. Als er ihnen einen Auftrag für die Zukunft gegeben hatte (»Machet zu Jüngern alle Völker...«), »wurde er vor ihren Augen emporgehoben, und eine Wolke nahm ihn auf und entzog ihn ihren Blicken«.

Dann standen plötzlich zwei Männer in weißer Kleidung da und sagten: »Ihr Männer von Galiläa, was steht ihr da und schaut zum Himmel empor? Dieser Jesus, der von euch ging und in den Himmel aufgenommen wurde, wird ebenso wiederkommen, wie ihr ihn habt zum Himmel hingehen sehen« (Apostelgeschichte 1,9-11). Seitdem hoffen Christen auf seine Wiederkunft. Es ist ein Versprechen, dessen Erfüllung noch aussteht und das zu vielen Spekulationen geführt hat.

Die verschiedensten Glaubensgemeinschaften haben durch die Jahrhunderte komplizierte Rechensysteme entwickelt, aus denen sich ergeben sollte, wann das Ereignis eintreten würde. Am bekanntesten sind vielleicht die Voraussagen der Zeugen Jehovas. Immer wieder wurde ein genauer Zeitpunkt festgelegt und verkündet. Manche Gruppen gingen auf irgendwelche Berggipfel, um Jesus dort zu erwarten. Diese übersteigerte Erwartung und selbst gemachten Prophezeiungen haben bis zu Massenselbstmorden geführt.

Jesus sagte seinen Jüngern auf ihre Frage, dass kein Mensch wisse, wann er kommen werde, noch nicht einmal er selbst, nur der Vater (Markus 13,32). Das Neue Testament deutet an, dass er mitten in einer kosmischen Katastrophe wiederkehren wird, aber auch überraschend wie ein Dieb in der Nacht (2. Petrus 3,10). Nach dem Matthäusevangelium sagt Jesus, dass seiner Wiederkunft Naturkatastrophen, Verwüstungen, Kriege und Kriegsgeschrei vorhergehen würden.

Trotzdem verbindet sich für Christen eine große Hoffnung mit dem wiederkommenden Jesus. Denn er wird eine neue Welt mit sich bringen, wo es kein Leid und keine Ungerechtigkeit mehr geben wird. »Und ich sah einen neuen Himmel und eine neue Erde; denn der erste Himmel und die erste Erde sind vergangen und das Meer ist nicht mehr. Und Gott wird abwischen alle Tränen von ihren Augen und der Tod wird nicht mehr sein, noch Leid noch Geschrei noch Schmerz wird mehr sein, denn das Erste ist vergangen.« (aus Offenbarung 21)

Dann wird sich alles, was lebt, unter die Herrschaft Jesu stellen. Und er wird Gericht halten, auch über jeden Einzelnen, und den Opfern Gerechtigkeit widerfahren lassen.

> Wenn aber der Menschensohn kommen wird in seiner Herrlichkeit und alle Engel mit ihm, dann wird er sitzen auf dem Thron seiner Herrlichkeit und alle Völker werden vor ihm versammelt werden. Und er wird sie voneinander scheiden, wie ein Hirt die Schafe von den Böcken scheidet, und wird die Schafe zu seiner Rechten stellen und die Böcke zur Linken. Da wird der König sagen zu denen zu seiner Rechten: Kommt her, ihr Gesegneten meines Vaters, ererbt das Reich, das euch bereitet ist von Anbeginn der Welt! Denn ich bin hungrig gewesen und ihr habt mir zu essen gegeben ... (Matthäus 25,31-35)

Was Jesus über das Ende der Welt sagt

An einigen Stellen in den Evangelien können wir nachlesen, was Jesus seinen Jüngern über die Zeit vor seiner Wiederkunft gesagt hat. Hier ein Auszug aus dem Matthäusevangelium.

Falsche Propheten werden auftreten und viele verführen. Und weil Gottes Gebote missachtet werden, setzt sich das Böse überall durch. Und die Liebe wird bei vielen erlöschen. Wer aber bis zum Ende durchhält, der wird gerettet. Die Heilsbotschaft vom Reich Gottes wird in der ganzen Welt verkündet werden, damit alle Völker sie hören. Dann erst wird das Ende kommen.

Wenn jemand zu euch sagt: »Hier ist der Retter!« oder: »Dort ist Christus erschienen!«, glaubt ihm nicht! Denn es werden sich manche als Retter der Welt aufspielen, und falsche Propheten werden auftreten. Sie werden erstaunliche Wunder vollbringen, und wenn es möglich wäre, würden sie sogar die von Gott Auserwählten irreführen. Denkt also daran, ich habe euch gewarnt! Wenn euch jemand erzählt: »Der Retter ist draußen in der Wüste«, so geht nicht hin. Wenn er sich irgendwo verborgen halten soll, glaubt es nicht. Wenn aber der Menschensohn wiederkommt, wird er sofort für alle sichtbar sein, wie ein Blitz, der von Ost nach West am Himmel aufzuckt, oder wie ein verendetes Tier, um das sich die Geier scharen.

Unmittelbar nach dieser großen Schreckenszeit werden sich Sonne und Mond verfinstern. Die Sterne werden aus ihrer Bahn geschleudert, und die kosmischen Kräfte geraten durcheinander. Dann wird das Zeichen des Menschensohnes am Himmel erscheinen. Die Menschen auf der ganzen Erde werden vor Entsetzen jammern und heulen. Sie werden sehen, wie der

Menschensohn in göttlicher Macht und Herrlichkeit in den Wolken des Himmels kommt. Mit gewaltigem Posaunenschall wird er seine Engel aussenden, und sie werden seine Auserwählten aus allen Teilen der Welt sammeln.

Niemand weiß, wann das Ende kommen wird. Keiner kennt den Tag oder die Stunde, auch nicht die Engel im Himmel, ja nicht einmal der Sohn Gottes. Allein der Vater kennt den Zeitpunkt. Seid also zu jeder Zeit bereit, denn der Menschensohn wird gerade dann kommen, wenn ihr es am wenigsten vermutet!

(Matthäus 24,11-14.23-31.36.44)

Die Hoffnung auf sein Kommen

BILLY GRAHAM

Billy Graham beschreibt die Hoffnungen, die sich auf den wiederkommenden Jesus richten. Und er macht klar, warum es ihm so dringlich ist, die Menschen zum Glauben an Jesus zu rufen.

Die großen Konfessionen lehren, dass Jesus wiederkehrt. Im Nizänischen Glaubensbekenntnis heißt es: »Er wird wiederkommen in Herrlichkeit, zu richten die Lebenden und die Toten.« (...) Trotzdem: Heute sieht die Welt für uns chaotisch und gefährlich aus, unbeherrscht und augenscheinlich unbeherrschbar. Es stellt sich die Frage: Wer wird die Ordnung wieder herstellen? Wer kann sich der Gefahr des atomaren Holocausts entgegenstemmen? Wer kann AIDS ein Ende machen, und den anderen Seuchen unserer Zeit? Wer allein kann über die Welt herrschen? Die Antwort lautet: Jesus Christus!

Der Psalmist fragte vor Jahrhunderten: »Warum toben die Völker, warum machen die Nationen vergebliche Pläne? Die Könige der Erde stehen auf, die Großen haben sich verbündet gegen den Herrn und seinen Gesalbten. ›Lasst uns ihre Fesseln zerreißen und von uns werfen ihre Stricke!‹ Doch er, der im Himmel thront, lacht, der Herr verspottet sie. Dann aber spricht er zu ihnen im Zorn, in seinem Grimm wird er sie erschrecken: ›Ich selber habe meinen König eingesetzt auf Zion, meinem heiligen Berg.‹« (Psalm 2,1-6)

Gott verheißt seinem Gesalbten: »Fordere von mir, und ich gebe dir die Völker zum Erbe, die Enden der Erde zum Eigentum. Du wirst sie zerschlagen mit eiserner Keule, wie Krüge aus Ton wirst du sie zertrümmern. Nun denn, ihr Könige, kommt zur Einsicht, lasst euch warnen, ihr Gebieter der Erde! Dient dem Herrn in Furcht und küsst ihm mit Beben die Füße.« (Psalm 2,8-11)

Dann lässt er die ganze Erde wissen: »Wohl allen, die ihm vertrauen!« (Vers 12)

Jawohl. Gott hat diesen Planeten seinem Sohn Jesus Christus versprochen, und eines Tages wird er ihm gehören. Er wird aller Ungerechtigkeit ein Ende machen, der Unterdrückung, den Kriegen, dem Verbrechen, dem Terrorismus, die heutzutage unsere Zeitungen und Fernsehschirme beherrschen. Doch bevor diese Zeit kommt, werden die vier apokalyptischen Reiter ihren Zorn ausgießen über die Seiten der Geschichte.

Für den Christen bedeutet die Wiederkunft Christi Trost, denn endlich werden verfolgte und unterdrückte gläubige Männer und Frauen befreit werden. Der Nichtchrist wird sehen und begreifen, warum Christen nach einem anderen

Rhythmus marschiert sind. Für den, der nicht an Jesus Christus geglaubt hat, aber wird die triumphale Wiederkunft Christi schrecklich werden, denn sie bedeutet für ihn endgültiges Gericht.

Letzte Dinge

C. S. Lewis

Mit den Bildern eines Dichters hat C. S. Lewis in seinen Narnia-Geschichten *über die Ereignisse um die Wiederkunft Jesu geschrieben.*

Dann hob der Riese ein Horn an seine Lippen. Sie konnten es an der Veränderung seiner schwarzen Gestalt vor den Sternen erkennen. Danach – eine ganze Weile später, denn Schall pflanzt sich so langsam fort – hörten sie den Klang des Horns: hoch und schrecklich, und doch von einer eigenartigen, todbringenden Schönheit.

Augenblicklich füllte sich der Himmel mit Sternschnuppen. Eine Sternschnuppe allein ist schon ein herrlicher Anblick; doch hier waren es Dutzende, Hunderte – wie ein anhaltender Regen aus Silber schließlich. Nach einer Weile begann der ein oder andere von ihnen zu meinen, dass dort neben der des Riesen eine weitere schwarze Gestalt wäre. Sie befand sich anderswo, direkt über ihren Köpfen, ganz unterm Dach des Himmels, wenn man so sagen will. »Vielleicht eine Wolke«, dachte Edmund. Auf jeden Fall waren dort keine Sterne, bloß Schwärze. Doch ringsumher ging der Sturzregen aus Sternen fort. Und dann begann der sternlose Flecken zu wachsen, sich immer weiter von der Mitte des Himmels her auszubreiten. Und bald darauf war ein Viertel des ganzen Himmels schwarz, und dann die Hälfte, und schließlich regnete es nur noch tief unten am Horizont Sternschnuppen.

Voller Erstaunen (und auch Entsetzen) begriffen sie jäh, was geschah. Die sich ausbreitende Schwärze war gar keine Wolke: sie war schlicht Leere. Der schwarze Teil des Himmels war der Teil, in dem keine Sterne mehr übrig waren. Sämtliche Sterne stürzten herab: Aslan hatte sie zu sich heimgerufen.

Die letzte Nacht der Welt

C. S. LEWIS

In »König Lear« (3. Akt, 7. Szene) gibt es einen Mann mit einer so kleinen Rolle, dass ihm Shakespeare nicht einmal einen Namen gegeben hat: Er ist lediglich »Bedienter«. Alle Personen um ihn her – Regan, Cornwall und Edmund – hegen schöne Pläne auf lange Sicht. Sie glauben zu wissen, wie die Geschichte enden wird – und sie irren sich gründlich. Der Diener macht sich nichts dergleichen vor. Er hat keine Ahnung vom Verlauf des Stückes. Aber er versteht den gegenwärtigen Auftritt. Er wird Zeuge einer Gräueltat, einer Blendung des alten Gloster.

Er duldet sie nicht. Wie der Blitz zückt er sein Schwert und richtet es gegen die Brust seines Herrn; dann ersticht ihn Regan von hinten. Das ist seine ganze Rolle: alles in allem acht Zeilen. Wäre es aber Wirklichkeit und kein Theaterstück: das wäre die beste Rolle, die einer spielen könnte.

Die Lehre vom Zweiten Kommen des Herrn unterrichtet uns darüber, dass wir nicht wissen und nicht wissen können, wann das Welttheater zu Ende ist. Der Vorhang kann jeden Augenblick fallen: zum Beispiel, bevor Sie diesen Abschnitt zu Ende gelesen haben. Das scheint manchen Leuten unerträglich entmutigend. So vieles risse ab. Vielleicht hatten Sie die Absicht, nächste Woche zu heiraten; vielleicht hätten Sie nächste Woche eine Lohnaufbesserung bekommen; Sie stehen vielleicht an der Schwelle einer großen wissenschaftlichen Entdeckung; große soziale und politische Reformen reifen in Ihnen. Kein guter und weiser Gott könnte doch wohl so unvernünftig sein, all das zu unterbrechen! Nicht ausgerechnet *jetzt*!

Aber wir denken so, weil wir dauernd annehmen, wir verstünden das Spiel. Wir kennen das Stück nicht. Wir wissen nicht einmal, ob wir im ersten oder im fünften Akt stehen. Wir wissen nicht, wer die Haupt- und wer die Nebenpersonen sind. Der Autor weiß es. Das Publikum, wenn es eines gibt (wenn Engel und Erzengel und die ganze himmlische Heerschar Parkett und Ränge füllen) hat vielleicht eine Ahnung. Aber wir, die wir das Stück nie von außen sehen, die wir keine andern Personen kennen lernen als die winzige Minderheit, die im selben Auftritt mitspielt wie wir, ohne die mindeste Kenntnis der Zukunft und sehr unzulänglich über die Vergangenheit informiert, wir können nicht ausmachen, welches der richtige Augenblick für das Ende ist.

Dass es im rechten Augenblick kommen wird, dessen dürfen wir gewiss sein; aber wir verschwenden unsere Zeit, wenn wir erraten wollen, wann das sein wird. Dass es ein Augenblick von Bedeutung ist, dessen dürfen wir gewiss ein; aber verstehen können wir ihn nicht. Wenn alles vorbei ist, wird uns sein Sinn vielleicht mitgeteilt. Die Erwartung wird uns nahe gelegt, dass der Autor einem jeden von uns etwas wird zu sagen haben über die Rolle, die ein jeder von uns gespielt hat. Dass wir sie gut spielen, darauf kommt es unendlich an.

Wir sollten die Lehre von der Wiederkunft des Herrn nicht ablehnen, weil sie sich schlecht mit unserer modernen Lieblingsmythologie verträgt. Gerade darum sollten wir sie umso höher schätzen ud sie umso häufiger zum Gegenstand unseres Nachdenkens machen. Sie ist die Medizin, deren unser Zustand besonders bedarf.

Und damit komme ich zum Praktischen. Es ist wirklich schwierig, dieser Lehre den Platz einzuräumen, den sie in unserm Christenleben einnehmen sollte, ohne zugleich eine gewisse Gefahr zu laufen. Die Furcht vor dieser Gefahr lässt wahrscheinlich viele Lehrer, die der Lehre zustimmen, davor zurückschrecken, sehr viel darüber zu sagen. Es ist ohne weiteres zuzugeben, dass diese Lehre in der Vergangenheit Christen zu sehr großen Torheiten verleitet hat. Offenbar finden es viele Leute schwierig, an dieses große Ereignis zu glauben, ohne dass sie versuchen, dessen Datum zu erraten, oder gar ohne ein Datum als Gewissheit anzunehmen, das ihnen irgendein Quacksalber oder Hysteriker verkündet. Wollte man eine Geschichte all dieser verfehlten Voraussagen schreiben, so gäbe es ein Buch – ein trauriges, schmutziges, tragikomisches Buch.

Eine solche Voraussage ging um, als Paulus seinen zweiten Brief an die Thessalonicher schrieb. Jemand hatte ihnen gesagt, »der Tag« stehe unmittelbar bevor. Das hatte offenbar den Erfolg, den solche Voraussagen gewöhnlich haben: die Leute wurden »geschäftige Nichtstuer«.

Eine der berühmtesten Vorhersagen war jene des armen William Miller auf das Jahr 1843. Miller (den ich für einen ehrlichen Fanatiker halte) datierte das Zweite Kommen auf

Jahr, Tag und Minute. Ein zur rechten Zeit erscheinender Komet förderte die Täuschung. Tausende erwarteten den Herrn am 21. März um Mitternacht und gingen am 22. zu einem späten Frühstück nach Hause, verfolgt von den höhnischen Zurufen eines Betrunkenen.

Es ist klar, dass niemand irgendetwas sagen möchte, was geeignet wäre, von neuem solche Massenhysterie zu wecken. Nie dürfen wir zu einfältigen, leicht erregbaren Leuten vom »Tage« reden, ohne immer wieder zu betonen, es sei vollkommen unmöglich, ihn vorauszusagen. Wir müssen ihnen zu zeigen versuchen, dass diese Unmöglichkeit einen wesentlichen Teil der Lehre ausmacht. Wenn ihr den Worten des Herrn keinen Glauben schenkt, warum glaubt ihr dann überhaupt an seine Wiederkunft? Und wenn ihr ihnen glaubt, müsst ihr dann nicht ein für alle Mal jede Hoffnung gänzlich fahren lassen, den Zeitpunkt dieser Wiederkunft zu bestimmen? Seine Lehre über diesen Gegenstand umfasst ganz deutlich drei Sätze: 1. dass er bestimmt wiederkommt, 2. dass es uns unmöglich ist herauszufinden, wann das geschieht, 3. dass wir daher für ihn bereit sein müssen.

Man beachte das »daher«. Gerade weil wir den Zeitpunkt nicht voraussagen können, müssen wir jederzeit bereit sein. Der Herr hat diese praktische Schlussfolgerung immer und immer wieder für uns gezogen; als habe er seine Wiederkunft einzig um dieser Schlussfolgerung willen verheißen. Wachet, wachet: darauf legt er das ganze Gewicht seines Rates. Ich komme wie ein Dieb. Ihr werdet mich nicht – das versichere ich euch feierlich – ihr werdet mich nicht kommen sehen.

Hätte der Hausherr gewusst, wann der Einbrecher eintreffen würde, so wäre er gewiss auf ihn gefasst gewesen. Hätte der Knecht gewusst, wann sein abwesender Arbeitgeber heimkommen würde, so hätte man ihn nicht betrunken in der Küche ertappt. Aber sie haben es nicht gewusst. Und auch ihr werdet es nicht wissen. Seid daher allezeit bereit.

In der Welt Gottes

John Bunyan

Der folgende Text spiegelt das ehrfürchtige Staunen über die neue Welt wider, die Gott versprochen hat.

Das Gespräch, das sie mit den glänzenden Geistern hielten, war über die Herrlichkeit des Ortes, und sie sagten ihnen, dass die Schönheit und Herrlichkeit desselben unaussprechlich sei. »Da«, sagten sie, »ist der Berg Zion, das himmlische Jerusalem, die unzählbaren Scharen der heiligen Engel und die Geister der vollkommenen Gerechten« (Hebräer 12,22-24). »Nun«, fuhren sie fort, »gehet ihr zu dem Paradiese Gottes, wo ihr den Baum des Lebens sehen und essen werdet von dessen unverwelklichen Früchten. Und wenn ihr dorthin kommt, werdet ihr angetan mit weißen Kleidern, und ihr werdet um den König sein und mit ihm reden alle Tage in Ewigkeit (Offenbarung 2,7; 3,4-5; 22,4-5). Dort werdet ihr nicht mehr sehen, was ihr sahet in der niedrigen Gegend der Erde, weder Kummer noch Krankheit, weder Schmerz noch Tod. Denn das Alte ist vergangen (Jesaja 65,16-17; Offenbarung 21,3-4). Nun gehet ihr zu Abraham, Isaak und Jakob und zu den Propheten, zu Männern, welche Gott vor dem zukünftigen Unglück weggerafft, und zu denen, die richtig vor sich gewandelt haben und zum Frieden gekommen, ruhen in ihren Kammern in seiner Gerechtigkeit« (Jesaja 57,2).

Die Pilger fragten aber: »Was müssen wir denn an diesem heiligen Ort tun?« Da ward ihnen zur Antwort. »Ihr müsst da empfangen Trost für alle eure Trübsal und Freude für alle eure Traurigkeit. Ihr müsset ernten, was ihr gesäet habet, nämlich die Frucht aller eurer Gebete und Tränen und Leiden, die ihr um des Königs willen auf dem Wege habt ausgestanden (Galater 6,7-8). An jenem Ort werdet ihr güldne Kronen tragen und euch freuen in dem ewigen Anschauen des Allerheiligsten, denn ihr werdet ihn sehen, wie er ist (1. Johannes 3,2). Dort werdet ihr auch ohne Aufhören dienen mit Preis, Frohlocken und Danksagen dem, dem ihr so gern in der Welt dienen wolltet, wenn auch unter großen Beschwerden ob der Schwachheit eures Fleisches. Da werden sich eure Augen ergötzen am Anblick des Allmächtigen und eure Ohren, wenn sie hören seine freundliche Stimme. Da werdet ihr eure Lieben, die euch dahin vorangegangen, wieder finden, und da werdet ihr auch mit Freuden empfangen eine jede Seele, die nach euch kommt und euch folgt an diesen heiligen Ort. Daselbst werdet ihr bekleidet werden mit Herrlichkeit und Majestät und dahinfahren mit dem Könige der Ehren. Wenn er kommen wird mit dem Schall der Posaunen und auf den Fittichen des Windes, werdet ihr kommen mit ihm; und wenn er sitzen wird auf seinem Richtstuhl, werdet ihr sitzen bei ihm. Ja, wenn er richten wird alle die, so gewirket die Ungerechtigkeit, es seien Engel oder Menschen, sollt ihr auch eine Stimme haben im Gericht, weil sie seine und eure Feinde gewesen sind (1. Thessalonicher 4,13-17; Judas 14; Daniel 7,9-10; 1. Korinther 6,2-3). Auch wenn er wieder zur Stadt umkehren wird, werdet ihr mit ihm gehen unter der Posaunen Schall und bei ihm sein allezeit.«

Erfüllung

Helmut Thielicke

Wenn der Herr wiederkommt und wenn alle Sintfluten und Sintbrände schließlich an seinem Throne enden, wenn die Geretteten des Jüngsten Tages nicht in ein Weltengrab zurückschauen müssen, in dem auch – wie in der berühmten Vision Jean Pauls – ihre Gottesvorstellungen und ihre Träume von einem himmlischen Vater versunken sind, wenn sie vielmehr singen dürfen: »Bis hierher hat uns Gott gebracht« – ich sage: *wenn das alles stimmt, dann ist auch mein jetziger Lebensaugenblick radikal verändert.* Dann ist mein Sterben nicht mehr bloß ein Abschiednehmen, sondern ein Heimgehen. Dann sind Terror und Krieg, Flugzeugabstürze und Grubenkatastrophen, Ehekrisen und Krankenhausaufenthalte nicht mehr bloß seelenlos gesetzmäßige Abläufe der Materie, sondern dann sind die Heimsuchungen Nach-Hause-Suchungen; dann ist jemand da, von dessen Herzen es kommt und auf dessen Herz es zugelenkt wird.

Nicht, als ob wir Gottes Gedanken dabei *verstünden* – wie oft bleiben sie uns dunkel und rätselhaft, wie oft erscheinen sie unserm menschlichen Blick der Sphinx des Schicksals zum Verwechseln ähnlich! –, aber wir vertrauen dem, der sie denkt. Wir vertrauen ihm, weil wir Jesus Christus kennen.

Niemand hat diese Verwandlung des Augenblicks und seiner Schrecken tiefer zum Ausdruck gebracht als der johanneische Christus selbst (Johannes 16,20f): »Ihr werdet weinen und heulen …, ihr werdet traurig sein. Aber eure Traurigkeit soll in Freude verwandelt werden: Wenn eine Frau gebiert, dann ist sie bedrängt; denn ihre schwere Stunde ist gekommen. Sobald aber das Kind zur Welt gebracht ist, ist die Angst über der Freude vergessen, denn ein Mensch wurde der Welt gegeben!«

So also sehen wir das Leben nun an, wenn der Menschensohn wiederkommen und der Welt aufs Neue – und dann öffentlich und in Herrlichkeit – gegeben wird: Dann werden unsere Schmerzen zu Geburtswehen. Und die sind eben anders als Zahn- und Bandscheibenschmerzen, bei denen ich mich ärgerlich oder verzweifelt frage, warum *mich* das denn ausgerechnet erwischen musste. Die Geburtswehen lassen es freilich zu der »schweren Stunde« kommen, aber sie sind von Vorfreude und Erwartung erfüllt auf den großen Augenblick, der bevorsteht. Das legt dann über die schwere Stunde selbst schon den Schimmer des Advents. An den Knotenpunkten der Heilsgeschichte stehen deshalb immer mütterliche Bilder: die Jungfrau Maria im Stall zu Bethlehem bei der ersten Ankunft des Herrn und das Bild der werdenden, von Wehen geschüttelten Mutter als Gleichnis der Menschen des Glaubens, für die alle Schmerzen, alle Bedrängnisse geheimnisvoll verändert und geheiligt sind dadurch, dass sie auf eine große Erfüllung drängen: Der Herr ist im Kommen; der Zeiger rückt ein Stück näher auf zwölf.

Kurze Worte: Mit Hoffnung warten

Warten ist eine große Tat, warten dort hinein, in jene Finsternisse, in den grausigsten Tod, wo das ärgste und das wüsteste Geschrei ist: dort hinein soll der Tag des Menschensohns kommen! Wirklich wartende Leute, wirklich hoffende Menschen, wirkliche Christen, die auf den Tag der Menschen warten, auf Gottes Erbarmen über alle Völker, die dürfen leise den Faden ziehen und die Völker umschlingen, damit sie sozusagen angebunden an unsern Glauben aufbewahrt werden auf den Tag Jesu Christi. *Christoph Blumhardt*

Wenn wir auf den Herrn harren, so warten wir nicht erst auf den Anfang unserer Erlösung, wir warten auf das Ende. Wir stehen mitten in Taten Gottes, die auf das Ende zielen. Die auf den Herrn harren, erleben so viel von einem Eingreifen des Herrn, dass sie keine Zeit mehr haben, Rechnungen auf lange Zeit hinaus zu machen, sondern sie stellen sich heute und morgen bereit, Neues zu erleben und können jeden Tag das Allergrößte, ja das Kommen des Herrn selbst erwarten. *Christoph Blumhardt*

Die Welt ist nur erträglich, weil der noch einmal wiederkommen wird, der sie überwand. *Jochen Klepper*

Wir warten aber auf einen neuen Himmel und eine neue Erde nach seiner Verheißung, in denen Gerechtigkeit wohnt.
2. Petrus 3,13

RECHTE- UND QUELLENNACHWEIS

S. 14 f, 76 f, 140(Mt 7,1; 9,13; Joh 5,24), 171, 216 f, 244, 255 aus: Lutherbibel, revidierter Text 1984, mit Genehmigung der Deutschen Bibelgesellschaft, Stuttgart

S. 16–18 aus: Wenn Gott dich sanft beim Namen ruft, © 1998 One Way Verlag GmbH, Wuppertal und Witten

S. 19 aus: Des Flavius Josephus Jüdische Altertümer, Verlag Otto Hendel, Halle a.d. Saale 1900, II. Band, XVIII. Buch (Übers. Dr. Heinrich Clementz)

S. 20 f aus: Emil oder über die Erziehung, © Ferdinand Schöningh, Paderborn 1971 (Übers. Prof.Dr. Josef Esterhues)

S. 24 aus: The Life of Christ, note A (entnommen aus: Anthology of Jesus, ausgew. v. Sir James Marchant, hrsg.v. Warren W. Wiersbe, © Kregel Publications, Grand Rapids 1926/1981) (Übers. W. Schrödter)

S. 27, 244–246, 248 f aus: Gedanken, © Philipp Reclam jun., Stuttgart (Übers. Ulrich Kunzmann)

S. 28–31, 77–80, 186 f, 188–190 aus: Mit eigenen Augen, © Verlag Vandenhoeck & Ruprecht, Göttingen

S. 32 f aus: Conversations avec General Bertrand à St Helena (entnommen aus: siehe Angaben zu S. 24: Anthology of Jesus; Übers. W. Schrödter)

S. 33 f aus: Grundkurs christlicher Glaube, c R. Brockhaus Verlag, Wuppertal, 2. Auflage 1986 (Übers. Prof. Dr. Klaus Haacker)

S. 35–37 aus: Dienstanweisung für einen Unterteufel, Verlag Herder, Freiburg, 9. Auflage 1999

S. 38 f aus: God in the Dock, © C.S. Lewis Pte, Ltd., mit Genehmigung von Curtis Brown (Übers. W. Schrödter)

S. 40 f, 125 f, 162 f aus: The Faithful Christian. An Anthology of Billy Graham, © 1994 William Griffin und Ruth Graham Dienert, mit Genehmigung von Word Publishing (Übers. W. Schrödter)

S. 41–45 aus: Der Lumpensammler und andere Erzählungen, © der deutschen Ausgabe Brunnen Verlag, Gießen

S. 46 aus: Beschaulich inmitten der Welt. Geistliche Weisungen, © Johannes Verlag, Einsiedeln 1990 (Übers. W. Schrödter)

S. 47 aus: The 24-Hour-Christian, InterVarsity Press, Downers Grove, Ill., © Earl Palmer 1987

S. 48–50 aus: Kein Platz in kostbaren Krippen, © by Josef Reding, Dortmund

S. 51–71 aus: Der Großinquisitor (Kap. aus: Die Brüder Karamasow), © Philipp Reclam jun., Stuttgart 1949 (in Auszügen; Übers. Hermann Röhl)

S. 72, 194 f aus: Tauperlen und Goldstrahlen. Sämtliche Andachten für stille Sammlung und häusliche Erbauung, J.G. Oncken Verlag, 18. Auflage 1952

S. 74 aus: Sämtliche Werke, Verlag Herder, Freiburg 1995–1998
S. 81–84 aus: Es müssen nicht Männer mit Flügeln sein, © Quell/Gütersloher Verlagshaus, Gütersloh
S. 87 aus: Hamlet, Philipp Reclam jun., Stuttgart (Übers. August Wilhelm von Schlegel)
S. 88 aus: Malcolm Muggeridge, Mutter Teresa. Ein Leben für die Ausgestoßenen, Verlag Herder, Freiburg, 12. Auflage 1994 (Übers. W. Schrödter)
S. 90 f, 198 aus: Gute Nachricht Bibel, revidierte Fassung 1997 der Bibel in heutigem Deutsch, mit Genehmigung der Deutschen Bibelgesellschaft, Stuttgart
S. 91–93 aus: Er bewegt noch immer Steine, © 1994 One Way Verlag, Wuppertal und Wittenberg
S. 94, 100 aus: Bekenntnisse, Reclam, Leipzig 1888, 8. Buch, Kap. 11 und 12; 10. Buch, Kap. 27 (Übers. Otto F. Lachmann)
S. 95 aus: The Weight of Glory, © 1949, mit Erlaubnis von HarperCollins Publishers (Übers. W. Schrödter)
S. 96 f aus: Unto the Hills, © 1986, mit Genehmigung von Word Publication (Übers. W. Schrödter)
S. 97–98 aus: Gemeinsames Leben. Dietrich Bonhoeffer Werke, Band 5, Chr. Kaiser/Gütersloher Verlagshaus, Gütersloh
S. 99 f, 120–123 aus: Das Leben unseres Herrn Jesus Christus, von Charles Dickens geschrieben für seine eigenen Kinder, Albatros Verlag, Hamburg 1934 (Übers. Hans Mardersteig)
S. 103 f aus: Confronting Christ, © 1960 by Elton Trueblood, mit Genehmigung von HarperCollins Publishers (Übers. W. Schrödter)
S. 104 f aus: God Came Near, © 1987 by Max Lucado, Questar Publishers, Inc. (Übers. W. Schrödter)
S. 102 f, 115, 140(Mt 6,19), 199 f aus: Einheitsübersetzung der Heiligen Schrift, © 1980 Katholische Bibelanstalt, Stuttgart
S. 106–109 aus: Das Gebet, das die Welt umspannt. Reden über das Vaterunser aus den Jahren 1944/45, © Quell/Gütersloher Verlagshaus, Gütersloh
S. 110–112 aus: Woran ich glaube. Der Grund christlicher Gewissheit, © Quell/Gütersloher Verlagshaus, Gütersloh
S. 116 f, 119 f, 124 f, 137 f, 249–251 aus: Jesus for Children, © 1985 by William Griffin, mit Genehmigung von Twenty-Third Publications (Übers. W. Schrödter)
S. 117–118 aus: D. Martin Luthers Evangelien-Auslegung, hrsg. v. Erwin Mülhaupt, 3. Teil, Verlag Vandenhoeck & Ruprecht, Göttingen, 4. Auflage 1968
S. 126–137 aus: Mr. Jones Meet the Master, © 1949 by Peter Marshall, mit Genehmigung von Fleming Revell/Baker Book House Company
S. 141–150 aus: Mein Urgroßvater, die Helden und ich, Rechte: James Krüss Erben

S. 151–153 aus: Nachfolge. Dietrich Bonhoeffer Werke, Band 4, Chr. Kaiser/Gütersloher Verlagshaus, Gütersloh

S. 153–157 aus: The Parables of Judgement, © 1989 by Robert Farrer Capon, mit Genehmigung von Wm.B. Eerdmans Publishing

S. 158 f aus: Das Bilderbuch Gottes. Reden über die Gleichnisse Jesu, © Quell/Gütersloher Verlagshaus, Gütersloh

S. 160 f: Rechte: Rudolf Otto Wiemer Erben

S. 163–168: Rechte bei der Autorin

S. 171–177, 203 f, 259 f aus: Der König von Narnia, © Brendow-Verlag, Moers

S. 77–181 aus: Sie waren Zeitgenossen. Roman, Deutsche Verlagsanstalt, Stuttgart 1983, Rechte bei der Autorin

S. 182 f aus: Des Heiligen Athanasius Schriften. Gegen die Heiden. Über die Menschwerdung, Band 2, Verlag der Jos. Köselschen Buchhandlung, München/Kempten 1917 (Übers. Dr. Anton Stegmann)

S. 184 aus: Ethik. Dietrich Bonhoeffer Werke, Band 6, Chr. Kaiser/Gütersloher Verlagshaus, Gütersloh

S. 191 aus: Die Pilgerreise zur ewigen Seligkeit von dieser in die kommende Welt, Kap. VII, leicht gekürzte und bearb. Ausgabe, © R. Brockhaus Verlag, Wuppertal 1985

S. 192 f aus: Letters to Malcolm: Chiefly on Prayer, © 1963 by C.S. Lewis, mit Genehmigung von Harcourt Brace & Company (Übers. W. Schrödter)

S. 193 f aus: Smoke on the Mountain, © 1954 by Joy Davidman, Westminster John Knox Press (Übers. W. Schrödter)

S. 201 f aus: Jesus – Sinn meines Lebens, Verlag Herder, Freiburg, 2. Auflage 1989

S. 205–210 aus: Noch ehe der Hahn kräht. Moderne Ostergeschichten, Verlag Herder, Freiburg/Basel/Wien 1985, Rechte bei der Autorin

S. 211 f aus: Studies in the Resurrection of Christ, 1909 (entnommen aus: A Diary of Readings; siehe Angaben zu S. 246)

S. 212 f aus: Gedichte, © 1986 by Rowohlt Verlag GmbH, Reinbek (Übers. H.M. Ledig-Rowohlt)

S. 217–227 aus: Die Herausforderung – Den Frieden leben, originally published in the USA by Zondervan Corporation unter dem Titel »Loving God«, © 1983 by Charles W. Colson, deutsch © 1985 Hänssler Verlag, 71087 Holzgerlingen

S. 227–239 aus: Die Kreuzersonate und andere Erzählungen, © der deutschen Übersetzung 1985 by Diogenes Verlag AG Zürich (Übers. Arthur Luther, Erich Müller und August Schloz), Auszug

S. 241 f aus: What Christ Thinks of the Church, © 1958 by John R.W. Stott (Übers. W. Schrödter)

S. 242 f aus: The Story of His Life, aus: Anthology of Jesus (siehe Angaben zu S. 24)

S. 246 f aus: Grace Abounding to the Chief of Sinners, 1666 (entnommen aus: A Diary of Readings, hrsg. v. John Baillie, Collier Books, New York 1955; Übers. W. Schrödter)

S. 251 f aus: The Sadhu (entnommen aus: Anthology of Jesus; siehe Angaben zu S. 24)

S. 256 f aus: Hoffnung für alle, Brunnen Verlag Basel und Gießen, © 1983/1993 by International Bible Society

S. 257–259 aus: The Faithful Christian (siehe Angaben zu S. 40 f)

S. 259 f: © Brendow-Verlag, Moers

S. 260–263 aus: Die letzte Nacht der Welt, © der deutschen Ausgabe Brunnen Verlag, Gießen

S. 264 f aus: Pilgerreise nach der seligen Ewigkeit, Verlag Carl Hirsch A.-G., Konstanz 1929

S. 266 f aus: Auf dem Weg zur Kanzel. Sendschreiben an junge Theologen und ihre älteren Freunde, Quell/Gütersloher Verlagshaus, Gütersloh